Reihe interkulturelle Kommunikation, Bd. 3

Annelie Knapp-Potthoff / Martina Liedke (Hg.)
Aspekte interkultureller Kommunikationsfähigkeit

Reihe interkulturelle Kommunikation, Band 3

herausgegeben von
Karlfried Knapp, Erfurt
Bernd Müller-Jacquier, Chemnitz
Hartmut Schröder, Frankfurt/O.

in Kooperation mit
Michael Clyne, Melbourne
Pavel N. Donec, Charkow
Liisa Salo Lee, Jyväskylä
Masako Sugitani, Osaka
Johannes Wagner, Odense

Annelie Knapp-Potthoff / Martina Liedke (Hg.)

Aspekte
interkultureller
Kommunikationsfähigkeit

iudicium

Reihenlayout:
Anke Steinbicker, München
(nach einem Motiv von Dick Nengerman, Groningen)

Die Deutsche Bibliothek – CIP-Einheitsaufnahme

Aspekte interkultureller Kommunikationsfähigkeit / Annelie Knapp-
Potthoff / Martina Liedke (Hg.) – München : Iudicium, 1997
(Reihe interkulturelle Kommunikation ; Bd. 3)
ISBN 3-89129-662-2

© iudicium verlag GmbH
München 1997
Alle Rechte vorbehalten
Druck: ROSCH-Buch, Scheßlitz
Printed in Germany, Imprimé en Allemagne

Inhalt

Martina Liedke und Annelie Knapp-Potthoff

Einleitung

Der vorliegende Band geht zurück auf ein Werkstattgespräch, das im März 1995 von der Gesellschaft für Angewandte Linguistik (GAL) in Zusammenarbeit mit dem Goethe-Institut München ausgerichtet wurde. Das Thema, 'interkulturelle Kommunikationsfähigkeit', benennt einen Bereich, der (nicht nur) für den Fremdsprachenunterricht von besonderer Bedeutung ist. Den weiteren Kontext bilden Prozesse internationaler Verflechtungen ebenso wie die Tatsache, daß innerhalb der einzelnen Gesellschaften verschiedene Sprach- und Kulturgemeinschaften leben. Sprach- und Kulturkontakte finden bei Auslandsaufenthalten beruflicher oder privater Art statt; sie finden sich am Arbeitsplatz, auf Behörden, in der Nachbarschaft und — im Rahmen bikultureller Ehen — in der Familie. Prozesse interkultureller Kommunikation und interkulturellen Lernens betreffen also zahlreiche und unterschiedliche Zusammenhänge.

Bei dem Terminus 'interkulturell' handelt es sich allerdings um einen schwer faßbaren Ausdruck. Ebenso wie unter 'Kommunikation', können unter 'Kultur' verschiedene Aspekte menschlichen Denkens und Handelns, können Sitten, Gebräuche, Normen, Wertvorstellungen, Gesellschaftsformen etc. gefaßt werden (vgl. Knapp / Knapp-Potthoff 1987, 1990; Ehlich 1995). Bereits die Differenzierung zwischen 'inter-' und 'intrakultureller' Kommunikation erweist sich daher als schwierig zu treffen. Redder / Rehbein (1987) sprechen in diesem Zusammenhang von *interkultureller Kommunikation i.e.S.*, der Kommunikation zwischen Angehörigen verschiedener Sprachen und verschiedener Gesellschaften, und *interkultureller Kommunikation i.w.S.*, der Kommunikation zwischen Angehörigen verschiedener Gruppen *einer* Sprache und *einer* Gesellschaft. Um interkulturelle Kommunikation im engeren Sinne handelt es sich nach Redder / Rehbein z.B. bei der Kommunikation zwischen ausländischen Arbeitern und Deutschen. Interkulturelle Kommunikation im weiteren Sinne liegt nach dieser Differenzierung etwa bei dem Kontakt zwischen Arbeitern und Intellektuellen vor. 'Interkulturalität' im engeren wie im weiteren Sinne hat mit Fremdheit und Differenz, mit Gruppenzugehörigkeit und gesellschaftlicher Mitgliedschaft zu tun (vgl. auch Streeck 1985, Rehbein 1985, Hinnenkamp 1994). Fremdsprachigkeit bildet in diesem Zusammenhang ein wichtiges, aber nicht das einzige Kriterium.

Erweist es sich schon als schwierig, den Wirklichkeitsbereich 'interkulturelle Kommunikation' für einen wissenschaftlichen Zugriff einzugrenzen, so ist erst recht problematisch zu bestimmen, wie denn eine 'interkulturelle Kommunikationsfähigkeit' zu konzeptualisieren sein könnte. Die alltagspraktische Erfahrung, daß einige interkulturelle kommunikative Kontakte gut, andere jedoch weniger gut gelingen, legt die Vermutung nahe, daß unterschiedliche Voraussetzungen bei den an diesen Kontakten Beteiligten, die sich nicht nur auf lernersprachliche Unterschiede reduzieren lassen, einen für das Gelingen relevanten Faktor darstellen. Sie wirft weiterhin die Frage auf, ob entsprechende Voraussetzungen, wenn sie denn nur unzureichend vorhanden sind, durch didaktische Maßnahmen verbessert werden können. Weder die Frage nach der Art solcher Voraussetzungen noch die nach ihrer Veränderbarkeit läßt sich bisher — trotz der Existenz zahlreicher interkultureller Trainingsprogramme — befriedigend beantworten.

Im Bewußtsein der hier angesprochenen Probleme haben wir uns mit dem Werkstattgespräch und dem hier vorliegenden Sammelband dennoch auf das Thema 'interkulturelle Kommunikationsfähigkeit' eingelassen: Das Tempo, mit dem der Wirklichkeitsbereich 'interkulturelle Kommunikation' — wie immer er auch genau zu fassen sein mag — expandiert, verlangt nach einer wissenschaftlichen Beschäftigung, die eine Anwendung ihrer Ergebnisse auf eben diesen Wirklichkeitsbereich im Blick hat.

Bei der Wahl des Themas 'Aspekte interkultureller Kommunikationsfähigkeit' sind wir von der Annahme ausgegangen, daß Gelingen oder Scheitern interkultureller Kontakte nicht nur von Zufällen oder situativen Faktoren abhängig ist, sondern daß die an ihnen Beteiligten es — in gewissen Grenzen — in der Hand haben, diese Kontakte zu gestalten und daß die Fähigkeit zu ihrer Gestaltung zu einem gewissen Grade lernbar ist.

Wir sind dabei der Überzeugung, daß Überlegungen zur Entwicklung einer wie auch immer zu konzeptualisierenden interkulturellen Kommunikationsfähigkeit einer soliden linguistischen Grundlage bedürfen, die die spezifischen kommunikativen Probleme, die bei interkulturellen Kontakten auftreten und deren Bewältigung oder Nicht-Bewältigung ausschlaggebend für Gelingen oder Mißlingen der Kommunikation sind, systematisch erhebt und analysiert. Das Verständnis von 'Linguistik' ist dabei durchaus ein sehr weites.

Die verschiedenen Beiträge des vorliegenden Bandes sollen einen Einblick geben in das gegenwärtige Spektrum von linguistisch orientierten Arbeiten, die im Kontext der Forschungen zu interkultureller Kommunikation im weiteren, aber auch im engeren Sinne entstanden sind. Sie machen deutlich, daß sprach- und kulturkontrastive Untersuchungen eine wichtige Funktion für die Erklärung von Problemen im interkulturellen Kontakt und für die Vorbereitung auf die Begegnung mit Menschen aus anderen

Kulturen haben und deshalb weiter vorangetrieben werden sollten, daß sie allein jedoch nicht ausreichen, Probleme im interkulturellen Kontakt vorauszusagen und damit einer Lösung nahezubringen. Kontrastive Untersuchungen müssen deshalb ergänzt werden durch Studien, die das Zusammentreffen verschiedener Kulturen selbst zum Gegenstand haben und die sich in diesen Kontakten realisierenden Interaktionsformen und damit verbundene Probleme untersuchen: 'Interkulturelle Kommunikation' wird damit als ein Wirklichkeitsbereich gesehen, in dem sich durch das Zusammentreffen je spezifischer Mischungen von Gleichheit und Unterschiedlichkeit etwas Neues konstituiert, das nicht im Detail vorhersehbar ist und auf dessen Bewältigung eine ausschließlich auf die Vermittlung von Wissen über Unterschiedlichkeit ausgerichtete Didaktik nicht adäquat vorbereiten kann.

Die Zusammenstellung der Beiträge verdeutlicht die Breite der thematischen Interessen, der Fragestellungen und der bisher gewonnenen Ergebnisse. Auch die theoretischen Ansätze, die den einzelnen Beiträgen zugrunde liegen, sind durchaus heterogen. So gibt der vorliegende Band auch einen Einblick in unterschiedliche Konzeptualisierungen und methodische Verfahren zur Beschreibung von interkultureller Kommunikation, wie sie gegenwärtig in der Linguistik vorliegen. Einige der Kontexte der gegenwärtigen Diskussion seien kurz benannt.[1] Sie werden im einzelnen in den Beiträgen des vorliegenden Bandes deutlich werden. Insgesamt läßt sich in der Linguistik seit ca. 20 Jahren eine Umorientierung feststellen. Diese betrifft:

1. Loslösung von einem 'verdinglichten' Sprachmodell
Im Rahmen der 'pragmatischen Wende' der 70er Jahre, die im Fremdsprachenunterricht die 'kommunikative Wende' mit sich brachte, wurde der Zusammenhang von Sprache, Situation und Identität sowie von Formen, Abläufen und Interpretationen des Handelns thematisiert. In diesem Zusammenhang findet sich eine Anbindung der Linguistik an Philosophie, Psychologie, Ethnologie und Soziologie. Damit ergibt sich die Frage nach geeigneten Beschreibungskategorien der menschlichen Verständigung ebenso wie die Frage nach Kategorien des Sprach- und Kulturvergleichs.

2. Empirisierung
Eine Empirisierung linguistischer Forschung fand vor allem mit Blick auf die Erforschung gesprochener Sprache statt, die sich aufgrund neuer technischer Möglichkeiten aufzeichnen und reproduzieren ließ. So wird mittlerweile häufig mit authentischen Daten gearbeitet, die (offen oder verdeckt) aufgezeichnet und transkribiert werden. Es gelangen also größere Ausschnitte des mündlichen sprachlichen Handelns in den Blick. Andere Methoden qualitativer empirischer Forschung[2] betreffen den Einsatz von

---

[1]   Vgl. auch Redder (1995) für den Kontext 'Deutsch als Fremdsprache'.
[2]   Vgl. zu diesem Thema übergreifend Mayring 1993[2].

Interviews und Befragungen. Empirie und Introspektion werden als einander bedingende Momente einer hermeneutischen Spirale gesehen.

3. Praxisbezug

Ebenso wie in der Soziologie, wird auch in der Linguistik zunehmend angewandte Forschung betrieben, d.h. eine Forschung, die an bestimmten praktischen Problemen ansetzt und den Beteiligten in der Praxis Hilfestellungen zu geben sucht. Eines der wesentlichsten Anwendungsgebiete einer so verstandenen Angewandten Linguistik ist die Fremdsprachendidaktik. Darüber hinaus werden linguistische Ansätze zunehmend auch für andere Praxisbereiche relevant, etwa für Kommunikationstrainings in Wirtschaft, Verwaltung und Unternehmen.

Die Beiträge des vorliegenden Bandes greifen den oben genannten Diskussionsstand in unterschiedlichen Forschungsschwerpunkten auf und führen ihn fort. In ihrer Abfolge schlagen sie den Bogen von Fragen des Sprach- und Kulturkontrasts über den Aspekt der 'Fremdheit' bis hin zu interkulturellen Kommunikationstrainings und der Frage interkulturell orientierter Lernziele.

Die sprach- und kulturkontrastive Dimension wird in den Beiträgen von Apeltauer, Sugitani und Kotthoff angesprochen. *Ernst Apeltauer* beschäftigt sich mit nonverbaler Kommunikation als einem wichtigen Gebiet kontrastiver Forschungen. Er macht deutlich, daß eine Beschränkung auf verbale Aspekte interkultureller Kommunikation sowohl im Hinblick auf ihre Erforschung als auch auf Fragen der Lehre zu kurz greift. Nonverbale Mittel scheinen auf den ersten Blick eine Kommunikation besonders dann zu sichern, wenn sprachliche Mittel in der Fremdsprache (noch) relativ schlecht beherrscht werden. Allerdings unterscheiden sich Kulturen allein in der Häufigkeit, mit der in der Kommunikation von nonverbalen Elementen Gebrauch gemacht wird. Zum anderen besitzen gerade solche Elemente, wie u.a. am Beispiel von Bejahungs- und Verneinungsgesten gezeigt werden kann, u.U. in verschiedenen kulturellen Kontexten unterschiedliche Bedeutungen. Apeltauer differenziert in unterschiedliche Dimensionen von Körpersprache, die im Hinblick auf ihr Verständnissicherungs- und Mißverständnispotential in interkultureller Kommunikation je unterschiedlich zu beurteilen sind, und präsentiert eine Fülle von Beispielen aus unterschiedlichen Kulturen. Dieser Beitrag wirft insbesondere für fremdsprachliche Lehr- / Lernsituationen die Frage auf, inwieweit der Einsatz von nonverbaler Kommunikation in der Unterrichtsinteraktion selbst Probleme bereiten könnte und welche Elemente nonverbaler Kommunikation als Gegenstände des Fremdsprachenunterrichts berücksichtigt werden sollten.

Masako Sugitanis Beitrag stellt in anderer Weise eine Reduktion auf verbale Aspekte interkultureller Kommunikation in Frage. Auf der Basis narrativer Interviews analysiert sie 'kritische Interaktionssituationen' in deutsch-japanischen Begegnungen und sucht mittels sozialpsychologischer Kategorien wie 'Kontextualismus' und 'Individualismus' die unterschiedlichen Ausrichtungen gesellschaftlichen Handelns zu fassen und Mißverständnisse und Fehlinterpretationen in der interkulturellen Kommunikation zu erklären. Indem sie sprachvergleichend Ausdrücke wie 'ich' und 'selbst' untersucht, zeigt sie zugleich die wichtige Rolle auf, die kontrastiven semantischen Analysen bei der Untersuchung interkultureller Kommunikation zukommt. Sugitani macht in ihrem Beitrag deutlich, daß interkulturelle Kommunikationsfähigkeit über im engeren Sinne sprachbezogenes Wissen hinaus auf ein noch wesentlich komplexeres, weites Feld von Handlungs- und Hintergrundwissen zielt, wobei sich allerdings gerade aufgrund dieser Komplexität die Frage seiner Lehrbarkeit in besonderer Weise stellt. Sugitanis Arbeit bezieht sich auf berufliche Kommunikation, so wie sie etwa in multinationalen Unternehmen stattfindet, und ist damit insbesondere für Fremdsprachenlehrerinnen und -lehrer interessant, die es mit Wirtschaftskommunikation zu tun haben.

Während die Beiträge von Apeltauer und Sugitani selbst kontrastiv analysierend vorgehen, thematisiert *Helga Kotthoff* das Phänomen 'Fremdheit' und 'Unterschiedlichkeit' an sich. Sie stellt die Frage, ob und inwieweit Unähnlichkeiten zwischen den Kommunikationsbeteiligten notwendigerweise zu Mißverständnissen und Irritationen führen. Am Beispiel der Gattung 'Trinksprüche' und ihrer Realisierung an der georgischen Gasttafel zeichnet Kotthoff im Detail nach, wie in der Kommunikation zwischen Städtern und Dörflern einerseits eine gemeinsame Gruppenidentität über stark ritualisierte Formen bestärkt, wie andererseits die gemeinsame Identität aufgrund minimaler Differenzen aufgespalten wird. Fremdheit erweist sich nicht als statisches Merkmal, sondern wird in Zuschreibungsprozessen der Gruppe 'konstruiert'. Kotthoffs Analyse stellt damit auch die Frage nach den Grenzen einer allein auf kontrastiven Analysen basierenden Vorhersagbarkeit von Problemen im interkulturellen Kontakt und verweist auf die sich in Interaktionen selbst vollziehende dynamische Regulierung von Fremdheit und Nähe. Sie zeigt auf, daß kulturell bedingte Unterschiede nicht per se problematisch und bedrohlich sein müssen — ein Aspekt, der für Überlegungen zur Verbesserung interkultureller Kommunikationsfähigkeit mit Sicherheit von besonderer Bedeutung ist. Da die Trinksprüche detailliert transkribiert und in übersetzter Fassung wiedergegeben werden, läßt Kotthoffs Beitrag Fremdheit zugleich plastisch werden.

Hartmut Schröder fokussiert in seinem Beitrag einen Aspekt interkultureller Kommunikationsfähigkeit, der bisher nur in wenigen Studien als interkulturell relevantes Phänomen thematisiert worden ist: den Umgang mit kultureller Unterschiedlichkeit im Bereich von Tabus. Für ihn gehört dazu zum einen — eher in einer kontrastiven Tradition stehend — das Wissen darüber, welche Objekte, Sachverhalte, Handlungen usw. in einer spezifischen anderen Kultur besser unerwähnt bleiben oder nur in einer ganz bestimmten Weise kommunikativ behandelt werden sollten, zum anderen aber auch die Fähigkeit, 'Tabudiskurse' zu führen, also über Strategien und sprachliche Mittel zu verfügen, die in konkreten interkulturellen Kommunikationssituationen eine Verständigung auch über Tabuisiertes ermöglichen.

Schröder unterscheidet mehrere Typen von Tabus und zeigt vor dem Hintergrund eigener Forschungsaktivitäten zu polnisch-deutschen Unterschieden im Bereich von Tabus interessante Möglichkeiten, aber auch die spezifischen methodologischen Schwierigkeiten ihrer Erforschung auf.

Die folgenden drei Beiträge des Bandes sind auf den Diskussionszusammenhang interkultureller Trainings in Wirtschaft und Verwaltung ausgerichtet. *Marion Dathe* stellt ein Trainingskonzept für Studierende des Studienfachs Interkulturelle Wirtschaftskommunikation vor, das zur Zeit als Modellversuch realisiert wird. Sie beschreibt detailliert die Struktur eines interkulturellen Verhandlungstrainings, das eine wichtige Komponente im größeren Kontext der fremdsprachlichen Fachsprachenausbildung im Bereich Wirtschaft darstellt. Von seiner Struktur her ist das Verhandlungstraining als ein komplexes Planspiel angelegt, das an Fallbeispiele aus dem Wirtschaftsalltag (Management und Marketing) anknüpft. Einzelne Gruppen repräsentieren jeweils ein Unternehmen aus Frankreich, Großbritannien, Rußland und den USA, wobei die Unternehmenssprache dem 'Standort' entspricht. Mündliche und schriftliche Kontaktaufnahme, das Aushandeln einer Sprache für die interkulturellen Kontakte, die Konstitution einer gemeinsamen Unternehmensstruktur und der Entwurf einer gemeinsamen Werbestrategie gehören zu den innerhalb des Planspiels zu lösenden Aufgaben. Ausgehend vom Gedanken einer sich in konkreten Interaktionen prozeßhaft realisierenden 'Interkultur', setzt das Training auf eine Einübung von Lösungsstrategien für sich im Verlauf des Planspiels entwickelnde Probleme des interkulturellen Kontakts und auf die Nutzung freiwerdender 'Synergiepotentiale'. Die Komplexität dieses Planspiels wird von Dathe als prinzipiell positiv im Hinblick auf eine Vorbereitung auf reale interkulturelle Kontakte dargestellt, sie thematisiert jedoch auch die durch konkrete Rahmenbedingungen praktisch bestehenden Grenzen der Komplexität.

Die Beiträge von ten Thije und Liedke thematisieren demgegenüber Kommunikationsprozesse, Trainingsansätze und -notwendigkeiten in einer multikulturellen Gesellschaft. In beiden Beiträgen steht die Einbindung interkultureller Kommunikation in institutionelle Handlungszusammenhänge zentral. *Jan ten Thije* greift die Diskussion im niederländischen und australischen Kontext auf, in dem interkulturelle Trainings u.a. in Form von spezifischen Zweitsprachentrainings (*second language trainings*), cross-kulturellen Trainings (*cross-cultural communication trainings*), Sprach- und Alphabetisierungskursen (*language and literacy courses*), 'Englisch bzw. Niederländisch am Arbeitsplatz'-Kursen (*English / Dutch in the Workplace*), Anti-Rassismus-Trainings (*anti-racist trainings*) oder Kulturdiversitäts-Trainings (*culture diversity trainings*) entwickelt worden sind. An Gesprächsbeispielen aus Teambesprechungen türkischer, marokkanischer, surinamesischer und niederländischer Kollegen und Kolleginnen, die gemeinsam in der pädagogischen Beratung arbeiten, zeigt ten Thije auf, wie sich institutionelle und interkulturelle Momente im interkulturellen Diskurs verzahnen und die 'diskursive Interkultur' der Beteiligten bestimmen und beschränken. So läßt sich in der Interaktion der Gruppenmitglieder eine Positionszuweisung der einzelnen als 'Repräsentant einer kulturellen Gruppe', als 'Immigrantenspezialist' oder als 'Institutionsspezialist' feststellen, die ihre interaktionalen Möglichkeiten und die Rezeption ihrer Beiträge festlegt. Auch können bei der Thematisierung und De-Thematisierung von Rassismus typische, wiederkehrende Muster aufgewiesen werden. Diskursanalytische Ansätze können — wie ten Thije zeigt — sowohl im Blick auf die Inhalte als auch im Blick auf die Evaluation interkultureller Trainings einen wertvollen Beitrag leisten.

Martina Liedke thematisiert entsprechende Diskussionszusammenhänge im deutschen Kontext. Am Beispiel eines Gesprächs zwischen einem deutschen Sachbearbeiter und einem türkischen Klienten auf der Ausländerbehörde weist sie nach, daß institutionelle und kulturelle Fremdheit trotz guten Willens der Kommunikationsbeteiligten zu Frustrationen, Unstimmigkeiten und Verzögerungen in der Interaktion führen kann. Einen wesentlichen Faktor bilden durch die institutionellen Positionen der Gesprächsteilnehmer als 'Klient' und als 'Agent' bedingte Wissensdivergenzen, die im Gespräch nicht bearbeitet werden. Die Fremdsprache Deutsch führt darüber hinaus zu Vagheiten, die Mißverstehenspotentiale in sich bergen. Da die tatsächlichen Ursachen für den als unangenehm erlebten Kommunikationsverlauf im Alltag von den Beteiligten zumeist nicht erschlossen werden, sondern dies vielmehr der 'Fremdheit' oder dem 'bösen Willen' des anderen angelastet wird, erscheint es sinnvoll, eine Änderung der bestehenden Praxis, wie sie etwa in Fortbildungen für die deutschen Angehörigen der Institution angestrebt wird, über die Bewußtmachung dieser Momente erfolgen zu lassen.

Annelie Knapp-Potthoffs Beitrag schließlich widmet sich der Frage, was denn — gerade unter Bezug auf die anderen Beiträge dieses Bandes — unter 'interkultureller Kommunikationsfähigkeit' verstanden werden kann, wenn sie zu einem Ziel fremdsprachenbezogener Lernprozesse gemacht werden soll. Sie diskutiert zunächst die Rolle, die fremdkulturbezogenes Wissen für interkulturelle Kommunikationsfähigkeit spielen könnte, und verweist dabei auf Probleme der Vollständigkeit, Differenziertheit, Adäquatheit, Relevanz und Erlernbarkeit derartigen Wissens.

Im Hinblick auf die Entwicklung einer Fähigkeit zur Bewältigung realer interkultureller Kontakte kritisiert sie die noch immer verbreitete simplifizierende Auffassung von interkultureller Kommunikation als Interaktion zwischen Angehörigen zweier relativ homogener Nationalkulturen. Sie betont demgegenüber die interne Variabilität von Kulturen, die wachsende Zahl von Individuen mit interkulturellen Mischungsprofilen sowie die multilaterale Annäherung von Interaktionspartnern im dynamischen Prozeß interkultureller Kommunikation und skizziert ein Modell dynamischer interkultureller Kommunikationsfähigkeit, das von der Mehrfachzugehörigkeit von Individuen zu unterschiedlichen Kommunikationsgemeinschaften ausgeht. Die Möglichkeit der Mehrfachzugehörigkeit wird gleichzeitig als Basis für das Erreichen interkultureller Verständigung und die Etablierung neuer Kommunikationsgemeinschaften als Interkulturen aufgefaßt. Vor diesem Hintergrund wird interkulturelle Kommunikationsfähigkeit im wesentlichen als das Verfügen über spezifische Strategien, mit Angehörigen fremder Kommunikationsgemeinschaften erfolgreich zu interagieren und ggf. neue Kommunikationsgemeinschaften zu etablieren, konzeptualisiert. Dazu gehören auch Strategien zur erfolgreichen Bewältigung von Lernersprachenkommunikation. Wissen über kulturelle Unterschiede erhält in diesem Kontext seine Funktion.

Für Lehrerinnen und Lehrer des Deutschen als Fremdsprache sind die Beiträge des Bandes u.E. in mehrfacher Hinsicht relevant. Sie knüpfen zugleich an die unterschiedlichen Aspekte an, in denen 'Interkulturalität' zur Zeit im Kontext des Fremdsprachenunterrichts thematisiert wird. Zwei Punkte sehen wir in diesem Rahmen als wesentlich an:

1. Fremdsprachenunterricht soll auf interkulturelle Kontaktsituationen vorbereiten. In der bisherigen didaktischen Diskussion um Interkulturalität, wie sie insbesondere auch im Rahmen von Werkstattgesprächen des Goethe-Instituts geführt wurde (Gerighausen / Seel 1983, 1987, Eichheim 1992), wurde dieser Aspekt zunächst vorwiegend unter dem Stichwort 'Regionalisierung und Adressatenspezifik von Lehrwerken' angesprochen. Standen zunächst landeskundliche Fragen im Vordergrund, so wurden sehr schnell auch Inhalte und Methoden des Fremdsprachenunterrichts ebenso wie seine übergreifende Zielsetzung angesprochen (vgl. u.a. Picht 1987, 1994, Wegner 1987, Müller 1994, Müller 1996).[3] Die Diskussion ist dabei wesentlich mitbestimmt durch die linguistische Theoriebildung, deren Ausrichtung weiter oben beschrieben worden ist. Die Empirisierung aufnehmend, wird z.B. das verbale und nonverbale Verhalten von Hörern und Hörerinnen im Gespräch als Gegenstand des Fremdsprachenunterrichts thematisiert (vgl. u.a.

---

[3] Zu entsprechenden Überlegungen im Bereich anderer Fremdsprachen s. z.B. die Beiträge in Bausch / Christ / Krumm (1994).

Bolten 1996, Liedke 1996). Sprach- und Kulturvergleiche bilden in einigen Lehr-werken für Deutsch als Fremdsprache bereits die zentrale methodische Heran-gehensweise; sie ist allerdings nicht unumstritten, sondern verlangt vielmehr selbst nach einer weitergehenden Reflexion (vgl. dazu u.a. Picht 1994, de Florio-Hansen 1994).

2. In vielen Fällen sind Fremdsprachenlehrende und -lernende selbst interkulturell Handelnde: Interkulturelle Kommunikation findet u.a. im Unterricht statt. Dies ist etwa dann der Fall, wenn es sich um den Unterricht gemischt-nationaler Gruppen handelt (z.b. bei Deutsch-als-Fremdsprache-Kursen im Inland) oder wenn der / die Lehrende die eigene Sprache als Fremdsprache im Ausland vermittelt. Insbeson-dere in letzterem Fall betrifft 'Interkulturalität' zugleich das eigene Lebensumfeld. In diesem Zusammenhang erweist es sich als sinnvoll, die Diskussion um Inter-kulturalität nicht nur auf den fremdsprachendidaktischen Kontext i.e.S., sondern auch auf die Lehrerausbildung zu beziehen. Dies gilt z.B. für die Vor- und Nachbereitung von Auslandsaufenthalten im Studium oder im späteren Berufs-leben ebenso wie für die Möglichkeit und Notwendigkeit, das eigene unterricht-liche Handeln zu reflektieren. Nicht zuletzt ging die Kritik an der bisherigen Lehrwerks- und Unterrichtspraxis, die sich in dem Stichwort 'Interkulturalität' artikuliert, wesentlich auf eigene Erfahrungen zurück, die Lehrende in ihrer Unter-richtspraxis im In- und Ausland gemacht haben. Sie sollten in die Entwicklung entsprechender Programme einfließen.

Wir wünschen uns, daß der vorliegende Band dazu beiträgt, Überlegungen im obigen Sinn weiterzuentwickeln und voranzutreiben.

Literatur

Bausch, K.-R. / Christ, H. / Krumm, H.-J. (1994) (Hg.). *Interkulturelles Lernen im Fremd-sprachenunterricht*. Tübingen: Narr

Bolte, H. (1996). Fremde Zungenschläge — Handlungsräume für die Entwicklung mündlicher Kommunikationsfähigkeit im Fremdsprachenunterricht. *Fremdsprache Deutsch* 14, 4-15

De Florio-Hansen, I. (1994). Wider die 'interkulturelle' Euphorie. Fragen zum interkulturellen Lernen im Fremdsprachenunterricht. *Praxis des fremdsprachlichen Unterrichts* 3/94, 303-307

Ehlich, K. (1995). Interkulturelle Kommunikation. In: Nelde, P. u.a. (Hg.). *Handbuch Kontaktlinguistik*. Berlin, New York: de Gruyter (erscheint)

Eichheim, H. (1992) (Hg.). *Fremdsprachenunterricht — Verstehensunterricht. Wege und Ziele*. (=Standpunkte zur Sprach- und Kulturvermittlung 1). München: Goethe-Institut

Gerighausen, J. / Seel, P. C. (1987) (Hg.). *Aspekte einer interkulturellen Didaktik.* München: Goethe-Institut

Hinnenkamp, V. (1994). Interkulturelle Kommunikation — strange attractions. *Zeitschrift für Linguistik und Literaturwissenschaft (LiLi)* 93, 46-74

Knapp, K. / Knapp-Potthoff, A. (1987). Conceptual issues in analyzing intercultural communication. In: Knapp, K. / Enninger, W. / Knapp-Potthoff, A. (eds.). *Analyzing Intercultural Communication.* Berlin / New York / Amsterdam: Mouton de Gruyter, 1-13

Knapp, K. / Knapp-Potthoff, A. (1990). Interkulturelle Kommunikation. *Zeitschrift für Fremdsprachenforschung* 1, 62-93

Liedke, M. (1996). "Oh ... toll." Was Hörerinnen und Hörer tun, um ein Gespräch in Gang zu halten. *Fremdsprache Deutsch* 14, 40-45

Mayring, P. (1993²). *Einführung in die qualitative Sozialforschung.* Weinheim: Beltz / Psychologie-Verl.-Union

Müller, B.-D. (1983). Probleme des Fremdverstehens. 'Interkulturelle Kommunikation' in der Konzeption von DaF-Unterricht. In: Gerighausen / Seel 1983, 262-347

Müller, B.-D. (1994). Stichwort 'Interkulturelle Didaktik'. In: Kast, B. / Neuner, G. (Hg.). *Zur Analyse, Begutachtung und Entwicklung von Lehrwerken für den fremdsprachlichen Deutschunterricht.* München: Langenscheidt, 96-99

Müller, P. (1996). Interkulturelles Lernen durch erlebte Landeskunde. *Zielsprache Deutsch* 1/96, 33-36

Picht, R. (1987). Interkulturelle Ausbildung für die internationale Zusammenarbeit. In: Wierlacher, A. (Hg.). *Perspektiven und Verfahren Interkultureller Germanistik.* München: iudicium, 43-53

Picht, R. (1994²). Von der Landeskunde zur internationalen Kommunikation. In: Ehnert, R. (Hg.). *Das Fach Deutsch als Fremdsprache in den deutschsprachigen Ländern.* Frankfurt a.M. etc.: Lang, 331-344

Redder, A. (1995). Entwicklungslinien in der Linguistik — für Deutsch als Fremdsprache. *Jahrbuch Deutsch als Fremdsprache* 21, 107-116

Redder, A. / Rehbein, J. (1987). Zum Begriff der Kultur. In: dies. (Hg.). *Arbeiten zur Interkulturellen Kommunikation. Osnabrücker Beiträge zur Sprachtheorie (OBST)* 38, 7-21

Rehbein, J. (1985). Einführung in die interkulturelle Kommunikation. In: ders. (Hg.). *Interkulturelle Kommunikation.* Tübingen: Narr, 7-39

Streeck, J. (1985). Kulturelle Kodes und ethnische Grenzen. Drei Theorien über Fehlschläge in der interethnischen Kommunikation. In: Rehbein, J. (Hg.). *Interkulturelle Kommunikation.* Tübingen: Narr, 103-120

Wegner, H. (1987). Die deutsche Sprache in der Welt und die Auswärtige Kulturpolitik der Bundesrepublik Deutschland. In: Wierlacher, A. (Hg.). *Perspektiven und Verfahren interkultureller Germanistik.* München: iudicium, 69-80

Ernst Apeltauer

Zur Bedeutung der Körpersprache für die interkulturelle Kommunikation

Interkulturelle und intrakulturelle Kommunikation
Körpersprache
Körpersprache in interkultureller Kommunikation
    Gestenarme und gestenreiche Kulturen
    Kulturbedingte Darstellungsregeln
Elemente körpersprachlichen Ausdrucks
    Konventionalisierte Formen: Embleme
    Ausdrucksmittel zur Grenzüberschreitung und zur Metakommunikation
    Mimik
    Hinweisgesten
    Demonstrationsgesten und pantomimische Darstellungen
Körperhaltung, -orientierung und -bewegung

> *Daß das andersartig Fremde das Eigene in Frage stellt und*
> *verunsichert, ist eine Tatsache, die man nicht gerne zugibt.*
> *(Vridhagiri Ganeshan)*

1. Interkulturelle und intrakulturelle Kommunikation

Die Verständigung zwischen zwei (aus Einfachheitsgründen beschränken wir uns auf dyadische Konstellationen) Personen aus deutlich verschiedenen Gruppen wird als 'interkulturelle Kommunikation' bezeichnet. Etwas vereinfacht könnte man auch sagen, daß die Verständigung innerhalb einer Gesellschaft oder Gruppe intrakulturell ist, die über Gruppengrenzen hinweg interkulturell. Intrakulturell ist die Verständigung vor allem innerhalb von sozialen oder regionalen Gruppen, deren Angehörige eine Lebensform teilen, d.h., sie verfügen alle etwa über dieselben Erfahrungen, dieselbe Weltsicht und dasselbe Wissen und verhalten sich auch in einer für sie typischen Weise (vgl. Scheflen 1964:152). Grundsätzlich gibt es zwischen Kulturen und Lebensformen jedoch immer Übergänge und Überschneidungen. Nur richten wir insbesondere am Anfang von Begegnungen unser Augenmerk zumeist nicht auf das, was uns als Menschen verbindet, sondern auf das Andersartige (bzw. Befremdliche). Gesprächspartner werden auf diese Weise de-individualisiert, d.h. bei der Einschätzung domi-

17

nieren zunächst gruppenspezifische Merkmale (bzw. Zuschreibungen), während individuelle Merkmale vernachlässigt werden. Dabei kann uns typisch erscheinen, was in der anderen Kultur vielleicht gar keine herausragende Rolle spielt, was uns aber besonders auffällt, weil es in unserer eigenen Kultur und Lebensform nicht existiert. So halten viele Europäer das 'Schweigen' für 'typisch japanisch'. Und tatsächlich hat Schweigen im japanischen Zenbuddhismus eine große Bedeutung. Doch die meisten Japaner sind keine Zenbuddhisten, und die Realität sieht oft ganz anders aus (vgl. Morsbach 1988a:204). Es bedarf einer Gewöhnungsphase, damit der Prozeß der De-Individualisierung wieder umgekehrt wird.

Insgesamt läßt sich folgendes festhalten:

- Übergänge zwischen intra- und interkultureller Kommunikation sind fließend. Was auf den ersten Blick als 'typisch' erscheinen mag, muß nicht 'typisch' sein.

- Auch Gespräche zwischen Mitgliedern einer Gesellschaft können interkulturellen Charakter aufweisen, wenn die am Gespräch beteiligten Personen sich nicht kennen, aus unterschiedlichen Regionen und/oder Schichten stammen oder wenn zumindest einer der beiden Gesprächspartner einer Sub- oder Gegenkultur angehört. Da Menschen aber über die Fähigkeit zur Anpassung sowohl im sprachlichen als auch im körpersprachlichen Bereich verfügen, sind Unterschiede in der Regel abbaubar.

- Gemeinsame Interaktionserfahrungen können mit dazu beitragen, daß Gespräche ihren interkulturellen Charakter verlieren. Mit anderen Worten: Wenn jemand mit einem Gesprächspartner, einem Thema und/oder einer Situation vertraut ist, kann sich aus einem interkulturellen Gespräch ein intrakulturelles entwickeln.

- Ob ein Übergang von interkultureller zu intrakultureller Kommunikation stattfindet, hängt nicht nur von der Vertrautheit oder Nicht-Vertrautheit mit einem Gesprächspartner, einem Thema oder einer Situation ab, sondern auch von der Bereitschaft beider Kommunikationspartner, sich auf eine neue Machtverteilung einzulassen.

2. Körpersprache

Die Bezeichnung 'Körpersprache' wird oft als Synonym für 'nonverbale Kommunikation' verwendet. Wir werden den Ausdruck hier in einem weiteren Sinne gebrauchen und damit nicht nur auf konventionalisierte Gestik und Mimik verweisen, sondern auch auf kulturspezifische Verhaltensformen (Haltung, Bewegung). Denn in Gesprächen und Interaktionen werden nicht nur sprachliche Zeichen und konventionalisierte Gesten gebraucht und gedeutet, sondern auch allgemeine Verhaltensweisen. Mit anderen Worten: "As one learns the language or the dialect of the group one belongs to, one reproduces the gestures, the facial movements, and the bodily expression typical of this group." (Feyereisen / de Lannoy 1991:6). Äußerungen können nur dann richtig interpretiert werden, wenn die gleichzeitig übermittelten körpersprachlichen Elemente, die Situation und das dazugehörige Wissen angemessen erfaßt und für die Interpretation genutzt werden (vgl. Apeltauer 1995:119ff.).

Normalerweise wirken bei der Verständigung die unterschiedlichen Kanäle (visuell, auditiv, haptisch, olfaktorisch) immer zusammen. So nutzt ein Sprecher seine Mimik, Gestik, Stimme und Haltung, um seine Äußerungen zu gewichten und zu kalibrieren, ein Hörer gibt mit Hilfe solcher Mittel z.B. Rückmeldung darüber, ob er Äußerungen verstanden hat, oder er deutet an, wie er zu inhaltlichen Aussagen oder zum Gesprächspartner steht. Solche Rückmeldungen des Hörers werden vom Sprecher permanent überwacht und bei der weiteren Sprechplanung berücksichtigt.

Wenn wir uns 'mit Händen und Füßen' verständigen, so bedeutet dies nicht notwendig, daß wir das, was wir vermitteln wollen, auch tatsächlich vermitteln können. Es bedeutet aber, daß wir subjektiv den Eindruck haben, daß eine Verständigung stattgefunden hat. Wir nehmen dann z.B. an, daß unser Gesprächspartner weiß, worüber wir uns verständigen wollten, und vielleicht auch, was das Ziel unserer Bemühungen war. Mit anderen Worten: Unter bestimmten Voraussetzungen versuchen wir Sprache durch Körpersprache zu substituieren oder sprachliche Bedeutungen durch den Einsatz von Blicken, von Mimik, Gestik, Stimme und Körperhaltung zu erläutern und abzusichern. Dies ist unter intrakulturellen Bedingungen zumeist unaufwendig möglich, weil in einer kulturellen oder subkulturellen Gruppe jeder die Konventionen für den Gebrauch der Körpersprache kennt. Unter interkulturellen Bedingungen kann es hingegen, wegen unterschiedlicher Konventionen, aber auch wegen unterschiedlicher Erfahrungen und 'Weltvorstellungen', zu Mißverständnissen kommen. Nun wird Körpersprache — nach allem, was wir wissen — nicht nur sprachbegleitend oder Sprache substituierend gebraucht, sondern auch autonom, insbesondere zur Darstellung eigener Emotionen und Einstellungen sowie zur Verdeutlichung eigener Identität oder zur Spezifizierung von Beziehungsaspekten. All dies ließe sich natürlich auch verbal darstellen. Und es wird zum Teil ja auch verbalisiert. Oft bevorzugen wir dafür jedoch nonverbale Mittel, denn: "Bodily signals are more effective than language in the communication of affects and interpersonal attitudes." (Feyereisen / de Lannoy 1991:62)

Funktional betrachtet gibt es folgende Möglichkeiten, Informationen, die über den verbalen Kanal vermittelt werden, mit Informationen, die über nonverbale Kanäle transferiert werden, zu kombinieren:

1. *Redundanz*: Es werden über den verbalen und die nonverbalen Kanäle gleiche Informationen übermittelt, so daß sich die Informationen gegenseitig stützen, d.h.

Verständlichkeit erhöht wird. Beispielsweise könnte jemand fragen: 'Ist das wahr?' und dazu einen fragenden Gesichtsausdruck zeigen.

2. *Komplementarität*: verbal übermittelte Informationen, die Unklarheiten oder Doppeldeutigkeiten aufweisen, werden durch nonverbale Indizierungen (z.B. deiktische Gesten) eindeutig gemacht.

3. *Addition*: Über die nonverbalen Kanäle werden zusätzliche Informationen geliefert, z.b. über Einstellungen zu oder Bewertungen von einer verbal gemachten Aussage, oder es werden Interpretationsanweisungen für verbal übermittelte Informationen gegeben. Beispielsweise könnte in einem Sprechfluß eine Aussage besonders betont werden. Gleichzeitig könnte sich der Sprecher leicht vorneigen und das Ganze noch durch eine Handgeste unterstreichen, um so die Bedeutung der Aussage hervorzuheben.

4. *Divergenz*: Informationen, die über die nonverbalen Kanäle übermittelt werden, widersprechen den auf dem verbalen Kanal übermittelten Informationen. So könnte man z.b. fragen: 'Ist das wahr?' und dazu einen skeptischen Gesichtsausdruck machen, oder man könnte eine Unverschämtheit mit freundlichem Tonfall sagen und dazu freundlich lächeln.

In intrakultureller Kommunikation werden in der Regel all diese Kombinationsmöglichkeiten genutzt, weil die kompetente Beherrschung von Sprache und Körpersprache auch die Verarbeitung von verdichteten oder komplexen Informationen ermöglicht und Verständigungsprozesse dadurch komprimiert und abgekürzt werden können. Dies gilt allerdings nicht uneingeschränkt. So kann der dritte Fall (Addition) dann Schwierigkeiten bereiten, wenn ein Rezipient z. B. müde oder gestreßt ist. Und vom vierten Fall (Divergenz) wissen wir, daß er Kindern erhebliche Verstehensprobleme bereiten kann (vgl. Bugental / Kaswan / Love 1970).

Neben den genannten Kombinationen gibt es aber auch noch die Möglichkeit, auf einem Kanal (dem verbalen oder dem nonverbalen) keine Informationen zu übermitteln. Daraus lassen sich die folgenden beiden Grenzfälle ableiten:

5. *Substitution*: Sprache wird durch Körpersprache (bzw. konventionalisierte Gesten) ersetzt, z.B. das 'Daumenhalten' für einen Examenskandidaten.

6. *Reduktion*: Körpersprachliche Darstellungen werden zurückgehalten, z.B. bei der Produktion schriftlicher Texte, wo körpersprachliche Anteile u.U. mitgedacht, gegebenenfalls (z.B. in literarischen Texten) auch angedeutet werden (vgl. z.B. Poyatos 1977).

Während wir den letzteren Fall in unserem Zusammenhang vernachlässigen wollen, bedarf der fünfte Fall (+ nonverbal / — verbal) noch einer kurzen Erläuterung. Er stellt zweifellos einen Grenzfall dar, den Endpunkt eines Kontinuums. Wichtiger sind die Übergänge, d.h. die unterschiedliche Nutzung einzelner Kanäle, wobei wir zwischen 'normaler Nutzung' (d.h. den vorherrschenden Tendenzen in entsprechenden Standardsituationen einer Kultur) und strategischer Nutzung (d.h. der Nutzung in Konflikt- und Sonderfällen) unterscheiden müssen. In Konflikten können strategische und/oder taktische Gesichtspunkte dafür verantwortlich sein, daß mehr Informationen über einen bestimmten Kanal gesendet werden. So könnte es z.b. unter konfliktiven Bedingungen günstiger sein, wenn vieles unausgesprochen bliebe oder nur nonverbal andeutet würde. Denn Gesten, Blicke, Haltungen oder Stimmführungen sind schwerer einklagbar als Worte. Zudem lassen sich mit Hilfe von Gesten Worte nicht nur verdeutlichen, man kann ihnen dadurch auch Nachdruck verleihen. Mit anderen Worten: In jeder Kultur gibt es bestimmte Präferenzen für verbale und nonverbale Kodierungen. Diese Präferenzen können jedoch — je nach Situation und kommunikativer Aufgabe — variieren.

3. Körpersprache in interkultureller Kommunikation

In den meisten Fällen, in denen sich Mitglieder aus unterschiedlichen Kulturen gegenüberstehen, sind die Voraussetzungen erheblich komplizierter als bei intrakultureller Kommunikation. Denn nur in Ausnahmefällen werden beide bikulturell und bilingual sein (vgl. Bamgbose 1994:89f.). Häufig wird einer der Gesprächspartner nur über eine monokulturelle Kompetenz verfügen und auch die Verständigungssprache nicht auf einem hohen Niveau beherrschen. Unter solchen Voraussetzungen werden Äußerungen und Verhaltensweisen nicht immer korrekt dekodierbar sein. Die Dekodierung wird dann z.b. nach Regeln einer Sprache S2 und/oder einer Kultur K2 stattfinden, die nicht (oder nur zum Teil) mit den Regeln der Sprache S1 und Kultur K1 übereinstimmen, die zur Kodierung verwendet wurden, so daß es zu einer Divergenz zwischen intendierter und rezipierter Bedeutung kommen wird. Werden nun neben dem verbalen Kanal auch noch über die nonverbalen Kanäle zusätzliche Informationen vermittelt (wie im Falle von Komplementarität, Addition oder Divergenz), können die Verstehensprobleme eines Rezipienten wachsen, weil auch in diesen Bereichen unterschiedliche Konventionalisierungen existieren können. Damit erhöhen sich die Möglichkeiten für Mißverständnisse beträchtlich.

Doch nicht nur unterschiedliche Kodierungs- und Dekodierungsregeln können bei der Verständigung Probleme bereiten, auch durch die Bevorzugung bestimmter Kommunikationskanäle oder durch 'stillschweigende Voraussetzungen' können Mißverständnisse entstehen. Grundsätzlich lassen sich drei Präferenztypen unterscheiden:
– Kulturen, in denen nonverbale Kanäle weniger genutzt werden und stillschweigende Voraussetzungen eine geringere Rolle spielen,

-   Kulturen, in denen nonverbale Kanäle stärker genutzt werden (sog. gestenreiche Kulturen) und
-   Kulturen, die stillschweigende Voraussetzungen (kontextuelle Merkmale) in besonderer Weise nutzen.

Die Unterschiede zwischen diesen Präferenztypen sind gradueller Art, d.h., es gibt Situationen, in denen (z.b. aus taktischen Gründen) in sog. gestenärmeren Kulturen mehr gestikuliert wird oder in gestenreichen Kulturen verstärkt verbal agiert wird. Auch hier gibt es also fließende Übergänge.

3.1. Gestenarme und gestenreiche Kulturen

Zu den Kulturen, in denen in der Regel mehr Gesten gebraucht werden als im mittel- und nordeuropäischen Kontext, gehören z.b. Osteuropäer oder die Mittelmeeranrainer (Spanier, Italiener, Griechen, Türken, Araber). Manches von dem, was wir verbal kodieren, wird in diesen Kulturen durch Gestik übermittelt. So versprechen wir z.b. etwas, indem wir sagen 'bestimmt' oder 'du kannst dich darauf verlassen' oder 'ich versprechs dir'. In der Türkei könnte man ein solches Versprechen zwar auch verbal geben, z.b. mit einem Äquivalent zu 'bestimmt' *(kesin)* antworten, man könnte allerdings auch einfach die flache rechte Hand auf den eigenen Kopf legen, was soviel bedeuten würde wie: 'Ich nehms auf meinen Kopf' *(baş üstünde)* bzw. 'Ich übernehme die Verantwortung dafür, daß das Versprechen eingehalten wird.' Wer diese Geste übersieht, weil er sie nicht kennt oder sie vernachlässigt, weil er sie für eine Art Selbstberührungsgeste (Adaptor) hält, wird auf eine verbale Äußerung warten und sich vielleicht wundern oder ärgern, daß eine solche ausbleibt. Oder nehmen wir die japanische Kultur. Dort wird in vielen Fällen der nonverbale Kanal zur Informations- übermittlung bevorzugt. Übrigens glauben viele Japaner, daß Fremde sehr viel stärker nonverbal kommunizieren als sie selbst: "When asked to compare nonverbal behaviors in Japan and the U.S., Japanese often say something like, 'Japanese do not use as much nonverbal communication as Americans'." (Ramsey 1984:148) Ramsey führt das darauf zurück, daß Japaner Gesten und Mimik sparsamer gebrauchen. " 'Use' means 'openly' or in exaggerated form. Adults who use many gestures when they speak are thought to be childish from a Japanese point of view." (ebd.) Während Japaner eine hohe Empathiefähigkeit kultiviert haben und zwischenmenschliche Beziehungen häufig mit Hilfe nonverbaler Mittel geregelt werden, obwohl die japanische Sprache auch dafür über besondere "Schattierungen und Abstufungen" verfügt (vgl. Oguro 1984:66), wird in der javanischen Kultur nicht nur nicht gesagt, was man wirklich denkt und fühlt, Gefühle werden auch niemals gezeigt (vgl. Geertz 1973:240ff.). Für einen Besucher aus einer anderen (z.b. unserer) Kultur würde das bedeuten, daß in

Japan besonders auf die konventionalisierten Formen nonverbaler Kommunikation geachtet werden müßte, in der javanischen Kultur hingegen vermehrt auf nichtkonventionalisierte Anzeichen oder Verhaltensweisen (z.B. Übersprungshandlungen oder Selbstadaptoren).

Aus all dem kann man schließen, daß in interkulturellen Situationen nicht nur durch die unterschiedlichen sprachlichen und nonverbalen Kodierungen Mißverständnisse entstehen können, sondern auch durch die jeweiligen Standardkombinationen von verbalen und nonverbalen Ausdrucksmitteln. Wer, wie Deutsche, stärker auf Worte fixiert ist, wird anfangs ein größeres gestisches Angebot als zusätzliche Informationsquelle kaum angemessen nutzen können. Umgekehrt kann jemand, der sich verstärkt auf nonverbale Rückmeldungen konzentriert, durch ihr Ausbleiben irritiert werden (vgl. z.B. Erickson 1979:115ff.). Es ist zu vermuten, daß in gestenreichen Kulturen mit Hilfe der Körpersprache in einem bestimmten Zeitabschnitt auch mehr Informationen übermittelt werden können als in gestenarmen Kulturen, so daß die durchschnittliche Sprechgeschwindigkeit in gestenreichen Kulturen höher sein wird als in gestenarmen Kulturen. Tatsächlich profitieren Mitglieder aus gestenreichen Kulturen nachweislich vom Einsatz nonverbaler Elemente als Verstehenshilfen stärker als Mitglieder aus gestenarmen Kulturen (vgl. Graham / Argyle 1975).

3.2. Kulturbedingte Darstellungsregeln

Was passiert nun, wenn wir uns mit einem fremden Menschen verständigen wollen, der seine Gefühle und Einstellungen aufgrund anderer (kulturspezifischer) Darstellungsregeln präsentiert, z.B. hinter einem freundlichen Lächeln oder einem 'Pokerface' verbirgt? Wir alle kennen aus der eigenen Sozialisation das 'Abschwächen' von negativen Gefühlen. Wenn wir z.B. irgendwo eingeladen sind und uns ein Essen vorgesetzt wird, das merkwürdig fremd riecht und aussieht, gebietet es der Anstand, einen vielleicht aufkommenden Ekel zu unterdrücken oder zumindest abzuschwächen. Solche 'Maskierungen' oder 'Neutralisierungen' mimischer Gefühlsausdrücke sind in manchen Kulturen Pflicht (z.B. in Korea oder Japan). Bei Begegnungen mit Mitgliedern aus solchen Kulturen werden wir uns folglich kaum an der Mimik unserer Gesprächspartner orientieren können. In solchen Fällen kann aber das Fokussieren von Körperhaltung und Stimmführung weiterhelfen, weil beides gewöhnlich weniger stark kontrolliert wird und Gefühle und Einstellungen deshalb 'durchsickern' können.

Neben dem Abschwächen, Neutralisieren oder Maskieren von Gefühlsausdrücken gibt es jedoch noch ein anderes Extrem bei der Darstellung von Gefühlen oder Einstellungen: das Dramatisieren. In manchen Kulturen (z.B. der süditalienischen aber auch der türkischen) werden Gefühle und Einstellungen mimisch und gestisch (verglichen mit unseren Ausdrucksformen) verstärkt dargestellt. Das wird auf Mittel- oder Nordeuropäer häufig überzogen wirken. Derartige Amplifizierungen können anfangs vielleicht sogar erschrecken, sie können aber auch 'unglaubwürdig' erscheinen.

4. Elemente körpersprachlichen Ausdrucks

4.1. Konventionalisierte Formen: Embleme

In jeder Kultur gibt es Gesten, die von jedem Mitglied problemlos identifiziert und gedeutet werden können. Die Bedeutung solcher Gesten läßt sich häufig durch ein Wort oder eine Phrase wiedergeben, z.b. 'Bejahungsgeste' (mit dem Kopf nicken) oder 'Verneinungsgeste' (den Kopf schütteln) oder 'jemandem einen Vogel zeigen' (mit dem Zeigefinger an die Schläfe oder die Stirn tippen). Solche Gesten, die in einer Kultur konventionalisiert sind, werden auch 'Embleme' genannt. Sie werden intra-kulturell auch sprachunabhängig eingesetzt.

In einer Untersuchung von vier ostafrikanischen Kulturen hat man nachweisen können, daß von 71 erfaßten Gesten 56 in zwei und 48 davon in drei der vier unter-suchten Kulturen gebraucht werden und dies, obwohl in diesem Kulturraum vier unter-schiedliche Sprachen gesprochen werden, die z.t. nicht einmal miteinander verwandt sind. Interessant ist nun, daß der Gebrauch von 22 der untersuchten Gesten auch in Kolumbien und 17 davon ebenso im nordamerikanischen Kontext nachgewiesen wurden (vgl. Creider 1977). In allen drei Kulturräumen (Ostafrika, Nordamerika und Südamerika) wird beispielsweise 'Kopfschütteln' als Verneinungsgeste gebraucht, 'Schulterzucken' für 'weiß ich nicht', 'eine flache Hand mit der Handinnenfläche zum Boden', um 'Größe' anzudeuten und 'eine flache Hand mit der Innenfläche gegen eine Wange mit leicht schief geneigtem Kopf' für 'schlafen' bzw. 'Schlaf' (vgl. Kendon 1984:99). Gleiches gilt z.B. für Deutschland. Können wir aus all dem schließen, daß es so etwas wie 'allgemeinverständliche Gesten' gibt, die uns bei der Verständigung über kulturelle Grenzen hinweg helfen könnten? Hewes (1974) ist diesem Gedanken einmal anhand von Reise- und Forschungsberichten aus dem fünfzehnten, sechzehnten und siebzehnten Jahrhundert nachgegangen, in denen erste Kontakte zwischen Europäern und Eingeborenen auf den Karibikinseln, in Nordamerika, in Polynesien und Austra-lien beschrieben werden. In diesen Berichten finden sich genügend Beispiele dafür, daß trotz großer sprachlicher und kultureller Unterschiede eine Verständigung zustan-de kam, wenngleich sie nicht immer als zufriedenstellend empfunden wurde.

'Grund-legend' für die gegenseitige Verständigung waren in diesen Zusammen-hängen Hinweisgesten, Demonstrationsgesten und pantomimische Darstellungen.

Solche Gesten scheinen in Begegnungssituationen eine Schlüsselrolle zu spielen. Zudem weist Hewes darauf hin, daß Menschen offenbar in der Lage sind, ihre Gestik so zu verändern, daß sie verstanden werden können, auch wenn gemeinsame Konventionen dafür fehlen. Kendon hat daraus den Schluß gezogen: "There is some reason to think that pointing, demonstration and pantomime are recognizable as meaningful actions regardless of shared cultural traditions." (Kendon 1984:105)

Wir wollen diesem Gedanken der grenzüberschreitenden Verständlichkeit zunächst anhand von konventionalisierten Bejahungsgesten, die auch bei Creider erwähnt werden, nachgehen. Die in unseren Breiten übliche Bejahungsgeste ('Nicken mit dem Kopf') wurde, wie wir oben ausgeführt haben, sowohl in Ostafrika als auch in Kolumbien und Nordamerika als gebräuchlich nachgewiesen. Ebenso wurde diese Bejahungsgeste bei den Waika-Indianern, Samoanern, Balinesiern und Papuas beobachtet (vgl. Eibl-Eibesfeldt 1972). 'Mit dem Kopf nicken' verfügt damit über einen beträchtlichen Verbreitungsgrad. Dennoch gibt es auch Regionen, in denen dafür völlig andere Gesten gebräuchlich sind. So wird beispielsweise in Abessinien zur Bejahung der Kopf zurückgeworfen, und die Augenbrauen werden hochgezogen, während die Dajak auf Borneo nur die Augenbrauen hochziehen (vgl. LaBarre 1947:265). Die Geste der Abessinier würde übrigens in der Türkei, in Griechenland und Süditalien als Verneinungsgeste gedeutet. Werden die Augenbrauen alleine hochgezogen (wie bei den Dajak auf Borneo), ohne daß der Kopf in den Nacken genommen wird, so gilt dies in den genannten Regionen als abgeschwächte Verneinungsgeste. Dieselbe Geste würde vermutlich von vielen Mitteleuropäern als mimischer Ausdruck für 'Frage' gedeutet werden. Inder verwenden zur Bejahung eine Form des 'Kopfwiegens', das sich von unserer Verneinungsgeste dadurch unterscheidet, daß der Kopf nach rechts und links auf die Schulter leicht abgekippt (und nicht um die Längsachse gedreht) wird. Das 'Kopfwiegen' wird von Indern auch als bestätigendes 'Hörersignal' (im Sinne von 'ja') gebraucht, eine Rückmeldung, die uns Mitteleuropäer irritieren kann, weil das 'Kopfwiegen' bei uns gewöhnlich als Ausdruck für 'Vorbehalte' (z.B. im Sinne von 'problematisch' oder 'weiß nicht so recht') oder 'Unentschlossenheit' gilt. Auf Sri Lanka (Ceylon) scheint es zwei Embleme für die Bejahung zu geben. Auf faktische Fragen, wie 'trinkst du Tee?', wird mit dem Kopf genickt wie bei uns, auf Aufforderungen, etwas gemeinsam zu tun, wird die in Indien gebräuchliche Bejahungsgeste produziert (Eibl-Eibesfeldt ebd.). Die Beispiele zeigen, daß unser 'Kopfnicken' zwar weit verbreitet ist, daß es aber doch eine ganze Reihe von Weltgegenden gibt, in denen eine andere Gestik zur Bejahung verwendet wird. Ähnliches gilt für Verneinungs-Gesten (vgl. Apeltauer 1995:131f.).

Aufgrund unseres Bewegungsapparates gibt es nur eine begrenzte Anzahl von gestischen Ausdrucksmöglichkeiten, weshalb sich in vielen Kulturen ähnliche oder auch gleiche gestische Ausdrucksformen finden, die allerdings (je nach Gesellschaft und Kultur) mit unterschiedlichen Bedeutungen belegt und in unterschiedlichen Kontexten gebraucht werden. So wird z.B. eine Faust mit einem nach oben deutenden Daumen in Mittel- und Nordeuropa für 'o.k.' (im Englischen 'thumbs up') verwendet (vgl. Morris u.a. 1979:186ff.). In Japan hingegen bedeutet dieselbe Geste 'Ehemann' oder 'Mann' (vgl. Ramsey 1984:147). Man hat für dieses Phänomen die Bezeichnung 'Homomorphie' geprägt. Homomorphie ist dafür verantwortlich, daß es in interkulturellen Kontexten immer wieder zu gravierenden Mißverständnissen kommt, weil gleiche Gesten mit unterschiedlichen Bedeutungen assoziiert werden. In vielen Fällen werden die Unterschiede zwischen intendierter und rezipierter Bedeutung gar nicht bemerkt (vgl. Poyatos 1984:436f.). So entstandene Mißverständnisse können darum auch nicht ausgeräumt werden. Wenn z.B. das oben beschriebene 'Kopf in den Nacken werfen' und 'Heben der Augenbrauen' als 'ja' intendiert wäre und vom Gesprächspartner als 'nein' verstanden würde, so läßt sich unschwer vorstellen, welche Verständigungsprobleme sich daraus entwickeln könnten.

Ein gutes Beispiel für Homomorphie bildet die 'Handbörse' (oder auch 'Handpyramide'): Die Fingerspitzen werden an den Daumen gelegt, Daumen und Fingerspitzen deuten nach oben. Die Handbörse ist eine Geste, die in Mitteleuropa von manchen Menschen sprachbegleitend zur Unterstreichung von Rhythmus und Betonung gebraucht wird. Solche Gesten werden auch Taktgesten genannt. Sie sind im allgemeinen hochgradig automatisiert und werden darum kaum bewußt eingesetzt oder wahrgenommen. Wir wissen heute, daß sich der Anteil dieser Gesten bei Wortfindungsproblemen oder auch bei ausbleibender Rückmeldung durch einen Gesprächspartner erhöht (vgl. Ekman / Friesen 1972). Eine solche Zunahme kann daher als Ausdruck von Unsicherheit gewertet werden. Völlig anders wird diese Geste in der Türkei gebraucht. Dort ist sie ein Emblem für 'gut' oder 'ausgezeichnet', das auch kombiniert mit einem positiven Gesichtsausdruck verwendet wird. Dieselbe Bedeutung wird mit dieser Geste in Griechenland verbunden (vgl. Morris u.a. 1979:44ff.). Hingegen bedeutet die Handpyramide in Marokko und in Tunis 'langsam', in Nord- und Westfrankreich sowie in Portugal 'Angst' und in Italien 'Frage' (vgl. Schneller 1992:223f.; Morris u.a. ebd.). Wird auf Sizilien die nach oben locker geöffnete Hand zur Handpyramide geschlossen, so bedeutet dies 'avere paura' (Angst haben oder vor Angst in die Hosen machen; vgl. Oliveri o.J.:42). In jüngster Zeit hat sich die Handpyramide in Israel als Emblem für 'langsam' durchgesetzt. Befragt man Mitglieder aus unterschiedlichen Kulturen nach der Bedeutung der Handpyramide, so zeigt es sich, daß manche Interpretation der intendierten (emblematischen) Bedeutung recht nahe kommt, so z.B., wenn die Geste als 'warte' gedeutet wird und als 'langsam' intendiert war. Es gibt jedoch auch stark abweichende Interpretationen. So wurde die Handpyramide in Israel auch als 'herrlich', 'genau' oder 'ein wenig' gedeutet. Manche Befragten vermuteten dahinter auch eine 'obszöne Bedeutung' (vgl. Schneller 1992:226). Solche 'divergierenden Interpretationen' können zur Ursache von Mißverständnissen werden, insbesondere darum, weil im Verlauf von Interaktionen Interpretationen unter Zeitdruck vorgenommen werden müssen. Unter solchen Bedingungen können Bedeutungen nicht immer (bzw. nur von Fall zu Fall) 'ausgehandelt' werden. Darum wird das eine oder andere Mal Irritierendes übergangen werden, auch wenn es vielleicht unbefriedigend ist.

Was passiert, wenn sich Menschen aus entfernteren Kulturen begegnen? Wieviele emblematische Gesten werden dann als Gesten identifiziert, und welche davon werden richtig gedeutet? Schneller (1988) ist in einer seiner Untersuchungen genau diesen Fragen nachgegangen. Er wählte dazu Mitglieder einer entfernteren Kultur (Äthiopien), die neu nach Israel eingewandert waren, und ließ sie 26 typische äthiopische Embleme darstellen. Diese Darstellungen wurden auf Videoband aufgezeichnet. Die so festgehaltenen Gesten wurden 46 College-Studenten aus 14 verschiedenen Kulturen vorgelegt. Ein Teil der Gesten wurde von den Probanden als bloßes Verhalten (d.h. als nicht intendiert) kategorisiert und folglich vernachlässigt. Nur 85% der gezeigten Gesten erschienen den Probanden aus ihren eigenen Kulturen (bzw. Lebensformen) vertraut, fast 70% davon wurden falsch gedeutet. Eine genauere Analyse der Daten ergab, daß viele der Fehlinterpretationen extrem abweichend waren. Von den erkannten Emblemen wurden nur 23,3% richtig dekodiert.

Es wurde oben bereits gesagt, daß einzelne Elemente und Kommunikationskanäle bei der Verständigung immer zusammenwirken. Bei der Analyse von Verständigungsproblemen ist deshalb eine isolierte Betrachtung von Gestik oder Mimik genauso problematisch wie die Beschränkung auf sprachliche Phänomene. Wir wollen dies exemplarisch anhand einer Untersuchung darstellen, in deren Rahmen es um die Identifikation und Interpretation konventionalisierter gestischer und mimischer Elemente ging. Wie verändert sich die Bedeutung eines nonverbalen Elements (d.h. einer Handgeste oder eines Gesichtsausdrucks), wenn es nicht isoliert, sondern in Kombination mit einem zweiten Element betrachtet und interpretiert wird?

In einer experimentellen Studie wurden zwei italienische Embleme (Handpyramide und eine Geste, bei der die flache Hand in Brusthöhe aus dem Armgelenk von oben nach unten und wieder zurück geführt wird, eine Art Schütteln der Hand, nur langsamer ausgeführt) mit zwei Gesichtsausdrücken so kombiniert, daß jede dieser Gesten mit je zwei unterschiedlichen Gesichtsausdrücken einer Reihe von Probanden präsentiert wurde. Die Handpyramide, deren Verbreitung und Bedeutungen bereits oben angesprochen wurden, ist eine Handgeste, die in ganz Italien als 'Frage' verstanden und auch im Rahmen von Begrüßungsritualen im Sinne von 'wie geht's' eingesetzt wird (vgl. Morris u.a. 1979:48ff.). Diese Geste wird mit der genannten Bedeutung nur auf der italienischen Halbinsel gebraucht. Sie kann deshalb als ein typisch italienisches Emblem bezeichnet werden. Fragt man in Italien nach der Bedeutung dieser Geste, so wird einem erklärt, daß man damit Fragen wie 'Che vuoi?' oder 'Cosa vuoi?' (Was willst du?) oder 'Cosa fai?' (Was machst du?) substituieren kann. Aber auch andere Fragen, z.b. nach der Bedeutung einer Äußerung oder der dahinterliegenden Intention, können mit dieser einfachen Handgeste sprachlos und knapp übermittelt werden. Nun kann diese Handgeste isoliert betrachtet werden, sie kann aber auch mit der sie begleitenden Mimik erfaßt und gedeutet werden. Was verändert sich dadurch an der zugeschriebenen Bedeutung? Die Ergebnisse der Untersuchung (vgl. Ricci-Bitti 1992) zeigen, daß die Handpyramide offenbar so stark konventionalisiert ist, daß ihr Frage-charakter auch ohne Gesichtsausdruck sofort erkannt wird. Mit anderen Worten: Der fragende Gesichtsausdruck (mit gehobenen oder gesenkten Augenbrauen) trägt keine relevante Information zur Dekodierung der Handgeste bei. Er ist in diesem Falle also redundant. Anders ist dies, wenn die Mimik einen skeptischen oder sarkastischen Aus-druck annimmt (die Mundwinkel werden dazu ähnlich wie beim Lachen auseinander-gezogen, zeigen aber nicht nach oben). Werden beide Elemente kombiniert, d.h. die Handpyramide mit einem solchen skeptischen Gesichtsausdruck verwendet, wird dies als 'rhetorische Frage' oder als kritischer oder ironischer Kommentar verstanden. Offenbar werden im letzten Fall zwei Elemente (ein stark konventionalisiertes, natio-nales und ein überregionales, weniger bewußt gebrauchtes) miteinander kombiniert, wobei aus beiden, ähnlich wie bei der Wortbildung, ein neues Element (rhetorische Frage oder kritische Bewertung) entsteht.

Wenden wir uns nun der anderen Handgeste zu. Sie wird nicht nur in Italien sondern z.B. auch in der Türkei verwendet, gehört also zu den im Mittelmeerraum verbreiteten Gesten. In diesem Falle wurde zunächst überprüft, wie gut mimischer Ausdruck allein dekodierbar ist. Es handelte sich dabei um nach unten gezogene Mundwinkel und um aufgeblasene Wangen. Beide mimischen Ausdrücke wurden zu 62% erschlossen. Kombiniert mit der entsprechenden Handgeste (flache Hand in Brusthöhe wird von oben nach unten und zurück aus dem Handgelenk heraus geführt), wurde der erste mimische Ausdruck mit Handgeste in 85% der Fälle als 'viel' oder 'so viel' dekodiert, im zweiten Fall wurde in 92% der Fälle die Bedeutung 'zu viel' oder 'langweilig' damit verbunden.

Aufgrund der genannten Untersuchungsergebnisse können wir vermuten, daß es unterschiedliche Beziehungen zwischen Handgesten und mimischen Ausdrücken gibt. In manchen Fällen sind beide für die Dekodierung von Bedeutung, in anderen ist offenbar eine Komponente entbehrlich (vgl. Ricci-Bitti 1992:194f.). Die Beispiele geben uns einen Eindruck davon, wie Elemente zusammenwirken können, und sie zeigen uns, in welcher Weise Mißverständnisse entstehen können: durch unterschiedliche Konventionalisierungen oder dadurch, daß in einer Kultur entsprechende Konventionalisierungen fehlen. In Realsituationen kommen noch Kleidung, Körperhaltung, Stimme, Raumaufteilung sowie Duftmarken hinzu. Festzuhalten bleibt, daß in interkultureller Kommunikation scheinbar Vertrautes (Gestik, Haltung, Blicke, Stimme) etwas anders bedeuten kann und Aspekte, die uns irrelevant erscheinen, weil sie keine Entsprechung in unserem System haben, von uns übersehen werden können. Daraus folgt: Solange wir konventionalisierte Bedeutungszuschreibungen, die in einer anderen Kultur gebräuchlich sind, nicht kennen, sollten wir mit Deutungen vorsichtig sein und immer damit rechnen, daß wir Relevantes übersehen haben könnten.

4.2. Ausdrucksmittel zur Grenzüberschreitung und zur Metakommunikation

Wir haben oben darauf hingewiesen, daß in alten Reisebeschreibungen vor allem Hinweisgesten und pantomimische Darstellungen erwähnt werden, wenn es um die Überwindung von sprachlichen Grenzen (bzw. Sprachlosigkeit) geht. Neben diesen Möglichkeiten scheinen aber auch in unserem mimischen Bereich relativ allgemeinverständliche Ausdrucksmittel zu existieren, wie Untersuchungen zeigen, die in jüngerer Zeit durchgeführt wurden. Ihnen wollen wir uns im nächsten Abschnitt zuwenden.

4.2.1. Mimik

Es gilt heute als gesichert, daß es eine Reihe mimischer Ausdrücke gibt, die über kulturelle Grenzen hinweg verstehbar sind (vgl. Argyle 1979:204f.). Dies wurde z.B. in Untersuchungen festgestellt, bei denen anhand von Fotografien (es handelte sich dabei ausschließlich um Fotos von Weißen) Beurteilende aus den USA, Brasilien und Neu Guinea prototypisch dargestellte Grundemotionen wie 'Freude' oder 'Angst' identifizieren sollten (vgl. Ekman / Friesen 1969). In einer verfeinerten Version wurde den Probanden eine Geschichte erzählt. Dazu wurden jeweils drei Fotos vorgelegt, auf denen ebenfalls solche Grundemotionen dargestellt wurden, von denen aber nur eine zur Geschichte paßte (vgl. Ekman / Friesen 1971). Dabei hat man bei den Beurteilenden aus Neu-Guinea sogar darauf geachtet, daß es sich um Analphabeten handelte, die noch nie Kontakt mit Weißen gehabt hatten und auch kein Englisch oder Pidgin sprachen, so daß also ein westlicher Einfluß weitgehend ausgeschlossen werden konnte.

Die Ergebnisse zeigen eine hohe Übereinstimmung zwischen den Beurteilenden, wobei Kinder Grundemotionen scheinbar besser zu lesen vermögen als Erwachsene. Beurteilende aus den USA waren weniger erfolgreich beim 'Lesen von Emotionen', wenn sie in fremden Gesichtern (Neu-Guineaner) lesen sollten. Insbesondere das Dekodieren von 'Angst', 'Überraschung' und 'Ekel' war offenbar schwieriger als das Erschließen positiver Gefühle. Es sind vor allem zwei Grundemotionen, die zuverlässig identifiziert wurden: 'Glück' (bzw. Freude) und 'Traurigkeit'. Ekman / Friesen haben Beurteilenden u.a. auch Fotos von amerikanischen und japanischen College-Studenten vorlegt, die Filme angesehen haben und dabei fotografiert wurden. Damit sollten spontane mimische Ausdrücke erfaßt und beurteilt werden. Die Studierenden wurden auch aufgenommen, als sie anschließend mit einem Interviewer über den gesehenen Film sprachen. Es zeigte sich, daß zwar der spontane Ausdruck bei beiden Gruppen identisch war, in Gegenwart eines anderen Menschen der Gesichtsausdruck aber stark modifiziert wurde (Ekman / Friesen 1975:99). Diese Ergebnisse lassen den Schluß zu, daß ein unbeteiligter Beobachter auch über sprachliche und kulturelle Grenzen hinweg Grundemotionen, die sich in der Mimik eines Menschen spontan abzeichnen, richtig erfassen kann, sofern er seine Beobachtungen unter vergleichbaren Bedingungen, wie die Probanden in den 'Laborversuchen', durchführen kann. Im allgemeinen wird man jedoch in interkulturellen Situationen, in die man 'verwickelt' ist, kaum unter solchen Bedingungen agieren können. Folgende Probleme erscheinen uns ungelöst:

1. Die 'neutralen Beobachter' der 'Laborversuche' konnten sich Fotos in Ruhe und mehrfach ansehen. Wenn aber neutrale Beobachter 'Darstellungen' interpretieren sollen, die im Rahmen von Interaktionen gezeigt wurden, so müssen diese nicht mit dem übereinstimmen, was Interagierende in einer konkreten Situation intendiert oder rezipiert haben (vgl. dazu auch Streeck / Knapp 1992:4).

2. In Konfliktsituationen werden Beteiligte sich kaum zurücklehnen können, um den mimischen Ausdruck eines Interaktionspartners vorübergehend 'einzufrieren' und mehrfach ruhig zu betrachten. Im Gegenteil, sie werden ihre Urteile unter Zeitdruck fällen müssen, weil 'Darstellungen' nur für Sekunden oder Bruchteile von Sekunden sichtbar werden. Verschärft wird der Zeitdruck noch dadurch, daß Interaktionspartner gleichzeitig zuhören oder selber sprechen und auch noch andere Aspekte beachten müssen, z.B. die Stimme, die Gestik und/oder die Körperhaltung des Gesprächspartners.

3. Mimische Darstellungen von negativen Emotionen werden nur selten prototypisch ausfallen, weil man in den meisten Kulturen solche Gefühle zu maskieren oder zu neutralisieren lernt.

4. Durch die isolierte Betrachtung einzelner Ausdrücke sind homomorphe Darstellungen, die ansonsten über Interaktionssequenzen oder situative Rahmen erschlossen werden könnten, nicht mehr identifizierbar. Mit anderen Worten: Die Ergebnisse suggerieren eine Eindeutigkeit von mimischen Ausdrücken, die in Interaktionen nur selten beobachtbar sein dürfte. Ähnlich wie bei den Gesten, wo Homomorphie eine Rolle spielt, lassen sich auch im Bereich der Mimik Ausdrucksformen isolieren, die sich gleichen und emblematischen Charakter aufweisen oder als Regulatoren oder Illustratoren fungieren können. "The presence of a smile in particular contexts indicated 'pleasure', in another 'humor', in others 'ridicule', and, in still others, 'friendliness' or 'good manners'. Smiles have been seen to indicate 'doubt' and 'acceptance', 'equality' and 'superordination' or 'subordination'." (Birdwhistell 1968:108) Kurz: Mimik dürfte in interkulturellen Situationen kaum leichter 'lesbar' sein als konventionalisierte Gestik.

Kulturen unterscheiden sich nicht nur durch die Art der mimischen Darstellung, sondern auch durch den Grad der zulässigen Amplifizierung. So könnten sizilianische Gefühlsdarstellungen auf uns bei ersten Begegnungen schockierend, in fremden Kontexten (z.B. in Deutschland) aber auch lächerlich wirken. In unserem Kulturkreis (Mitteleuropa) lernen schon kleine Kinder, daß negative Emotionen wie 'Ärger' oder 'Ekel' gedämpft oder neutralisiert werden sollten. Man denke etwa an den kleinen Jungen, der sich vor der regelmäßig wiederkehrenden Umarmung seiner ungeliebten Tante ekelt, diesen Ekel aber nicht zeigen darf, weil seine Mutter ihn dazu nötigt. Er wird darum seine negativen Gefühle zu verbergen versuchen, vielleicht indem er lächelt. Schon Darwin hat darauf hingewiesen, daß das Lachen diejenige mimische Ausdrucksform ist, mit der wir negative Gefühle am leichtesten verbergen können, weil durch die Anspannung der Gesichtsmuskeln beim Lachen andere Emotionen nicht mehr zum Ausdruck kommen können und so das 'Durchsickern' der 'wahren Gefühle' (zumindest im Bereich der Mimik) verhindert wird. Negative Emotionen wie 'Angst', 'Ärger', 'Niedergeschlagenheit' oder 'Unsicherheit' lassen sich jedoch mit Hilfe anderer Indikatoren erschließen. Als solche gelten im mimischen Bereich insbesondere Adaptoren wie Lippenbeißen, häufigerer Lidschlag oder das Schließen der Augen. Sie treten gewöhnlich mit entsprechenden Körperhaltungen, gestischen Elementen und stimmlichen Merkmalen auf, z.B. mit 'Fäusteballen', 'Auf-den-Boden-Stampfen' oder mit Treten oder Schlagen nach einem Objekt. "This whole syndrome can even be observed in those borne deaf and blind." (Eibl-Eibesfeldt 1972:67)

Zusammenfassend können wir sagen, daß spontane mimische Ausdrucksformen für Grundemotionen über Grenzen hinweg verstanden werden. Allgemein scheinen die Darstellungen positiver Emotionen leichter erschließbar (bzw. lesbar) zu sein als die negativer Emotionen, vermutlich, weil positive Emotionen insgesamt häufiger gezeigt werden, sowohl als konventionalisierte als auch als spontane oder gesprächstaktische Formen. Auch werden positive Gefühle seltener gedämpft oder neutralisiert. Der Ausdruck von negativen Grundemotionen läßt sich jedoch ebenfalls korrekt dekodieren, wenn dabei zusätzliche (auch nichtmimische) Merkmale berücksichtigt werden. Im Hinblick auf die Entwicklung interkultureller Kommunikationsfähigkeit bedeutet dies, daß die Wahrnehmung des mimischen Ausdrucks insbesondere bei Erwachsenen geschult und daß besonders sensibel auf die Darstellung negativer Gefühle geachtet werden sollte. Ob eine verdeckte Nachahmung mimischen Ausdrucks eine Annäherung an Gefühle eines Gesprächspartners erleichtert, wird jeder für sich selbst überprüfen müssen.

4.2.2. Hinweisgesten

Wir haben oben bereits erwähnt, daß Menschen über die Fähigkeit verfügen, ihre Gesten zu verändern, so daß sie auch von Fremden verstanden werden können. Dabei scheinen Hinweis- und Demonstrationsgesten und pantomimische Darstellungen eine Sonderrolle zu spielen. Es wird angenommen, daß solche Gesten sprach- und kulturunabhängig verstehbar sind (vgl. Kendon 1984:104f.).

Hinweisgesten können kulturspezifische Besonderheiten aufweisen. In unserer Gesellschaft zeigen wir z.B. auf etwas, indem wir den Arm und evtl. auch den 'Zeigefinger' ausstrecken und auf das fragliche Objekt deuten oder es sogar kurz antippen. In Indonesien würde man dazu den Mittelfinger verwenden ('gluung' bedeutet wörtlich 'Richtungsanzeiger', während unser 'Zeigefinger' dort 'joop' heißt und die Bedeutung von 'der Saucenkoster' trägt; vgl. Koechlin 1992:68). Solche geringfügigen Abweichungen würden uns vermutlich kaum stören. Schließlich gibt es auch in unserem Kulturkreis Menschen, die mit dem Mittelfinger oder den Fingerspitzen einer ausgestreckten Hand deuten, weil ihnen irgendwann einmal gesagt wurde, daß das höflicher sei. Schwieriger zu verstehen wären demgegenüber Hinweisgesten, wie sie Sherzer (1974) beschrieben hat: Cuna-Indianer heben dazu ihren Kopf, schauen in die entsprechende Richtung, öffnen dann den Mund ein wenig, um mit 'geschürzten Lippen' in eine Richtung zu deuten. Eine solche Hinweisgeste könnte in unserem Kulturraum leicht übersehen oder mißdeutet werden. Doch auch wir kennen 'diskrete Hinweisgesten'. Wenn es die Situation erfordert, kann sogar mit dem Kinn oder mit den Augen (bzw. Blicken) gedeutet werden. Vermutlich würden aber solche 'Hinweise' aber auch von Angehörigen anderer Kulturen problemlos verstanden. Es gibt allerdings auch kulturspezifische Unterschiede beim Deuten. So wird beispielsweise in unserem Kulturraum zum Verweis auf die Zukunft eine Handgeste verwendet, mit der ein Sprecher (von sich aus betrachtet) nach vorn deutet, während auf die Vergangenheit mit einer Geste Bezug genommen wird, die nach hinten deutet. Uns erscheint ein solches Vorgehen selbstverständlich, weil das, was wir erlebt haben, wie wir sagen, 'hinter uns liegt'. Doch in einigen afrikanischen Kulturen ist es genau umgekehrt. Dort wird nach vorn gedeutet, wenn man von der Vergangenheit spricht, und nach hinten, wenn es um die Zukunft geht. Begründet wird dies übrigens sehr einleuchtend damit, daß wir zwar die Vergangenheit betrachten, die Zukunft aber nicht sehen können (vgl. Raffler-Engel 1988:84). Da sprachbegleitende Gesten häufig kurz vor den zugehörigen Äußerungen produziert werden (vgl. Hadar 1992:115), kann durch die vorauseilende Gestik eine falsche Bedeutungs-Erwartung beim Rezipienten ausgelöst werden. So sollte man in interkulturellen Situationen damit rechnen, daß auch Hinweisgesten einmal Mißverständnisse verursachen könnten.

4.2.3. Demonstrationsgesten und pantomimische Darstellungen

Demonstrationsgesten und pantomimische Darstellungen dienen dazu, Gemeintes durch die Abbildung von Formen, Funktionen oder Handlungsabläufen zu konkretisieren und zu illustrieren. Sie sind darum auch weniger kontext- und sprachabhängig als deiktische Gesten. Im Unterschied zu pantomimischen Darstellungen, die zu einem gewissen Grad immer auch spontane Produkte sind und meist Handlungsfolgen repräsentieren, können Demonstrationsgesten ebenfalls konventionalisiert sein. Wer z.B. Durst oder Hunger 'demonstrieren' will, kann sich dazu der in einer Gesellschaft üblichen Gesten bedienen oder pantomimisch improvisieren. So würde Durst in Frankreich z.B. durch einen Griff an die eigene Kehle und das Schlucken von Speichel (vgl. Calbris / Montredon 1986:40) angedeutet, in der Türkei dadurch, daß eine geschlossene Faust mit ausgestrecktem Daumen, der einen Wasserstrahl symbolisiert, an den Mund geführt wird, so als ob man aus einem Becher trinken würde. Dieselbe Geste gilt übrigens in Frankreich als Einladung, etwas gemeinsam zu trinken. In beiden Ländern könnte man sich aber sicherlich auch verständlich machen, wenn z.B. mit einer Hand ein imaginärer Becher umschlossen und zum Mund geführt würde.

Wir können wohl davon ausgehen, daß immer dann, wenn es um allgemeinmenschliche Bedürfnisse oder Gefühle geht, spontane Hinweis- und Demonstrationsgesten weiterhelfen werden. Schwierig wird es jedoch, wenn komplexere Zusammenhänge oder regional- oder kulturspezifische Besonderheiten demonstriert oder pantomimisch dargestellt werden sollen. Denn wenn Objekte oder Sachverhalte einem Rezipienten nicht bekannt sind, so werden auch Demonstrationsgesten oder pantomimische Darstellungen kaum weiterhelfen. Wer nicht weiß, was eine Gabel ist, dem wird vermutlich auch bei einer guten Pantomime kein Licht aufgehen. Während konventionalisierte Gesten (Embleme) genau wie Vokabeln gelernt werden müßten, damit man sich in einer Kultur auch unaufwendig verständigen kann, sind Hinweis- und Demonstrationsgesten nur teilweise konventionalisiert, weshalb auf sie sowie auf pantomimische Darstellungen insbesondere zur Sicherung oder Erklärung von Bedeutungen zurückgegriffen werden kann. Da wir aber nicht alle in gleicher Weise darstellerisch begabt sind, könnte durch entsprechende Übungsangebote die Ausdrucksfähigkeit in diesen Bereichen differenziert werden. Daß sie erheblich verbessert werden kann, zeigt der effektive und differenzierte Gebrauch, den Kinder und Jugendliche von der Zeichensprache der Taubstummen zu machen verstehen. Hier scheint es also Potentiale zu geben, die für effektive interkulturelle Kommunikation entwickelt und genutzt werden könnten.

4.3. Körperhaltung, -orientierung und -bewegung

Bisher haben wir körpersprachliche Elemente weitgehend so behandelt, als ob es sich bei ihnen um isolierbare Einzelelemente handeln würde. Dies war, wie wir gesehen haben, bei Emblemen, Demonstrationsgesten und pantomimischen Darstellungen möglich, wurde bei Hinweisgesten jedoch schon schwierig und erreichte eine Grenze im Bereich der Mimik, deren Ausdrucksmöglichkeiten bekanntlich fließende Übergänge aufweisen, ja z.t. sogar mehrere Ereignisse gleichzeitig spiegeln können (vgl. Harrison 1984:326). Auch haben wir am Beispiel der kombinierten Nutzung von Gestik und Mimik gesehen, wie einzelne Aspekte zusammenwirken können und betont, daß bereits kleine Veränderungen in einem Bereich (z.B. ein fragender Blick) Auswirkungen auf einen Gesprächsverlauf haben können.

Wir wollen uns nun Körperhaltung, -orientierung und -bewegung zuwenden. Zur Körperhaltung gehört sowohl die Stellung der Gliedmaßen als auch die Haltung von Rumpf und Kopf. Welche Funktionen können Körperhaltung, -orientierung und -bewegung in der Kommunikation übernehmen? Es gibt die Auffassung, daß "Körperhaltungen normalerweise nicht für die Kommunikation verwendet (werden)" (Argyle 1979:255). Dem wäre zuzustimmen, wenn Kommunikation auf die Übermittlung von propositionalen Inhalten beschränkt wäre. Sie ist jedoch falsch, wenn wir Kommunikation (wie hier) in einem weiteren Sinne verstehen. Bekanntlich gibt es soziale Konventionen, die Körperhaltungen und -bewegungen in bestimmten Situationen regeln, so daß wir an der Körperhaltung eines Interaktionspartners z.B. erkennen können, ob er eine Konvention einhält oder von ihr abweicht. Abweichen könnte er z.B., weil er fremd ist oder weil er als Angehöriger einer Sub- oder Gegenkultur sich bewußt über die Konvention hinwegsetzen will. Im ersten Falle hätten wir es mit einem nicht intendierten, aber dennoch aufschlußreichen Verhalten zu tun, im letzten mit einem bewußt eingesetzten Verhalten, das z.B. der Markierung eigener Identität dienen könnte, womit zweifellos gezielt etwas 'kommuniziert' würde. Mit Körperhaltungen und Körperbewegungen können aber auch Gefühle und Einstellungen übermittelt werden. Beides kann bei Verständigungsproblemen oder in Konflikt-situationen von großer Bedeutung sein, weil darüber häufig Beziehungen definiert und verändert werden, auch über kulturelle Grenzen hinweg. Körperhaltungen, -orientie-rungen und -bewegungen werden in der Regel nicht so genau kontrolliert wie z.B. die Mimik. Und sie scheinen auf einer unbewußten Ebene Einflußmöglichkeiten zu eröffnen. Beispielsweise haben Untersuchungen gezeigt, daß (in intrakulturellen Situa-tionen) die Imitation der Körperhaltung eines Gesprächspartners auf diesen meist positiv wirkt und ihn eher zu einer 'Meinungsänderung' veranlaßt als eine entgegen-gesetzte (anti-mimicking) oder neutrale Körperhaltung (vgl. Dabbs 1969). Eine Körperhaltung kann aber auch zur Darstellung eines Status verwendet werden. So wird z.B. eine untergeordnete männliche Person, die einen Gesprächspartner mit höherem Status von etwas überzeugen will, sich kaum in einem Sessel zurücklehnen (vgl. Scheflen 1964:152). Tut sie dies dennoch, wird dies u.U. Unwillen erregen.

So berichtete mir ein Kollege nach seiner Rückkehr aus Neuseeland, daß dort die Angehörigen der Maori lange Zeit als sehr unhöflich galten, weil sie sich auch bei Vorgesetzten leger hinsetzen. Um dieses Verhalten verstehen zu können, muß man wissen, daß in der Kultur der Maori Höhergestellte gewöhnlich auch höher sitzen. Wenn nun ein großgewachsener Maori sich seinem Chef gegenübersetzte und diesen körperlich überragte, so mußte er sich aufgrund seiner 'Höflichkeitsregeln' auf seinem Sitz klein machen. Dazu hat er dann z.B. seine Beine von sich gestreckt, damit er im Sessel tiefer rutschen konnte, was auf einen britischen Traditionen ent-stammenden Gesprächspartner den Eindruck machen konnte, daß sich da jemand 'hinlümmelt', was natürlich als extrem unhöflich empfunden wurde. Dabei war das Verhalten intendiert als 'Respektbezeugung'.

Für interkulturelle Kommunikation von besonderer Bedeutung dürfte die Erkenntnis sein, daß selbst in Fällen, in denen ein Gesprächspartner eine entgegengesetzte oder alternative Ansicht noch gar nicht formuliert hat, bereits durch seine Körperhaltung entsprechende Differenzen 'sichtbar' werden. Insofern sollte in interkulturellen Situa-tionen der Körperhaltung eines Gesprächspartners als einem 'ankündigenden oder kommentierenden Verhalten' besondere Aufmerksamkeit zuteil werden. Es ist sicher-lich kein Zufall, wenn alte Freunde oder Kollegen, die sich schon lange kennen, oft gerade dann zu einer Übereinstimmung in der Körperhaltung überwechseln, "wenn sie eine zeitweilige Auseinandersetzung haben oder unterschiedliche Standpunkte ein-nehmen, so als ob sie die grundsätzliche Kontinuität ihrer Beziehung ausdrücken wollten." (Scheflen 1964:171) Haltungen, die während einer Interaktion eingenommen werden, können aber auch als Indikatoren für die Abfolge von Schritten in einem 'kulturellen Programm' gelesen werden, z.B. bei einer Begrüßung oder beim Essen (vgl. Scheflen 1964:173ff.). Solche Haltungsänderungen sind konventionalisiert und unterliegen sozialen Normen. Sie unterscheiden sich daher auch von Kultur zu Kultur. Es ist unschwer vorstellbar, daß Mißverständnisse dadurch entstehen, daß die gewöhnlich eingenommene Körperhaltung, Körperdistanz oder Körperbewegungen (wie z.B. Verbeugungen) in einer Kultur X anders konventionalisiert und konnotiert sind als in einer Kultur Y. Deutschen Besuchern in Japan wird es beispielsweise anfangs schwerer fallen, sich zu verbeugen, weil für sie Verbeugungen etwas mit Servilität zu tun haben. Nicht zufällig sagt man im Deutschen 'einen Diener machen'. Auf die Vorstellung, daß es verschiedene 'Verbeugungen' geben kann und mit diesen auch ganz unterschiedliche Dinge kommuniziert werden können, wird man deutsche Japan- oder Koreabesucher wohl erst hinweisen müssen (vgl. aber Morsbach 1988b für Japan; Ruwwe 1993:16 für Korea).

Zusammenfassend kann man sagen, daß Körperhaltungen auf konventionalisierte und nichtkonventionalisierte Weise anzeigen (vgl. Scheflen 1964:175):

– den Beginn und das Ende kommunikativer Verhaltenseinheiten
– die Beziehungen von Gesprächspartnern zueinander sowie
– Schritte in einem kulturspezifischen (d.h. konventionalisierten) Interaktions-
   programm.

Da uns Haltungen gewöhnlich weniger bewußt sind als Mimik und Gestik und sie von uns auch weniger kontrolliert werden, schenken wir ihnen in der Regel auch weniger Beachtung. Im Hinblick auf interkulturelle Kommunikation dürften aber gerade spontane Haltungsänderungen aufschlußreich sein, weil sie uns etwas über (bewußte oder unbewußte) Gefühle und Einstellungen eines Gesprächspartners verraten können.

5. Zusammenfassung und Ausblick

Wir haben versucht, die Bedeutung der Körpersprache für die interkulturelle Kommunikation herauszuarbeiten und an einigen Beispielen zu illustrieren. Ausgangspunkt dazu war die Funktion der Körpersprache in der Kommunikation. Vor diesem Hintergrund haben wir diejenigen nonverbalen Bereiche thematisiert, die gewöhnlich mit Mißverständnissen in interkultureller Kommunikation verbunden werden: Gesten und insbesondere Embleme. Wir sind danach schrittweise von den stärker bewußt gesteuerten körpersprachlichen Mitteln (Gesten, Mimik) zu den weniger bewußt gebrauchten (Körperhaltung) übergegangen und haben zu zeigen versucht, daß Probleme, die bedingt durch diese letzteren Aspekte auftreten, schwieriger aufzuarbeiten sind als Mißverständnisse, die durch stärker konventionalisierte Mittel entstehen. Es dürfte auch deutlich geworden sein, daß wir über viele Aspekte von Körpersprache (vor allem unter interkulturellen Bedingungen) noch zu wenig wissen.

Es ist zu hoffen, daß in Zukunft körpersprachliche Aspekte bei der Analyse von Gesprächen, insbesondere bei der Analyse von interkulturellen Kommunikationskonflikten, stärker berücksichtigt werden und auch Perspektiven und Interpretationen der Interagierenden ernstgenommen und in die Analyse einbezogen werden. Dadurch könnte es uns gelingen, Mißverständnisse und metakommunikative Phasen in interkultureller Kommunikation besser zu verstehen.

Literatur

Apeltauer, E. (1995). Nonverbale Aspekte interkultureller Kommunikation. In: Rosenbusch, H.S. / Schober, O. (Hg.). *Körpersprache in der schulischen Erziehung.* 2., überarb. Aufl. Baltmannsweiler: Schneider, 100-166

Argyle, M. (1979). *Körpersprache und Kommunikation.* Paderborn: Junfermann

Bamgbose, A. (1994). Language and cross-cultural communication. In: Pütz, M. (ed.). *Language Contact and Language Conflict.* Amsterdam: John Benjamins, 89-103

Birdwhistell, R.L. (1968). Kinesics, inter- and intra-channel research. In: Sebeok, T.A. (ed.). *Studies in Semiotics,* Vol. VII. Den Haag / Paris: Mouton, 9-26 (zitiert nach: Katz / Katz 1983, 108-118)

Bugental, D.E. / Kaswan, J.W. / Love, L.R. (1970). Die Wahrnehmung von Mitteilungen mit Widersprüchen zwischen verbalen und nichtverbalen Komponenten. In: Scherer / Wallbott 1979, 256-270

Calbris, G. / Montredon, J. (1986). *Des gestes et des mots pour le dire.* Paris: Clé International

Creider, C. (1977). Toward a description of East African gestures. *Sign Language Studies* 14, 1-20

Dabbs, J.M. (1969). Similarity of gestures and interpersonal influence. In: *Proceedings of the 77th Annual Convention of the American Psychological Association* 1969/4, 337-338 (zitiert nach Wallbott 1979 in: Scherer / Wallbott 1979, 146-151)

Eibl-Eibesfeldt, I. (1972). Similarities and differences between cultures in expressive movements. In: Hinde, R.A. (ed.). *Nonverbal Communication.* New York (zitiert nach dem Wiederabdruck in Katz / Katz 1983, 66-81)

Ekman, P. / Friesen, W.V. (1969). The repertoire of nonverbal behavior: Categories, origins, usage and coding. *Semiotica* 1, 49-98 (zitiert nach dem Wiederabdruck in Kendon 1981, 57-105)

Ekman, P. / Friesen, W.V. (1971). Constants across cultures in the face and emotion. *Journal of Personality and Social Psychology* 17/2, 124-129

Ekman, P. / Friesen, W.V. (1972). Hand movements. *Journal of Communication* 22, 353-374 (zitiert nach dem Wiederabdruck in Scherer / Wallbott 1979, 108-124)

Ekman, P. / Friesen, W.V. (1975). *Unmasking the Face. A Guide to Recognizing Emotions from Facial Cues.* Palo Alto: Consulting Psychologists Press 1984

Erickson, F. (1979). Talking down: Some cultural sources of miscommunication of interracial interviews. In: Wolfgang 1979, 99-126

Feyereisen, P. / de Lannoy, J.D. (1991). *Gestures and Speech. Psychological Investigations.* Cambridge: Cambridge University Press

Geertz, C. (1973). *The Interpretation of Culture.* New York: Basic Books

Graham, J.A. / Argyle, M. (1975). The cross-cultural study of the communication of extra-verbal meaning by gestures. *International Journal of Psychology* 10, 1, 57-67

Hadar, U. (1992). The dissociation between motor and symbolic movements in coverbal behavior. In: Poyatos 1992, 113-124

Harrison, R. (1984). Past problems and future directions in nonverbal behavior research: The case of the face. In: Wolfgang 1984, 317-331

Hewes, G.W. (1974). Gesture language in culture contact. *Sign Language Studies* 4, 1-34

Katz, A.M. / Katz, V.T. (1983) (eds.). *Foundations of Nonverbal Communication.* Carbondale: Southern Illinois University Press

Kendon, A. (1984). Did gesture have the happiness to escape the curse at the confusion of Babel. In: Wolfgang 1984, 75-115

Koechlin, B. (1992). Prolegomena to the elaboration of a new discipline: Ethnogenetics. In: Poyatos 1992, 59-76

LaBarre, W. (1947). Die kulturelle Grundlage von Emotionen und Gesten. In: Mühlmann, W.E. / Müller, W.E. (Hg.). *Kulturanthropologie.* Köln: Kiepenheuer & Witsch, 264-286

Morris, D. et al. (1979). *Gestures.* New York: Stein & Day (zitiert nach der Scarborough-Ausgabe von 1980)

Morsbach, H. (1988a). The importance of silence and stillness in Japanese nonverbal communication: A cross-cultural approach. In: Poyatos 1988, 201-215

Morsbach, H. (1988b). Nonverbal communication and hierarchical relationships: The case of bowing in Japan. In: Poyatos 1988, 189-199

Oguro, T. (1984). *Ihr Deutschen — wir Japaner: Ein Vergleich von Mentalität und Denkweise.* Düsseldorf / Wien: Econ

Oliveri, F. (o.J.). *La Gestualita dei Siciliani.* Palermo: Tourismuszentrale

Poyatos, F. (1977). Forms and functions of nonverbal communication in the novel. *Semiotica* 21, 295-338 (zitiert nach dem Wiederabdruck in Kendon 1981)

Poyatos, F. (1984). Linguistic fluency and verbal-nonverbal cultural fluency. In: Wolfgang 1984, 431-459

Poyatos, F. (1988) (ed.). *Cross-cultural perspectives in nonverbal communication.* Toronto / Göttingen: Hogrefe

Poyatos, F. (1992) (ed.). *Advances in Nonverbal Communication.* Amsterdam / Philadelphia: John Benjamins

Raffler-Engel, W. (1988). The impact of covert factors in cross-cultural communication. In: Poyatos 1988, 71-107

Ramsey, S. (1984). Double vision: Nonverbal behavior east and west. In: Wolfgang 1984, 139-171

Ricci-Bitti, P.E. (1992). Facial and manual components of Italian symbolic gestures. In: Poyatos 1992, 187-196

Ruwwe, A. (1993). *Unterm Ginkgobaum. Erzählung einer bikulturellen Familie.* Hildesheim: Internationales Kulturwerk

Scheflen, A.E. (1964). Die Bedeutung der Körperhaltung in Kommunikationssystemen (zitiert nach der deutschen Übersetzung in: Scherer / Wallbott 1979, 151-175)

Scheflen, A.E. (1976). *Körpersprache und soziale Ordnung.* Stuttgart: Klett

Schneller, R. (1988). The Israeli experience of cross-cultural misunderstanding. Insights and lessons. In: Poyatos 1988, 153-173

Schneller, R. (1992). Many gestures, many meanings. Nonverbal diversity in Israel. In: Poyatos 1992, 213-237

Scherer, K.R. / Wallbott, H.G. (1979) (Hg.). *Nonverbale Kommunikation. Forschungsberichte zum Interaktionsverhalten.* Weinheim / Basel: Beltz

Sherzer, J. (1974). Verbal and nonverbal deixis. The pointed lip gesture among the San Blas Cuna. *Language and Society* 1974/2, 117-131

Streeck, J. / Knapp, M.L. (1992). The interaction of visual and verbal features in human communication. In: Poyatos 1992, 3-24

Wolfgang, A. (1979) (ed.). *Nonverbal Behavior. Applications and Cultural Implications.* New York / San Francisco: Academic Press

Wolfgang, A. (1984) (ed.). *Nonverbal Behavior. Perspectives, Applications, Intercultural Insights.* Lewiston / New York / Göttingen: Hogrefe

Masako Sugitani

Das Selbstkonzept im Sprachverhalten

1. Interkulturelle Kommunikation und Konflikte

Die erfolgreiche Kommunikation in einer natürlichen Interaktionssituation setzt viel mehr voraus als die Vokalisierung des Sprachwissens im engeren Sinne, die Produktion unzähliger grammatisch korrekter Sätze. Bereits die Betrachtung des Sprachprozesses — oder vielmehr -vorprozesses — zeigt uns deutlich, daß beim Sprechen eine Intention vorliegt, daß wir durch die sprachliche Äußerung etwas erreichen wollen. Dieses Ziel kann sowohl individueller als auch sozialer Natur sein, wie z.B. eine gute Beziehung zu Mitmenschen pflegen zu wollen. Zum Erreichen des Ziels wählen wir aus mehreren Möglichkeiten ein Handlungsmuster, das uns geeignet erscheint. Wir benutzen dabei unser Wissen über Handlungskonventionen und -regeln und greifen auf unsere direkten und indirekten Erfahrungen zurück, die wir im Sozialisationsprozeß im eigenen Kulturkreis erworben haben.

Die Kulturgebundenheit des Wissens über Interaktionshandlung und -verhalten, das den Aspekt der situationsgebundenen Routinemäßigkeit der Handlung betont, scheint jedoch bei interkulturellen Interaktionssituationen nicht so bewußt reflektiert zu werden wie das Kommunikationsmittel: Sprache.

Oft erleben wir, daß wir bei einer interkulturellen Begegnung zwar über diverse Informationen zur Partnerkultur in Form eines sachbezogenen Faktenwissens verfügen, in bezug auf die Verhaltensweise des Partners jedoch Vorstellungen und Erwartungen

41

haben, die eher eigenkulturellem Handlungs- und Verhaltenswissen entsprechen würden.

Die Differenz zwischen dem deklarativen Kulturwissen, das dem Bereich der *overt culture*, und dem prozeduralen Handlungswissen,[1] das dem Bereich der *covert culture* entsprechen würde, scheint auf einen Aspekt der Schwierigkeiten interkultureller Kommunikation hinzuweisen: daß trotz einer Fülle von internationalen 'Sach'-informationen unser Verhaltens- und Deutungsmuster eigenkulturell motiviert ist.

Diese Probleme können auch zwischen Deutschland und Japan beobachtet werden. So berichtet beispielsweise der Leiter des Instituts für Marktberatung der deutschen Industrie- und Handelskammer Tokyo / Japan (DIHKJ) folgendes:

> Eine unserer Aufgaben ist, deutschen Firmen den Zugang zu potentiellen japanischen Partnern zu vermitteln. Ein Ärgernis für uns ist dabei immer wieder der Wunsch der deutschen Firmen, Adressenlisten in Frage kommender Firmen zu erhalten, damit sie dann selbst mit den japanischen Firmen in direkten Kontakt treten können. Manche deutschen Firmen beharren trotz unserer Bedenken auf dieser Vorgehensweise und beschweren sich hinterher über mangelndes oder gar kein Echo. Da wir das zu erwartende Ergebnis schon kennen, bieten wir statt der Adressenlisten an, als Mittler den Kontakt zu japanischen Firmen herzustellen. Das würden wir natürlich berechnen. Und häufig ist der Aufwand auch nicht gering durch die Vielzahl der Fragen, die von japanischen potentiellen Geschäftspartnern über den deutschen Anfrager gestellt werden und für die wir in vielen Fällen wiederholt Rücksprache mit der Firma in Deutschland nehmen müssen. (Müller-Seip 1994:266)

Bei der Handlungsentscheidung der Deutschen, mit potentiellen Kunden direkt Kontakt aufnehmen zu wollen, spielen sicherlich Kosten eine wichtige Rolle. Der Leiter meint aber zugleich, daß Deutsche einen direkten Kommunikationsstil bevorzugen und die helfende Funktion der Mittler, etwa im Fall unangenehmer Fragen, nicht gebührend würdigen. Im Bericht ist weiter von diversen Informationen die Rede, die Japaner verlangen, die aber vielleicht aus deutscher Sicht nicht direkt mit der Sache zu tun haben, denn sonst wären sie mitgegeben.

Die unterschiedliche Vorgehensweise der Kontaktinitiierung — in Japan über eine adäquate Mittlerperson bzw. -instanz, in Deutschland dagegen sachorientiert direkt — blockiert hier schon die erste Begegnung.

Bei Interviews über konfligierende Interaktionssituationen in der japanisch-deutschen Begegnung, von denen unten noch die Rede sein wird, berichten viele

---

[1] Prozedurales Wissen wird als erfahrungsbezogenes Handlungswissen im Gegensatz zum deklarativen, bewußt gelernten Wissen im Laufe der Sozialisationsprozesse eher unbewußt durch Interaktion mit anderen Menschen und durch Beobachtungen der Handlungen anderer Menschen erworben. Es ist bei der konkreten Handlungsausführung wirksam und scheint sich vom deklarativen Wissen teilweise erheblich zu unterscheiden. Über das prozedurale Wissen und Fremdsprachenlernen s. Sugitani 1992.

Japaner von der Direktheit der Kommunikationsstile von Deutschen, die auf sie überraschend, sogar kränkend wirkt. Deutsche ihrerseits finden den indirekten Stil der Japaner oft unaufrichtig und ausweichend schwammig.

Wie das vorgestellte Beispiel zeigt, scheint das eher abstrakte, deklarative Wissen von Kultur, z.B. über den schwachen (deutschen) und den starken (japanischen) Faktor 'Kontext' (Hall 1985:37ff.) oder den Gegensatz 'Individualismus' — 'Kollektivismus' (u.a. Hofstede 1993:65ff.), bei konkreten Begegnungen, dauerhafter Zusammenarbeit in joint ventures, wie sie in der letzten Zeit besonders in der Wirtschaft zunehmen,[2] nicht immer erfolgreich in Handlung umgesetzt werden zu können.

In dieser Arbeit möchte ich versuchen, anhand von Interviewaussagen über kritische Interaktionssituationen, die in Deutschland lebende Japaner gemacht haben, aufzuzeigen, wo kulturbedingte Verhaltensmuster zu Konfliktquellen werden können, um dann aus japanischer Sicht zu erwägen, welche Erklärungsmöglichkeiten für divergierende Verhaltensmuster herangezogen werden können. Dabei werden sie zuerst aus der soziokulturellen Praxis erklärt. Dann wird der Versuch unternommen, diese Erklärungen im Rahmen der Theorie von Hsu (1971) und Hamaguchi (1982a,b) sozialpsychologisch zu begründen. Das soziale Handlungsfeld bezieht sich dabei auf den Arbeitsplatz, in dem Deutsch lernende Studenten oder erwachsene Berufstätige in Japan agieren würden.

2. Relevanz soziokulturell erworbenen Handlungswissens

Die Alltagskommunikation setzt außer dem enger gefaßten Sprachwissen weitere Arten von Wissen voraus, die über konventionalisierte para- und nonverbale Symbole hinaus bis zum situationsgebundenen, komplexen Verhaltenswissen reichen. Mehr oder weniger strukturiertes Handlungs- und Verhaltenswissen hat somit Forschungsinteresse auf sich gezogen. In der Kognitionspsychologie z.B. wird es unter den Begriffen 'Schema', 'Skript' oder 'Ad hoc category' (Barsalou 1983) erforscht. Es wurde festgestellt, daß man über diverse Handlungen mehr oder minder vergleichbar ähnliche Vorstellungen hat, beispielsweise darüber, wie man an einem neuen Arbeitsplatz am besten von den Kollegen als gleichwertiges Mitglied akzeptiert werden kann oder wie man Geschäftskontakte aufnehmen sollte.

---

[2] Die Anzahl der neugegründeten Büros, Niederlassungen von und mit japanischen Unternehmen ist zwischen 1989 und 1991 stark angestiegen. Ähnliche Entwicklungen zeigen auch deutsche Unternehmen in Japan. Vgl. Deutsche Industrie- und Handelskammer, Tokyo: *Handel nach Japan.*

In bezug auf das Erreichen des Ziels wirkt das Wissen über eine Handlungs-konvention oder -regel u.U. folgenschwerer als die sprachliche Äußerung. So ent-scheiden wir je nach dem Handlungsmuster, das für das Zielerreichen — meist unbewußt — ausgewählt wird, darüber, ob wir in der Situation überhaupt sprechen oder lieber schweigen, und wenn wir sprechen, was und wie wir sprechen. Zu wichti-gen Vorentscheidungen gehört auch die Frage, mit wem wir sprechen. Dieses Wissen ist weniger als Sprach- denn als Handlungswissen zu bezeichnen (vgl. Herrmann / Grabowski 1994).

In dem Sinne wäre es vielleicht angebracht, interkulturelle Kommunikation aus der Sicht der (Sprach-)Handlung oder vielmehr der sozialen Interaktion zu betrachten. Die Begriffe 'Kommunikation' und 'Interaktion' werden in der Fachliteratur nicht immer streng unterschieden. Ich möchte aber an dieser Stelle die beiden Begriffe in Anleh-nung an Definitionen in der Soziologie und der Sozialpsychologie wie folgt schwer-punktmäßig abgrenzen (siehe u.a. Kiss 1989:130ff.):

- *Kommunikation*: Der Schwerpunkt wird auf die Beschreibung der Prozesse des Austausches von Informationen mittels eines oder mehrerer konventionalisierten/r Systems/e von Symbolen gelegt.
- *Interaktion*: Der Schwerpunkt wird auf die Erklärung der Prozesse wechselseitiger zwischenmenschlicher Beeinflussung gelegt. Sie umfaßt daher meistens einen umfangreicheren, komplexeren Handlungs- und Verhaltenszusammenhang, in den das sprachliche Handeln / Verhalten eingebettet ist.

Zusammenfassend könnte man sagen: Für die Beschreibung wichtiger Aspekte der interkulturellen Kommunikationsfähigkeit im Sinne von Handlungsfähigkeit sollte man die Analyseebene von der systemlinguistischen auf die Handlungsebene erwei-tern, um Interaktionen als wechselseitige zwischenmenschliche Beeinflussung adäqua-ter mit einbeziehen zu können.

Die Kommunikation ist somit als ein Teil der zielgerichteten, interaktiven Hand-lungskomplexe zu verstehen, in die die sprachliche Äußerung meistens eingebettet ist.[3] "Der Erfolg oder der Mißerfolg einer Äußerung hängt vom gesamten Handlungs-geschehen ab, in welches das Sprechen jeweils eingebunden ist" (Herrmann / Grabowski 1994:268). Daraus resultiert, daß eine erfolgreiche soziale Interaktion bei den Beteiligten außer dem Sprachwissen auch intersubjektiv geltendes Handlungs- und Verhaltenswissen voraussetzt (vgl. ibid.:205ff). Dieses Verhaltenswissen hat eine orientierende Funktion in der sozialen Interaktion. Es reguliert die Ausführung der eigenen sowie die Interpretation der Partnerhandlung. In der Alltagsinteraktion ge-schieht die Sinnkonstruktion weniger erst nachträglich im Anschluß an die Rezeption

---

[3] In dem Sinne sprechen Herrmann / Grabowski von der "suppletorischen" Funktion des Sprechens für die Regulation des Verhaltenssystems des Menschen (1994:264).

verbaler und nonverbaler Symbole, als vielmehr antizipierend, und zwar aufgrund des aktivierten Handlungs- bzw. Verhaltenswissens. Der Vorgang der sprachlichen Rezeption dient eher dazu, die Adäquatheit des aktivierten Verhaltenswissens zu überprüfen.[4] Solange die Interaktion reibungslos, d.h. erwartungsgemäß und effektiv verläuft, merkt man nicht einmal die Existenz unseres Verhaltenswissens, das wir beim Verstehen aktivieren.

Dieses verhaltensregulierende Wissen, das zum großen Teil in der Sozialisation erworben und kulturgebunden ist, wird von Thomas 'Kulturstandard' genannt und wie folgt definiert: "Unter Kulturstandards werden alle Arten des Wahrnehmens, Denkens, Wertens und Handelns verstanden, die von der Mehrzahl der Mitglieder einer bestimmten Kultur für sich persönlich und für andere als normal, selbstverständlich, typisch und verbindlich angesehen werden. Eigenes und fremdes Verhalten wird auf der Grundlage dieser Kulturstandards beurteilt und reguliert." (1993:381)

Wie diese umfassende Definition hervorhebt, wirken 'Kulturstandards' bei den meisten Kulturangehörigen verbindlich und gelten in vielen Fällen als 'normal', 'selbstverständlich'. In einer kulturellen Überschneidungssituation kann es deshalb vorkommen, daß der Interaktionspartner aufgrund anderer Kulturstandards erwartungswidrige Reaktionen zeigt und wir diese mit eigenkulturellem Verhaltenswissen interpretieren und darüber hinaus persönlich bewerten. Der mögliche 'Fehler' der Verhaltensweise wird, anders als 'Sprachfehler', nicht als Fehlen kulturspezifischen Wissens neutral wahrgenommen, sondern oft emotional negativ bewertet und kann die weitere Kommunikation belasten, manchmal sogar zum Abbruch bringen. Daran läßt sich erkennen, wie relevant das soziokulturell erworbene, implizite Handlungswissen bei der interkulturellen Begegnung sein kann, das in Interaktion wirksamer werden kann als das deklarative, eher abstrakt bleibende Wissen über die Partnerkultur.

Auf der anderen Seite können gerade Krisensituationen eine Chance bedeuten, das kulturspezifisch erworbene Verhaltenswissen bewußt zu machen und zu hinterfragen.[5]

---

4   Neisser diskutiert "soziale Vorhersage" als eine wichtige Konsequenz aus der Schematheorie der Kognition in *Kognition und Wirklichkeit* (1979:145ff.). Er meint dabei, daß wir, "sofern wir in einer einheitlichen Kultur leben", auch soziale Erfahrungen teilen und Antizipationen über Verhaltensweisen der anderen entwickeln (ibid.). Rumelhart nennt die Informationsverarbeitung, die (im Gegensatz zur durch Sprachdaten gesteuerten) von Konzepten ausgeht, "expectation-driven processing" (1980:41). Durch die Schematheorie der Kognitionspsychologie wird die konstruktive Rolle der 'Erwartung' bei der menschlichen Informationsverarbeitung und Sinnkonstruktion systematisch erarbeitet.

5   Es gibt Lernprogramme, die unter dem Namen 'Culture assimilators' bekannt sind (vgl. R. Brislin et al. 1983; B.-D. Müller 1983; A. Thomas 1988).

Eine Methode, die von dieser Annahme ausgeht und zur Ermittlung von kultur-
gebundenem Handlungswissen eingesetzt wird, heißt 'critical incident technique'
(Brislin et al. 1983). Um mit dieser Methode handlungswirksame Kulturstandards zu
erarbeiten, die in japanisch-deutschen Begegnungen zu Konfliktquellen werden
können, habe ich eine Untersuchung angelegt. Im nächsten Teil wird zuerst das methodische Vorgehen vorgestellt, um dann anhand einer typischen Konfliktsituation divergierende Verhaltensmuster aus der japanischen Sicht zu erklären und die Komplexität
des Verhaltenswissens ansatzweise aufzuzeigen.

3. Zur Ermittlung japanisch-deutscher Kulturstandards: Methodisches Vorgehen

Die Erhebung kritischer Interaktionssituationen teilt sich in folgende Abschnitte:

1. Sammlung kritischer Interaktionssituationen (KI)
Durch narrative Interviews anhand halbstrukturierter Fragen mit Japanern, die in
Deutschland mit Deutschen zusammenarbeiten, wurden kritische Interaktionssitua-
tionen gesammelt. Zum Zweck der Bestimmung japanisch-deutscher Kulturstandards
wurden gezielt solche Situationen gesammelt, in denen Japaner das Verhalten der
Deutschen als unerwartet, ungewöhnlich, schwer verständlich, aber auch überraschend
positiv empfunden haben. Nach der Darstellung der Erfahrungen wurden, wenn der
Interviewte sie nicht von sich aus äußerte, Fragen nach den kausalen Attributionen der
Konflikte gestellt.

Die Interviews wurden in Abstimmung mit dem Interviewten auf Tonband aufgenommen. Die 16 interviewten Japaner lebten zum Zeitpunkt des Interviews 1994
zwischen zwei und mehr als zwanzig Jahren in Deutschland.

2. Rekonstruktion der Handlungssituation
Aus den Interviewaussagen wurden in sich abgeschlossene Interaktionssequenzen
herausgefiltert. Dabei wurden sie ggf. mit den nachgeschobenen, ergänzenden Teil-
informationen zu Episoden zusammengefügt. Fast identische Problemsituationen (z.B.
unterschiedliche Einstellung zu Sauberkeit) werden dabei in bezug auf typische Situa-
tionsmerkmale zusammengefaßt. Um die Anonymität zu gewährleisten, wurden die
Namen der Personen, des Handlungsorts, der Institution, ggf. Branchen des Betriebs
geändert.

Mit diesem Verfahren wurden 36 KIs gewonnen, die als Arbeitsmaterial für die
weiteren Analyseschritte dienten.

3. Sammlung monokultureller Handlungsevaluationen und die Inhaltsanalyse

Die rekonstruierten 36 kritischen Handlungssituationen wurden deutschen 'Experten' mit der Bitte vorgelegt, Handlungsmotivation/en der Deutschen in den geschilderten Situationen zu bestimmen und mögliche Konfliktquellen zu nennen. Gefragt waren dabei weniger persönliche Meinungen als vielmehr die Beurteilungen nach in Deutschland typischen, geläufigen Verhaltenskonventionen, -traditionen und Wertorientierungen, die möglicherweise als Konfliktquelle gewirkt haben können. 'Deutsche Experten' bedeutete in diesem Verfahren: sieben Deutsche, die — Hochschullehrer, Dozenten, wissenschaftliche Mitarbeiter, Gymnasiallehrer von Beruf — selber über umfangreiches Erfahrungswissen über Japan verfügen, weil sie zwischen knapp einem Monat und fünf Jahren, teilweise durch mehrmaligen Aufenthalt, mit Japanern in Japan zusammengearbeitet haben. Alle waren weder als Touristen noch nur als 'Gäste' (mit wenig Berührung mit Japanern im Alltag) in Japan, sondern haben sich sowohl beruflich als auch privat mit der japanischen Alltagskultur und gesellschaftlichen Institutionen auseinandergesetzt. Ihre Fachgebiete waren: (Allgemeine und Entwicklungs-) Psychologie, Soziologie, Erziehungswissenschaft, Theologie, Ingenieurwissenschaft und nicht zuletzt Deutsch als Muttersprache, Deutsch als Fremdsprache.

Sie waren im Zeitraum von Ende der 60er bis zum Anfang der 90er Jahre in Japan, räumlich von Nord- bis Südjapan, haben also zu unterschiedlicher Zeit und in verschiedenen geographischen Räumen die japanische Gesellschaft erfahren.[6] Ihre Evaluationstexte wurden gemeinsam mit einer Deutschen, die mit beiden Kulturen vertraut ist, einer Inhaltsanalyse unterzogen, und die Ergebnisse wurden mit dem Handlungsmotiv des interviewten Japaners verglichen, um handlungswirksame Kulturstandards zu ermitteln.

Um die Ergebnisse zu prüfen, wurden, wie es unten ausgeführt wird, weitere Studien bzw. Forschungsergebnisse herangezogen.

Im folgenden möchte ich einen Fall auswählen und ihn ausführlicher betrachten, (1.) weil der Fall eine Konfliktquelle thematisiert, deren Merkmale in ähnlicher Form in anderen Interviewaussagen von Japanern oft angeschnitten werden, (2.) weil auch von Deutschen, die ich in Japan interviewt habe, ähnliche Probleme genannt wurden, (3.) weil zu dem Fall von den deutschen Experten fast eindeutig identifizierbare Beurteilungen in bezug auf die Konfliktquelle genannt wurden und (4.) weil der Fall auf einen wichtigen Aspekt der unterschiedlichen Verhaltensdispositionen zwischen Japanern und Deutschen hinzuweisen scheint. Insofern könnte diese KI als ein exemplarischer Fall für japanisch-deutsche 'critical incidents' verstanden werden.

---

[6]   An dieser Stelle möchte ich ihnen allen für ihre Mitarbeit meinen besten Dank aussprechen.

4. Eine Fallstudie: Frageverhalten am Arbeitsplatz

4.1. Kritische Interaktionssituationen und ihre monokulturellen Evaluationen

Es geht um die folgende kritische Interaktionssituation:

Tamiko arbeitet seit zwei Jahren in einer japanischen Niederlassung der Pharmaindustrie bei Düsseldorf. Dort gibt es außer ihr drei japanische Entsandte, die alle in der Führungsschicht sind. Sie ist die einzige Japanerin unter den meist deutschen Mitarbeitern. In ihrer Abteilung für die Evaluation der Untersuchungen sind außer ihr drei Kollegen. Sie verhalten sich freundlich und sagen ihr, wenn sie Fragen habe, solle sie sie ruhig fragen. Tamiko hat in Japan Pharmazie studiert und versteht trotz der sprachlichen Nachteile von der Sache relativ viel. Sie stellt trotzdem bei Gelegenheit Fragen, auch um mit den Kollegen näher in Kontakt zu kommen und deutsche Ausdrücke zu lernen. Mit der Zeit merkt sie jedoch, daß sich das Verhalten ihrer Kollegen ihr gegenüber nicht so entwickelt, wie sie es in einer japanischen Firma gewöhnt ist. Statt sich integriert, als Kollegin akzeptiert zu fühlen, spürt sie, daß die anderen sie aufgrund ihrer Fragestellungen manchmal so behandeln, als ob sie nichts von der Sache verstünde oder für ihre Aufgabe nicht qualifiziert sei. Durch das Verhalten ihrer Kollegen ist Tamiko verunsichert.

Die Beurteilungen der Konfliktquellen zu der KI von den deutschen Experten lauten folgendermaßen (Auszüge):

A) "Tamiko wirkt wahrscheinlich durch ihre Fragen auf ihre Kollegen unsicher. Sie interpretieren ihre Fragen nicht als Kontakt- oder Integrationswunsch, sondern als Zeichen mangelnder Kompetenz. ... Das generelle Problem liegt darin, daß man in Deutschland von einer fachkundigen Person mit Berufsausbildung oder Fachstudium erwartet, daß er / sie über berufliche Kompetenzen verfügt und diese auch demonstrieren kann."

B) "Fragen sollten echte Fragen sein. Die Geduld der Mitarbeiter ist überschritten worden. Die Kommunikation am Arbeitsplatz wird durch Sachkompetenz bestimmt. Klimaverbesserungen dürfen Sachkompetenz nicht in Frage stellen."

C) "Wer zeigt schon gerne Schwächen?"

D) "Manche Deutsche mißdeuten eine fragende Haltung als fachliche Inkompetenz. Sie meinen, daß man in Deutschland überzeugend und sicher auftreten sollte."

E) "Deutsche sind Individualisten, keine Gruppenmenschen. Bestehen Rivalitäten unter Mitarbeitern, dann verhalten diese sich als Konkurrenten, nicht als Kollegen. Das Geschilderte könnte auch in einem Lehrerzimmer und anderswo passieren."

F) "Kenntnisse werden nach außen gezeigt, viele geben sogar damit an, sind nicht so zurückhaltend. Oft wirken Japaner durch ihre Zurückhaltung eher naiv, so erkennt man ihre Kenntnisse nicht."

G) "... hier reagieren die Deutschen trotz der vorgeblichen Offenheit mit Abgrenzungsverhalten. ... 'Fremde' werden unmittelbar mit 'Schwächeren' identifiziert und zur Aufwertung des eigenen Selbstbewußtseins funktionalisiert. Ein Faktor, der wahrscheinlich diese Konstellation verstärkt, ist: Tamiko wird aufgrund ihrer Sozialisation ihre Fähigkeit nicht demonstrativ und selbstbewußt darstellen und die Vorurteile ihrer deutschen Kollegen entkräften..."

Wie beim Lesen ersichtlich ist, wird in fast allen Aussagen explizit, in manchen bis zur Formulierung identisch, erwähnt, daß man die eigene berufsbezogene Kompetenz nach außen zeigen, demonstrieren soll / muß (A, F, G) oder am Arbeitsplatz 'überzeugend, selbstbewußt, sicher' auftreten sollte (D, G). Mit einer negativen Formulierung könnte das dann heißen: Man sollte 'keine Schwächen' zeigen (C). Auf jeden Fall sollte man die eigene 'Sachkompetenz nicht in Frage stellen' (B). Wenn Rivalitäten bestehen, kann am Arbeitsplatz, selbst innerhalb der eigenen Gruppe (auch im Lehrerzimmer) ein individuelles Konkurrenzverhalten vorherrschend sein (E).

Wenn man daran denkt, daß die sieben Beurteilenden sozial, räumlich und altersmäßig unterschiedlich sind, ist es bemerkenswert festzustellen, daß sie inhaltlich und teilweise bis zur Formulierung den Fall weitgehend übereinstimmend kommentierten.

Wie die Beurteilungen zeigen, wird als Konfliktquelle das Frageverhalten thematisiert. Das sachbezogene Fragen gilt im sozialen Kontext 'Arbeitsplatz' besonders in der Anfangsphase für Neuangestellte eher als Mangel an Berufskompetenz. Dieses Deutungsmuster ist durchaus mit Wertung verbunden und wird verstärkt durch die Tatsache, daß Tamiko noch nicht gut Fachgespräche führen kann. Das zurückhaltende Verhalten wirkt 'unsicher', 'eher naiv', wird mit einer Position der 'Schwächeren' identifiziert und kann sogar in einer Konkurrenzsituation 'zur Aufwertung des eigenen Selbstbewußtseins' von den anderen Kollegen umfunktioniert werden.[7]

---

[7] Hier könnte der Einwand erhoben werden, daß das Verhaltensmuster der bescheidenen Selbstdarstellung in Japan 'frauentypisch' bzw. geschlechtsgebunden sein könnte. Dagegen seien zwei KIs aus meinem Material vorgestellt. In einer KI berichtet ein ehemaliger Leiter des Hauptquartiers einer japanischen Großhandelsfirma: "Ich wundere mich darüber, wie gut deutsche Mitarbeiter sich sprachlich behaupten können. Bei Sitzungen, bei Verhandlungen, aber auch bei Unterhaltungen fällt mir auf, daß Deutsche gerne und gut reden, während ich in Japan von meinen Vorgesetzten eher gelernt habe, wie man schweigt." (KI Nr. 25) In einer anderen KI berichtet ein japanischer Stipendiat von einer nicht glücklich verlaufenen Selbstvorstellung bei einer Seminarsitzung an der Universität, in der er bei der Vorstellung nach der japanischen Art 'understatement' direkt ins Deutsche übertrug und somit gegen die Verhaltenserwartungen der deutschen

Nach der eigenen Erklärung der Handlungsmotive wollte Tamiko ihrerseits durch das Frageverhalten zwei Ziele verfolgen: zum einen eher persönlich gemeinte, soziale Beziehungen zu den Kollegen aufbauen und zum anderen ihre fachliche Sprachkompetenz verbessern. Ihr Verhalten ist wiederum von der Berufspraxis in Japan her erklärbar. Denn "in einer japanischen Firma wird ein Neuangestellter sich bescheidener zeigen und sich von den Erfahrenen, Dienstälteren, helfen lassen, weil man ja durch persönliche Einführungen die berufliche Aufgabe am eigenen Arbeitsplatz am besten kennenlernen kann", wie sie selbst im Interview sagt. Darüber hinaus wird in Japan von Neuangestellten nicht gleich erwartet, daß sie ihre eigene Kompetenz demonstrativ nach außen zeigen, selbst wenn sich in der Sache sicher fühlen. Um ihre Verhaltensweise zu verstehen, wäre es angebracht, Einblick in fundamentale Unterschiede des Verhältnisses zu Arbeitsplatz und Beruf zu nehmen.

4.2. Soziokulturelle Hintergründe der Konflikte

Durch die Einstellung als vollwertiges Mitglied in einer Firma, 'Kaisha', kann in Japan potentiell auch eine erste Anerkennung von Fähigkeiten vergleichsweise als gesichert angesehen werden. Das Gewicht wird dabei mehr auf das Eintreten in eine Firma ('Nyuusha') gelegt, als dies in Deutschland der Fall ist, wo man sich in Probezeiten 'beweisen' muß.

Aufgrund der Gewichtung der firmeninternen Ausbildung spielt beim 'Eintritt' die individuell berufsbezogene Arbeitsplatzbeschreibung kaum eine Rolle. Sie existiert in vielen Unternehmen nicht, so daß man sie für ausländische Niederlassungen extra erstellen muß. Wie unten noch erläutert wird, spielt die gegenseitige, situationsabhängig flexible Abstimmung der Aufgaben in einer relativ eng abgegrenzten Abteilung eine viel wichtigere Rolle.

In Deutschland dagegen wird die soziale Glaubwürdigkeit sehr stark von der Einzelperson allein — individuell und sachbezogen — verantwortet. Viele Hinweise in den monokulturellen Expertenbeurteilungen zeigen, daß (wiederholte) sachbezogene Fragen als 'Unsicherheit' oder 'Schwäche' in der Berufskompetenz gedeutet werden

---

Mitstudenten verstieß und nicht die erwartete Reaktion der kollegialen Aufnahme erfahren konnte (KI Nr. l, vgl. Sugitani 1996b).

Die Zurückhaltung und die bescheidene Selbstdarstellung von Tamiko kann durchaus durch ihre Geschlechtszugehörigkeit subkulturell verstärkt worden sein. Diese Verhaltensmerkmale sollten jedoch, wie die beiden und weitere KIs, die aus Platzgründen hier nicht ausgeführt werden können, und deren Evaluationen deutlicher machen, eher kulturspezifisch betrachtet werden.

können. Das Demonstrieren der eigenen Fähigkeiten — gerade in der Probezeit — wird als eine wichtige Verhaltensnorm am Arbeitsplatz von Neuangestellten erwartet. Hier kann ein wichtiger Unterschied in der soziokulturellen Berufspraxis, nämlich im Verhältnis zwischen dem Angestellten und der Firma, konstatiert werden: In Deutschland gilt eher das individuell-aufgabenbezogene Kontraktprinzip, in Japan fast ausschließlich das Zugehörigkeitsprinzip. Das Zugehörigkeitsprinzip bedeutet in Großunternehmen eine langfristige, gegenseitige moralische Verpflichtung. Dafür gibt es komplizierte, prüfende Verfahren in der Vorstufe, die die soziale Glaubwürdigkeit der neueinzubeziehenden Person betreffen. So muß ein Neuangestellter bei der festen Einstellung nach dem Gesetz *Mimoto hoshou ni kansuru houritsu* eine *Mimoto hoshousho* (eine Art Herkunfts-Bürgschaftsschrift) von einer dritten Person überreichen, die für die Vertrauenswürdigkeit des neuen Mitarbeiters bürgt und für drei Jahre haftet, falls dieser dem Unternehmen Schaden zufügt (Hanrei-Roppou-Henshuu-iinkai, Teil "Zivilrecht", 1986:780).

An dieser Stelle sei kurz darauf hingewiesen, daß auch die Kontaktaufnahme durch eine angemessene dritte Person, von der zu Beginn dieser Arbeit die Rede war, mit einer kulturspezifischen Art der Herstellung und der Prüfung sozialer Glaubwürdigkeit zusammenhängt. Die erwähnten vielen Fragen, die zwar nicht direkt mit der aktuellen Sache zusammenhängen, aber vom japanischen Partner der Mittlerperson gestellt werden, könnten auch in diesem Kulturkontext verstanden werden.

Durch das Zugehörigkeitsprinzip erhält die oben kurz erwähnte firmeninterne Berufsausbildung ihre soziokulturelle Bedeutung. Der neu Angestellte (Junior) wird nach der Einstellung in der Regel von den Dienstälteren (Seniors) in die neue Aufgabe eingeführt, manchmal in einem Eins-zu-eins-Verhältnis und in Form von 'on the job-training'.

Das Zugehörigkeitsprinzip kann weiter das Sprachverhalten soweit bestimmen, daß es selten ist, die individuelle Berufsqualifikation kontextunabhängig, d.h. ohne Nennung der Institution, der man angehört, zu behaupten. Ein berühmtes Beispiel dafür ist die Reihenfolge der Komponenten bei einer Selbstvorstellung. In Japan lautet die übliche Reihenfolge: Firmenname, Beruf bzw. ausgeübter Aufgabenbereich, dann Name der Person. Selbst bei Akademikern ist diese Reihenfolge nicht selten.

Nach Mito, einem Betriebswirtschaftswissenschaftler, besteht ein fundamentaler Unterschied zwischen dem Zugehörigkeits- und Kontraktprinzip darin, daß bei ersterem die Einstellung oft das Eintreten der "ganzen Persönlichkeit" bedeutet ([10]1989:109).

Das Zugehörigkeitsprinzip als ein wichtiges Orientierungsmerkmal beim sozialen Handeln weist darüber hinaus auf einen wichtigen, kulturell motivierten Unterschied bei der Wertorientierung. Es handelt sich dabei um ein hilfesuchendes, sich-abhängigzeigendes Verhalten, wie es oben im Junior-Senior-Verhältnis thematisiert worden ist. Wie Doi (1971) kulturpsychologisch den spezifischen Aspekt der 'Abhängigkeit' unter dem Begriff 'Amae' ausführt, wird sie in der japanischen Gesellschaft nicht nur negativ bewertet. Sie kann sogar in der vertikalen Beziehung eine Art 'strategische Dependenz' von unten nach oben, aber auch von oben nach unten ausdrücken und die (positive) soziale Beziehung demonstrieren (Doi 1971). Bei einer sozialen Interaktion ist es oft wichtiger, die Beziehungsart in erwartetem Maße zu demonstrieren, um sich selbst am Arbeitsplatz zu behaupten. Durch den Vorrang der Beziehungsaspekte kann daher das Zeigen der 'Junior-Senior-Beziehung' als wichtiger eingestuft werden als der Beweis der eigenen Berufskompetenz, wie der geläufige Ausdruck 'kawaii kouhai' (der sich vom Senior angemessen abhängig benehmende Junior) zeigt.

Vor diesem Hintergrund kann das oben als Konfliktquelle thematisierte Frage-verhalten Tamikos als eine Art 'Beziehungsarbeit' verstanden werden. Um die Gewichtung der Beziehungsaspekte näher zu betrachten, möchte ich mich im nächsten Teil mit sozialpsychologischen Ansätzen auseinandersetzen.

4.3. Sozialpsychologische Erklärungsversuche

4.3.1. Das kontextorientierte vs. das autonome Selbst

Die japanische Soziologin Nakane hat mit dem Begriffspaar 'vertikale Gesellschaft' und 'horizontale Gesellschaft' grundlegende Eigenschaften der Strukturierungsprinzipien sozialer Gruppen in Japan und der 'westlichen' Gesellschaft theoretisch erarbeitet. Nach ihr spielen in einer vertikalen Gesellschaft die 'Gemeinsamkeit des konkreten Bezugsrahmens' ('Feld', auf japanisch 'Ba') und die Zugehörigkeit zu ihm eine zentrale Rolle ([73]1986: bes. 25ff.). Ein typisches Beispiel dafür wären Gewerkschaften.

In Europa findet man meistens Gewerkschaften in Form von 'craft unions' oder Industriegewerkschaften, während in Japan die Betriebsgewerkschaften (company unions) üblich sind, in denen die Zugehörigkeit zu einer Firma und damit zum gleichen Handlungsfeld entscheidend ist, also nicht die berufsspezifische Qualifikation. Wie das Zugehörigkeitsprinzip konkret aussehen kann, war Thema des vorigen Teils.

Der japanische Sozialpsychologe Hamaguchi hat u.a. durch die Untersuchung mit SCT (Sentence-Completing-Tests) von etwa 4200 Angestellten und Führungspersonen in der Mittelschicht in ca. 20 Unternehmen in Mitteljapan und durch Befragungen mit Ratings Wertvorstellungen im Alltagsleben und die Einstellung zu interpersonalen Beziehungen erarbeitet.

So reagierten z.B. 21% der Befragten auf die Behauptung "Es ist im allgemeinen besser, wenn man allein eine Entscheidung trifft, als den anderen nach der Meinung zu fragen" mit "ich stimme zu", während 43% nicht zustimmten. Der Aussage "Ich möchte nicht so gerne von anderen abhängig sein, ebensowenig möchte ich auch, daß andere von mir abhängig sind" stimmten 26% zu, während 43% nicht zustimmten. Dagegen konnten sich 53% mit der Meinung identifizieren "Um eine gute Beziehung mit Personen zu unterhalten, ist es besser, wenn man sich selbst sozusagen ohne jedes Geheimnis offen zeigt, als eine gewisse Distanz zu bewahren", nur 13% konnten dies nicht. Ebenfalls nur 13% konnten nicht der Aussage zustimmen "Wenn einmal eine menschliche Beziehung zustande kommt, so bleibt sie dauerhaft"; 47% stimmten zu (Hamaguchi 1982a:149ff.).

In einem mit 772 Personen durchgeführten SCT kamen bei der Ergänzung einer Äußerung wie "Um eine gute Beziehung mit Personen zu unterhalten, sollte man ..." Kategorien wie "Empathie" (21,8%), "Selbstbeherrschung, Zurückhaltung" (14,5%), "Vertrauen zeigen" (10,5%) relativ häufig vor, während die Bewahrung einer gewissen Distanz, "Vermeidung des Eindringens in die private Sphäre" (fukairi no kaihi) nur von 1% genannt wurde (Hamaguchi 1982b:226ff.).

In bezug auf Deutschland ist mir leider keine Untersuchung mit ähnlichen Fragen bekannt. Einen Hinweis auf unterschiedliche Wertvorstellungen gibt jedoch die Beobachtung, daß seit etwa Mitte der 70er Jahre in der Bundesrepublik Werte wie 'Kritik-fähigkeit', 'Selbständigkeit', 'Durchsetzungsfähigkeit' als Erziehungsziele immer mehr geschätzt werden, während 'Bescheidenheit', 'Gehorsam / Folgsamkeit' weniger erwünscht werden. So werden von Bargel die drei folgenden Grundtypen und ihre Trägergruppen genannt: 1.) Traditionelle Konventionalität mit konformen Wertvor-stellungen (61 Jahre und älter, Volksschulabsolventen); 2.) Kritisch-autonome Prosozialität (16-25jährige, Abiturienten, Akademiker) und 3.) Konkurrierender Individualismus (41-55jährige, Mittlere Reife) (1979:169ff.). Hier möchte ich nicht auf den Unterschied der Begriffe "kritisch-autonome Prosozialität" und "konkurrierender Individualismus" (ibid. 171f.) eingehen, sondern nur darauf hinweisen, daß die beiden Wertorientierungen als Grundlage eine autonome Vorstellung von sich selbst haben, die sich von einer starken zwischenmenschlichen Beziehungsorientierung unter-scheidet. So werden die Werte 'Freiheit und Unabhängigkeit' nach der Allensbacher Demoskopie 1991 von 64% der Befragten in den alten Bundesländern als erstrebens-wert genannt (in den neuen Ländern 51%, 1993:38). Das sind zwar keine Ergebnisse einer gezielt kulturvergleichenden Untersuchung, sie können jedoch als Indizien für tendenziell divergierende Wertesysteme in Japan und Deutschland gelten.

Nach diversen Untersuchungsergebnissen faßt Hamaguchi die gezeigten Wert-orientierungen unter den Begriffen 'gegenseitiges Vertrauen', 'Selbstzurückhaltung', 'Empathie' und 'Bereitschaft zur Übernahme der Partnerperspektive' zusammen und betont die situations- und partnerorientierten Verhaltensdispositionen in Japan

(1982a,b). Dabei sei es wichtig, auf den Aspekt der gegenseitigen Vertrauensbildung und Abhängigkeit ('mutual reliance', 'mutual dependence') zu achten, Konzepte, die nicht dem totalen Selbstverlust unter der Macht des Kollektiven gleichgesetzt werden könnten, sondern eher flexible, situationsadäquate Umformungen der Beziehung ermöglichen. Um die deutlich vom Individualismus abweichenden Verhaltensdispositionen von Japanern differenzierter zu charakterisieren, entwickelt Hamaguchi in Anlehnung an F.L.K. Hsu (1971) ein psychosoziales Modell von Persönlichkeit ('Jen', auf japanisch 'Jin'). Nach Hsu sind hypothetisch zwei Typen handelnder Lebenssysteme zu denken, die durch die Interaktion mit der Umwelt eine balancierte psychosoziale Homöostase zu erhalten versuchen. Während der Kernbereich des Selbsts von Individualisten aus den Komponenten "Unconscious, Pre-Conscious, Unexpressed Conscious, and Expressible Conscious" besteht, bildet den Kernbereich der kontextorientierten Persönlichkeit "Intimate Society and Culture" (1971:24ff.).

Dies bedeutet, daß das letztere das psychisch enger verbundene, aber bereits soziale Umfeld in den Kernbereich des Selbstkonzepts einschließt. Hamaguchi nennt dieses Persönlichkeitsmodell 'Kontextualismus'.

Daraus könnte erklärt werden, daß — während sich Individualisten bewußtseinsmäßig durch eine relativ hohe Independenz vom Partner und von der Situation definieren — Kontextualisten gerade durch das Einbeziehen des affektiv enger verbundenen sozialen Umfelds, also durch eine relativ hohe Situationsabhängigkeit bzw. Situationsadäquatheit geprägt sind (vgl. Hsu ibid., Hamaguchi 1982a, b). Das Subjektsystem der Kontextualisten geht daher bei der sozialen Interaktion wesentlich intensiver auf den Partner, auf das gemeinsame, konkrete Handlungsfeld im Sinne des 'Ba' von Nakane ein, in dem 'situationsgerechte' Verhaltensnormen herrschen. Dies kann manchmal für Individualisten als 'Verhaltens-Switching' überraschend wirken.

Kontextualisten haben somit eine relationale Selbstauffassung, die der interpersonalen Situation gegenüber sehr sensitiv ist. Dagegen wäre für Individualisten tendenziell ein autonomes Selbstkonzept eine wichtige Eigenschaft, für die statt 'mutual reliance' 'self reliance' wichtiger ist.

4.3.2. Das relationale Selbst und der Sprachgebrauch

Das relationale Selbstkonzept, dessen Bestimmung nicht nur vom kontextunabhängigen Selbstbewußtsein, sondern vom gemeinsamen sozialen Handlungsfeld und vom Partner abhängt, findet seinen spezifischen Niederschlag auch in der japanischen Sprache. Im folgenden sollen zuerst drei klassische Beispiele angeführt werden, die die Kontextorientierung der Selbstbezeichnung verdeutlichen:

1. Partnerorientierte Bezeichnung von 'Ich'

Der Gebrauch von 'Personalpronomen' setzt die gegenseitige Festlegung von sozialen Beziehungen voraus, um sich über einen Sachverhalt äußern zu können. Suzuki zeigte, wie ein Japaner, je nach der sozialen Rollendefinition gegenüber dem beteiligten Kommunikationspartner, sich jeweils anders bezeichnet (Suzuki 1982:123ff.).[8] Das komplexe Honorativsystem spiegelt weiter eine stärkere Institutionalisierung der Festlegung von vertikalen sozialen Beziehungen wider (vgl. Mizutani / Mizutani 1987).

2. Bezeichnung von 'Mensch' (Ningen)

Als zweites Beispiel kann der Begriff 'Mensch' genannt werden. Außer dem oben kurz erwähnten Jin / Hito ('Selbst') gibt es eine weitere Bezeichnung für den 'Menschen'. Sie heißt 'Ningen' und bedeutet ursprünglich 'Mensch und der weltliche Raum, in dem der Mensch lebt bzw. handelt'. Die Gewichtung des Wortes liegt in dem Zwischenraum, der nicht als Vakuum, sondern als ein für die beteiligten Menschen bei der sozialen Handlung ordnungsstiftender Teil für das Ganze betrachtet wird (vgl. Kimura 1972:133ff.).

3. Das 'Sich Selbst' als der eigene Anteil am Ganzen

Eine japanische Selbstbezeichnung, die zur Explikation von Selbstreferenz relativ situationsübergreifend gebraucht werden kann, heißt 'jibun' (sich selbst, oft im Sinne von 'ich') und bedeutet etymologisch 'den eigenen Anteil daran' ("his own share") bzw. den eigenen Anteil am gemeinsamen Handlungsraum. Für das Berufsleben gibt es parallel zum Wort 'jibun' 'Shokubun', wobei 'Shoku' den 'Beruf' und 'bun' 'den eigenen Anteil daran' bedeutet. Kumon erläutert, daß 'Shokubun' anders als 'Shokumu' — was dem 'Beruf' entsprechen würde — kein scharf nach der Aufgabe spezifizierter Begriff ist ([10]1989:92ff.).

Im folgenden soll der Begriff 'Shokubun' im beruflichen Kontext veranschaulicht werden, weil er die Kontextorientierung in der beruflichen Praxis und somit eine eher 'positive' Einstellung zur gegenseitigen Abhängigkeit, die im vorigen Teil im vertikalen Verhältnis diskutiert wurde, im übergreifenden Zusammenhang verdeutlichen kann.

4.3.3. 'Shokubun': der eigene Anteil am Arbeitsplatz

Ishida (1982, 1984) stellt durch seine Untersuchungen an mehreren japanischen Unternehmen im Ausland fest, daß die flexible Aufgabenteilung in einer Kleingruppe (Abteilung) in der japanischen Organistion wesentlich häufiger vorkommt und mit den folgenden Eigenschaften als kulturgebunden betrachtet werden sollte.

---

8   Zum 'Personalpronomen' vgl. Sugitani 1996a:230f.

Abbildung 1: Schematische Darstellung der Relation der einzelnen zur beruflichen Organisation (vgl. Ishida 1982:16ff., 1984:20ff.)

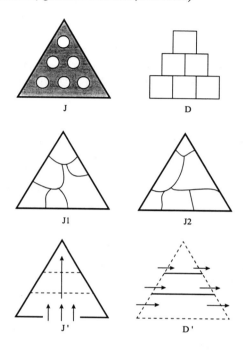

Nach Ishida ist das Modell von amerikanisch-nordeuropäischen Organisationen, in denen eine Person einer einzelnen Aufgabe mit explizit beschriebenem Macht- und Verantwortungsbereich zugeordnet wird, 'mechanistisch' (in Abb. 1: 'D'). Im japanischen Modell, das 'organisch' (J) genannt wird, besitzen einzelne Personen dagegen einen relativ schmalen Kompetenz- und Verantwortungsbereich innerhalb einer schärfer abgegrenzten Abteilung. Für die restlichen Aufgabenbereiche (das graue Feld in der Figur 'J') kooperieren sie miteinander. In einer 'organischen' Organisation ist die formale Spezifizierung für die einzelnen Mitglieder nicht explizit definiert und entwickelt sich situationsabhängig. Wenn der Vorgesetzte 'expandierend' aktiv ist, kann es daher vorkommen, daß die Mitarbeiter der Mittelschicht und der Basis ihre Aktivitäten entsprechend beschränken (J1), während sie beim weniger aktiven Vorgesetzten 'expandierender' arbeiten (J2). In beiden Fällen wird von den Mitarbeitern verlangt, daß sie ihre eigene Rolle "situationsadäquat, gegenseitig ergänzend" (ibid. 1982:17, 1984:20f.) definieren. Da in Japan, wie wir oben gesehen haben, das Zugehörigkeitsprinzip vorherrschend ist, wird die Karriere auch innerhalb eines Unternehmens, oft aufgrund der Intensität und der Länge der Zugehörigkeit realisiert (Senioritätsprinzip) und selten durch den Wechsel zu anderen Firmen (J' vs. D').

Wie das vorgestellte Modell zeigt, ist eine große Flexibilität typisch für eine als organisch bezeichnete Organisation, deren Eigenschaften 'informale Aufgabenteilung', 'unbegrenzte Verantwortung', 'Bereitschaft für eine spontane, gegenseitige Ergänzung der Arbeit' und 'gegenseitige Abhängigkeit' sind (ibid.).

Deutsche Beobachter japanischer Betriebe sind daher oft verwundert über die Tatsache, "daß japanische Arbeitnehmer sich stärker mit ihrem Betrieb als mit den Inhalten ihrer Arbeitstätigkeit identifizieren. ... Schließlich sind (sie) erstaunt über die andersartige Arbeitsorganisation in japanischen Betrieben, in denen es kaum einen individualisierten und formalisierten Arbeitsplatzzuschnitt gibt, sondern Gruppenstrukturen und informelle Kooperations- und Kommunikationsbeziehungen vorherrschen" (Georg 1992:58).

Für ein effektives Funktionieren der japanischen Organisation sind daher ein gutes soziales Klima und gute Beziehungen unter den Mitarbeitern eine wesentliche Voraussetzung. Dagegen können in einer mechanistischen Organisation die Mitarbeiter durch die Orientierung an detaillierten Regeln ihrer individuellen Aufgabe nachgehen und sind weitgehend unabhängig vom sozialen Klima. Sie müssen auf der anderen Seite für die eigene Aufgabe wesentlich mehr Eigenverantwortung übernehmen, als das bei einer organischen Institution der Fall ist.

Es dürfte deutlich geworden sein, daß für das Selbstkonzept des handelnden Kontextualisten das konkrete soziale Feld, 'Ba', und die Beziehung zu Mitmenschen im selben Feld von zentraler Bedeutung sind. In der sozialen Interaktion kann daher der Beziehungsaspekt dem Sachaspekt gegenüber Priorität haben. Auf der anderen Seite sichert die gemeinsame Zugehörigkeit zum selben Handlungskontext die soziale Glaubwürdigkeit, so daß sich eine aktive Darstellung vom Selbst 'erübrigen' würde. Die konfligierende japanisch-deutsche Interaktionssituation von Tamiko zeigt dies m.E. exemplarisch. Durch eine spezifische Einstellung zu menschlichen Beziehungen allgemein läßt sich schließlich die Gewichtung des Beziehungsaspekts noch intensivieren.

4.3.4. Spezifische Einstellung zu menschlichen Beziehungen

Das relationale Selbstkonzept steht nach Hamaguchi im engen Zusammenhang mit einer spezifischen Einstellung zu menschlichen sozialen Beziehungen, die einen weiteren Aspekt der Unterschiede zwischen Kontextualisten und Individualisten hervorhebt. Während eine menschliche soziale Beziehung bei Individualisten in vielen Fällen in der Anfangsphase als punktuelle Begegnung, als eine mehr oder minder abgegrenzte Berührung verstanden wird, bedeutet sie für Kontextualisten eher die

Aktivierung eines bestimmten Teils des Beziehungsnetzwerks, 'En', das als 'natur-gegeben', als bereits potentiell um sie vorhanden, angenommen wird. Um diese Eigen-schaften zu charakterisieren, führt Hamaguchi den Begriff "human nexus" ein und weist auf die Bedeutung des affektiv-sozialen Umfelds hin (1982b:239).

Nach ihm ist die aktivierte interpersonale Netz-Beziehung von den partikularistisch begrenzten, reziprok erwarteten sozialen Beziehungen von Individualisten zu unter-scheiden. Das implizit angenommene Beziehungsfeld wandelt sich gleichsam durch die Aktivierung in einen 'explizit gefüllten' Raum zwischen den Menschen um, der die ganze Persönlichkeit involviert, zeitlich unbegrenzt ist und sich gegenseitig verpflich-tend auswirken kann.

Diese Einstellung zeigt eines der oben vorgestellten Untersuchungsergebnisse von Hamaguchi sehr deutlich (vgl. 3.3.1.). Befragt nach der Eigenschaft sozialer Beziehun-gen ("Wenn einmal eine menschliche Beziehung zustande kommt, so bleibt sie dauer-haft"), antworteten 47% der Angestellten zustimmend (1982a:149ff.).

Die Aktivierung des Beziehungsnetzes kann in vielen Fällen zugleich die soziale Glaubwürdigkeit, die gegenseitige moralische Verpflichtung mitinitiieren.

4.4. Unterschiedliche Dominanzverhältnisse der Wertorientierung

Den Teil 4. abschließend sollen die diskutierten Merkmale der unterschiedlichen For-men von Sprachverhalten, die bei einer japanisch-deutschen Interaktion im sozialen Handlungsfeld 'Arbeitsplatz' als potentielle Konfliktquelle betrachtet werden könnten, zusammengefaßt werden. Der Ausgangspunkt war das Frageverhalten von Tamiko ihren deutschen Kollegen gegenüber. Es war von der japanischen Seite als Beziehungs-arbeit intendiert, während es aus der deutschen Sicht als Mangel an Sachwissen interpretiert wurde, weil in dem betreffenden Handlungsfeld eher eine aktive Selbst- und Kompetenzdarstellung erwartet wird. Ein Grund für die unterschiedlichen Erwar-tungshaltungen konnte zunächst im soziokulturellen Kontext gefunden werden: Zugehörigkeits- vs. Kontraktprinzip.

Unter Einbeziehung sozialpsychologischer Studien wurden jedoch weitere Aspekte der Kulturgebundenheit des Frageverhaltens der Japanerin erkennbar. Seine stärkere Beziehungsorientierung konnte durch das Selbstkonzept erklärt werden, das sich weniger autonom definiert und sich stärker an den Mitgliedern, an zwischen-menschlichen Beziehungen im jeweiligen Handlungsfeld orientiert. Nach Hamaguchi wurde dieses Selbstkonzept im Gegensatz zum Individualismus 'Kontextualismus' genannt.

Das relationale Selbstkonzept konnte an der Sprache sowie am Sprachgebrauch festgemacht werden. Die intensive Kontextorientierung kann darüber hinaus im engen

Zusammenhang mit der spezifischen Einstellung zu menschlichen Beziehungen betrachtet werden. Diverse Studien von Hamaguchi legen nahe, daß in Japan am Arbeitsplatz tendenziell eine Art 'Näheregulierung' beobachtet werden kann. Dagegen zeigen Befragungsergebnisse in Deutschland, daß eher die Bewahrung von Distanz und ein autonomes Selbstkonzept bevorzugt werden. Am Arbeitsplatz wird das Demonstrieren der eigenen Kompetenz, die aktive, sachbezogene Selbstdarstellung erwartet. Auch soziale Beziehungen unter den Mitgliedern werden auf diesem Wege etabliert. Die Zugehörigkeit zu demselben konkreten Handlungsfeld allein kann die Mitgliedschaft nicht in dem Maße etablieren, wie es in Japan üblich wäre.

An den hier diskutierten Merkmalen des Konfliktfalls lassen sich unterschiedliche Dominanzverhältnisse in der Wertorientierung erkennen, die über die soziokulturell institutionalisierte Handlungspraxis auf ein unterschiedliches Selbstkonzept zurückgeführt werden und Unterschiede in japanisch-deutschen Kulturstandards erklären können. Ihre Zusammenhänge seien unten in Tabelle 1 dargestellt:

Tabelle 1: Unterschiedliche Formen des Sprachverhaltens am Arbeitsplatz in soziokulturellen Zusammenhängen

Sprachverhalten	tendenziell japanisch	tendenziell deutsch
Frageverhalten	beziehungsorientiert	sachorientiert
Selbstdarstellung	relational, eher bescheiden	autonom, Kompetenz demonstrierend
soziokulturelle Praxis	Zugehörigkeitsprinzip	Kontraktprinzip
Selbstkonzept	'Kontextualismus'	'Individualismus'

5. Vom Sprachwissen zum Sprachverhaltenswissen

Anhand einer kritischen Interaktionssituation wurde ein Versuch unternommen, handlungswirksame Kulturstandards beim sprachlichen Verhalten in einer japanisch-deutschen Interaktionssituation im sozialen Handlungsfeld 'Arbeitsplatz' herauszuarbeiten und sie aus japanischer Sicht zu erklären. Die unterschiedlichen Formen des Sprachverhaltens zeigten tendenziell unterschiedliche Wertorientierungen, die auf das Konzept vom Selbst zurückgeführt werden konnten. Als Erklärungsmodell wurde auf Hamaguchis begriffliche Gegenüberstellung von Kontextualismus und Individualismus Bezug genommen.

Es sollte hier angemerkt werden, daß damit keinesfalls alle Formen des Frageverhaltens kulturell vergleichend in Betracht gezogen worden sind. Wenn es sich
beispielsweise um Rückfragen oder Verständnisfragen gehandelt hätte, so hätte sich
durchaus ergeben können, daß sich deutsche Kollegen und Vorgesetzte darüber ver-
wunderten, wie wenig solche Fragen, selbst bei Unklarheiten, von japanischen
Mitarbeitern gestellt werden. Das Fehlen dieses eher metakommunikativen Frageverhaltens für die Informationssicherung wird von deutscher Seite für problematisch
gehalten, so daß dies einen Bestandteil des Verhaltenstrainings für japanische Mitarbeiter ausmacht, die bei deutschen Firmen arbeiten (Pooley 1993:189f., White 1993:
196).[9]

Wie in Abschnitt 3 ausgeführt, wurden in dieser Arbeit solche Befunde diskutiert,
die aus subjektiven Daten gewonnen wurden. Ihre Ergebnisse sowie das theoretische
Erklärungsmodell auf jedes konfligierende Frageverhalten übertragen zu wollen,
würde bedeuten, sich der Gefahr einer unzulässigen Stereotypisierung auszusetzen.
Diese Arbeit zielt vielmehr darauf, anhand einer interkulturellen Interaktionssituation
die Relevanz des Verhaltenswissens zu zeigen, das von kognitivem Wissen von standardisierten Verhaltensformen im sozialen Handlungsfeld bis zu relevanten Aspekten
des Selbstkonzepts reichen kann. Seine wertende Funktion kann dabei den Interak-
tionsrahmen mitsteuern, der den verbalen Kommunikationsverlauf sichert (vgl.
Abschnitt 2).

Wichtige Aspekte und Funktionen des komplexen Verhaltenswissens, die kulturgebunden in einer Interaktionssituation orientierend wirken, können mit dem Begriff
'Kulturstandard(s)' gefaßt werden. Für ihre Ermittlung wurde in dieser Arbeit die
Methode der gegenseitigen Perspektivierung eingesetzt: Erfahrungsdarstellung mit
Eigenattribution aus japanischer Sicht und Konfliktevaluation aus deutscher Sicht. Es
wurde dabei versucht, Kulturstandards nicht isoliert, sondern im konkreten Handlungs-
zusammenhang zu ermitteln.

---

[9]   Frageverhalten als Beziehungsarbeit könnte über den Arbeitsplatz hinaus auch in Interaktionssituationen eher privater Natur vorkommen. So wird oft auf einen relativ großen
Umfang ritualisierter Fragen im japanischen Umgang hingewiesen, die der gegenseitigen Feststellung sozialer Beziehung dienen (vgl. Naotsuka 1981:103ff.). Beim
Interview zu kritischen Interaktionssituationen meinten einige Deutsche in Japan, daß
ihnen zwar Fragen gestellt werden, daß der japanische Partner jedoch nicht immer auf
die Antwort achte oder auf die gestellte Frage nur mit Floskeln antworte.
Auf das Fehlen metakommunikativen Frageverhaltens zur Verständnissicherung im
Japanischen weist auch der Japanologe Mizutani hin. Er meint, daß ein solches Rückfragen leicht unhöflich wirken kann (vgl. Mizutani / Kai 1993:80). Diese Verhaltens-
disposition könnte auch unter dem Gesichtspunkt der Priorität des Beziehungs-
gegenübers dem Sachaspekt betrachtet werden. Dafür bräuchte man jedoch weitere
Untersuchungen.

Der enge Zusammenhang von Verhaltenswissen und dem Selbstkonzept, den diese Arbeit als das Ergebnis aus der Fallstudie darstellt, könnte unter Einbezug kulturvergleichender Studien in der Entwicklungspsychologie noch deutlicher erarbeitet werden, was jedoch den Rahmen dieser Arbeit überschreiten würde. Hier soll nur darauf hingewiesen werden, daß ihre Befunde zur Reflexion über eigenkulturelle und zur Förderung interkultureller Handlungsfähigkeit beitragen könnten.[10]

Die vorgestellten Überlegungen legen nahe, daß es ein lohnenswerter Versuch wäre, für die Förderung interkultureller Handlungskompetenz den Forschungs- und Vermittlungsgegenstand der Fremdsprachendidaktik vom Sprachwissen zum Verhaltenswissen zu erweitern.

Die Differenz des Verhaltenswissens ernst zu nehmen, ist besonders dann wichtig, wenn die Ausgangs- und Zielkultur weit voneinander entfernt sind. Um die Vorurteilsbildung, die bei der Behandlung der Differenz entstehen könnte, zu vermeiden, wäre es eine Möglichkeit, gleichzeitig Perzeptions- und Kognitionsprozesse zu thematisieren und Lernende auf kulturgebundene, stereotypisierende Wahrnehmungsprozesse aufmerksam zu machen (vgl. das Lehrwerk *Sichtwechsel neu* von Bachmann et al. 1995). Die Auseinandersetzung mit dem kulturgebundenen Verhaltenswissen kann schließlich für Lernende eine Chance bedeuten, das Repertoire der eigenen Handlungsalternativen zu bereichern.

Dies würde aber für die traditionelle, philologisch orientierte Fremdsprachendidaktik und die Lehrerausbildung eine grundlegende Neuorientierung bedeuten. In dem Sinne ist die Förderung der interkulturellen Handlungskompetenz sowie die Sensibilisierung für kulturelle Differenzen eine große Herausforderung für DaF in Japan.

Literatur

Allensbacher Jahrbuch der Demoskopie (1993). Bd. 9, 1984/92. Allensbach am Bodensee

Azuma, H. (1994). *Nihonjin no shitsuke to kyouiku* (Education and Socialization in Japan). Tokyo: University of Tokyo Press

Bachmann, S. / Gerhold, S. / Müller, B.-D. / Wessling, G. (1995). *Sichtwechsel neu*. München: Klett Edition Deutsch

---

[10] Kulturvergleichende Studien über die altersbezogene Entwicklungserwartungshaltung von Müttern / Erziehungspersonen ihrem Kind gegenüber zeigen unverkennbar divergierende Inhaltskategorien, die nicht nur schichtenspezifische, sondern an vielen Stellen vielmehr kulturspezifische Eigenschaften zeigen, die trotz der 'Modernisierung' und 'Individualisierung' in Japan relativ konstant bleiben (Azuma 1994:60ff.; vgl. auch Trommsdorff 1989 und Schneider 1993).

Bargel, T. (1979). Überlegungen und Materialien zu Wertdisparitäten und Wertwandel in der BRD. In: Klages, H. / Kmieciak, P. (Hg.). *Wertwandel und gesellschaftlicher Wandel.* Frankfurt a.m.: Campus, 147-184

Barsalou, L.W. (1983). Ad hoc categories. *Memory & Cognition* 11, 211-227

Brislin, R.W. et al. (1983). Conceptualization of intercultural behavior and training. In: Landis, D. / Brislin, R.W. (eds.). *Handbook of Intercultural Training,* Vol. 1. New York: Pergamon, 1-35

Deutsche Industrie- und Handelskammer in Japan (1992). *Handel nach Japan.* (Autor: B. Müller-Seip) Tokyo

Doi, T. (1971). *Amae no kouzou (Anatomy of Dependence).* Tokyo: Koubundou; dt. (1982) *Amae. Freiheit in Geborgenheit.* Frankfurt a.m.: Suhrkamp

Georg, W. (1992). Doitsu ni okeru gijutsukakushin to youseikunren to Maisutaaseido (Technische Innovation und die Berufsausbildung in Deutschland). In: Nippon Carl Duisberg Gesellschaft e.V. (ed.). *Doitsu no shokugyoukyouiku kunrenseido* (Berufsausbildung in Deutschland). Tokyo: Nippon Carl Duisberg Gesellschaft e.V., 33-58

Hall, E.T. / Hall, M.R. (1985). *Verborgene Signale.* Hamburg: Gruner & Jahr

Hamaguchi, E. (1982a). *Kanjinshugi no shakai nippon* (Japan, die Gesellschaft von Kontextualisten). Tokyo: Keizaishinpousha.

Hamaguchi, E. (1982b). Nihonjin no ningenmoderu to 'aidagara' (Das Menschenmodell und die *aidagara*-Beziehung von Japanern). *Ningenkagakubu-kiyou* (Fachzeitschrift der Fakultät für Humanwissenschaft, Universität Osaka), Nr. 8., 209-240

Hamaguchi, E. / Kumon, Sh. (1989[10]) (eds.). *Nihonteki shuudannshugi* (Der japanische Groupism). Tokyo: Yuuhikaku-sensho

Hanrei-Roppou-Henshuu-iinkai (1986) (eds.). *Mohan-Roppou* (Ausgewählte Gesetzesammlung.). (Mimoto-hoshou ni kansuru houritsu (Gesetz über die Bürgschaft der Persönlichkeit) ist im Teil *Minpou* (Zivilrecht) enthalten.)

Herrmann, Th. / Grabowski, J. (1994). *Sprechen. Psychologie der Sprachproduktion.* Heidelberg / Berlin / Oxford: Spektrum

Hofstede, G. (1993). *Interkulturelle Zusammenarbeit.* Wiesbaden: Gabler

Hsu, F.L.K. (1971). Psychological homeostasis and Jen. Conceptual tools for advancing psychological anthropology. *American Anthropologist* 73, 1, 23-44

Ishida, H. (1981). Kaigai ni okeru nihonkigyou no jinteki-shigenkanri (Human resource management in japanischen überseeischen Unternehmen). *Nihon-roudou-kyoukai* zasshi (Zeitschrift der "Japanese Labor Union") Nr. 264, 2-11

Ishida, H. (1982). Nihongata hyuuman risousu maneejimento — katei to kouzou (Human resource management im japanischen Stil — Prozeß und Struktur). *Nihon-roudou-kyoukai zasshi* (Zeitschrift der "Japanese Labor Union") Nr. 285, 13-21

Ishida, H. (1984). *Kokusai-keiei no ningen-mondai-keesu-bukku* (Fallstudien zum internationalen Human resource management). Tokyo: Keiou-Universität.

Kimura, B. (1972). *Hito to hito tono aida.* Tokyo: Koubundou; dt. (1995). *Zwischen Mensch und Mensch.* Darmstadt: Wissenschaftliche Buchgesellschaft

Kiss, G. (1989). *Evolution soziologischer Grundbegriffe.* Stuttgart: Enke

Kumon, Sh. (1989[10]). Nihonshakai no soshikika-genri (Organisationsprinzip der japanischen Gesellschaft). In: Hamaguchi / Kumon 1989[10], 75-101

Mito, T. (1989[10]). Soshiki no nihongata moderu to oubeigata moderu (Das japanische und das europäische Modell der Organisation). In: Hamaguchi / Kumon 1989[10], 104-126

Mizutani, O. / Mizutani, N. (1987). *How to Be Polite in Japanese.* Tokyo: The Japan Times

Mizutani, O. / Kai, M. (1993). Hanashiai kyouiku no genjou to kaizenten (Gesprächsführung in der Mutterspracherziehung — Status quo und Verbesserungspunkte). *Nihongogaku* (Zeitschrift für Studien der japanischen Sprache). Tokyo: Meiji-Shoin 1993, 75-85

Müller, B.-D. (1983). Probleme des Fremdverstehens. 'Interkulturelle Kommunikation' in der Konzeption von DaF-Unterricht. In: Geringhausen, J. / Seel, P. C. (Hg.). *Interkulturelle Kommunikation und Fremdverstehen.* München: Goethe-Institut, 262-347

Müller-Seip, B. (1994). Geschäftsbegegnungen. Deutsche und japanische Vorgehensweisen und Hintergründe. In: The Institute of Economic and Political Studies (ed.). *Economic and Political Studies Series, No. 88: Germany and Japan Problem Studies,* Vol. 2, Osaka: Kansai Universität, 262-281

Nakane, Ch. (1986[73]). *Tateshakai no ningen-kankei* (Die Beziehungen von Menschen in der vertikalen Gesellschaft). Tokyo: Koudansha

Naotsuka, R. (1981[6]). *Oubeijin ga chinmoku suru toki* (Anlässe für das Schweigen von Europäern und Amerikanern im Gespräch mit Japanern). Tokyo: Taishuukan

Neisser, U. (1979). *Kognition und Wirklichkeit.* Stuttgart: Klett-Cotta

Pooley, R. (1993). Bridging the cultural gap — an essay on cross-cultural / presentation techniques seminars at the DIHKJ Berufsschule Department. In: Deutsche Industrie- und Handelskammer in Japan, Tokyo (ed.). *The German Dual Training System in Japan.* München: iudicium, 187-192

Rumelhart, D.E. (1980). Schemata. The building blocks of cognition. In: Spiro, R. J. / Bruce, B.C. / Brewer, W.F. (eds.). *Theoretical Issues in Reading Comprehension.* Hillsdale, NJ: Erlbaum, 33-58

Schneider, F. (1993). Die Ego-Struktur als zentrale Kategorie des (Sprach-)Verhaltens. *Info DaF* 4, 365-389

Sugitani, M. (1992). Fremdsprachenlernen und prozedurales Wissen. In: Doitsugo-kyouiku-henshuuiinkai (Hg.). *Deutschunterricht in Japan 1992.* Tokyo / Osaka: Goethe-Institut, 8-35

Sugitani, M. (1996a). Kontextualismus als Verhaltensprinzip. 'Kritisch' erlebte Interaktionssituationen in der japanisch-deutschen Begegnung. In: Thomas, A. (Hg.). *Psychologie interkulturellen Handelns.* Göttingen: Hogrefe, 227-245

Sugitani, M. (1996b). Interkulturelle Ansätze für Deutsch als Fremdsprache in Japan. In: Gad, G. (Hg.). *Deutsch in Japan. Interkulturalität und Skepsis zwischen Vergangenheit und Zukunft.* Bonn: DAAD, 119-127

Suzuki, T. (1982). Nihongo no jishoushi to taishoushi (Selbst- und Partnerbezeichnung im Japanischen). In: Hamaguchi, E. (ed.). *Nihonjin no aidagara* (Soziale Beziehungen von Japanern). Tokyo: Shibundou, 121-126

Thomas, A. (1988). Untersuchungen zur Entwicklung eines interkulturellen Handlungstrainings in der Managementausbildung. *Psychologische Beiträge* 30, 147-165

Thomas, A. (1993). Psychologie interkulturellen Lernens und Handelns. In: ders. (Hg.). *Kulturvergleichende Psychologie.* Göttingen: Hogrefe, 377-424

Trommsdorff, G. (1989). Sozialisation und Werthaltungen im Kulturvergleich. In: Trommsdorff, E. (Hg.). *Sozialisation im Kulturvergleich.* Stuttgart: Ferdinand Enke, 97-121

White, N. (1993). Negotiation techniques — Japanese-German comparisons. In: Deutsche Industrie- und Handelskammer, Tokyo (ed.). *The German Dual Training System in Japan.* München: iudicium, 193-197

Helga Kotthoff

Rituelle Trinksprüche beim georgischen Gastmahl: Zur kommunikativen Konstruktion von Vertrautheit und Fremdheit

Einleitung
Georgien als kultureller Kontext
Allgemeines zur Gattung der Trinksprüche
    Gattungen interkulturell
    Kommunikation an der georgischen Tafel
    Der Tamada
Zur Performanz des 'sadghegrdselo'
Ein Deutscher äußert einen Toast
    Warum entsteht trotz deutlicher Differenz kein Kommunikationsproblem?
    Zur Vermittlung von Fremdkultur und Eigenart
Städter und Dörfler konstruieren eine kulturelle Differenz
Religiöse Zeremonien als identitätsstiftende Verfahren

1. Einleitung

Ich möchte in diesem Artikel die kommunikative Gattung der Trinksprüche zum Anlaß nehmen, um zwei miteinander verwobene Problemfelder der interkulturellen Kommunikation einzukreisen. Zum einen möchte ich die in der kontrastiven Pragmatik implizit aufscheinende These kritisieren, welche besagt, kulturelle Unterschiede im kommunikativen Handeln seien *per se* problematisch, und je stärker also die Unterschiede seien, um so größer seien dementsprechend auch die Probleme der Verständigung. Je stärker sich also der / die 'non-native speaker' den zielkulturellen Sprechnormen annähere, um so besser sei dies für den Kontakt mit den Fremdkulturellen. Ich halte diese undynamische Sichtweise, welche beispielsweise in den Entschuldigungsuntersuchungen von Olshtain und Cohen (1983) und in den kontrastiven Studien von Blum-Kulka, House und Kasper (1989) deutlich wird, für verkürzt. Ich möchte im Gegensatz dazu zeigen, daß das Ausmaß an Unähnlichkeit im kommunikativen Verhalten nicht notwendigerweise den Grad an Irritation und Mißverständlichkeit bestimmt. Die Konstruktion von Fremdheit bedarf komplexer Voraussetzungen, welche im weiteren kulturellen Kontext zu suchen sind. Fremdheit ist zum einen als hergestellt zu begreifen und ist zum

65

anderen auch nicht an sich schon bedrohlich.[1] Ob sie als bedrohlich oder bereichernd erfahren wird, hängt von vielen gesellschaftlichen Faktoren ab. Ich möchte dafür plädieren, interkulturelle Kommunikationsanalysen im Rahmen weitreichender Ethnographien der Kommunikation anzusiedeln (dazu auch Kotthoff 1994), welche über lokale Gesprächskontexte hinausgehen.

Fremdheit sehe ich als Zuschreibungsprozeß und nicht als objektives Verhältnis. Der für Fremdheit so entscheidende Unterschied von 'wir' und 'ihr' basiert auf plausibel gemachten, nicht auf naturwüchsigen Differenzen (Hahn 1994), und es kann deshalb eine jede Differenz für eine sozial folgenreiche Unterscheidung ausgebeutet werden. Ob Differenzen dramatisiert werden (z.B. in Nationalismen, Sexismen oder Rassismen) oder nicht, hängt von komplexen Voraussetzungsverhältnissen ab, welche jenseits der lokalen Gesprächssequenz zu sichten sind (dazu auch Hinnenkamp 1991).

Die vorliegende Studie zur interkulturellen Kommunikation steht in der Tradition der interaktionalen, anthropologischen Soziolinguistik (siehe z.B. Erickson / Shultz 1982, Gumperz 1982, Scollon / Scollon 1995). Es werden natürliche Gespräche in ihrer natürlichen Umgebung aufgezeichnet und später verschriftet. Die Analysemethoden der Gesprächsdaten sind weitgehend der ethnomethodologischen Konversationsanalyse entlehnt, aber die Interpretation der Rede geschieht unter Einbezug des kulturellen Kontexts, welcher u.a. über ethnographische Angaben zugänglich gemacht wird. Der Aufeinanderbezug von Kommunikations- und Sozialstrukturen ist in der anthropologischen Linguistik von zentralem Interesse (Kotthoff 1995b).[2]

In der interkulturellen Kommunikation treffen Menschen mit unterschiedlichen interpretativen 'frames' (Goffman 1974) aufeinander. Diese Unterschiede in der Wahrnehmung müssen im Diskurs dort lokalisiert und expliziert werden, wo die Differenzen auftauchen. Kultur ist primär von Interesse als etwas, das sich in der Interaktion

---

[1] In der Philosophie haben bedeutende Strömungen den Bezug auf das Fremde grundsätzlich positiv veranschlagt. Die Achtung vor dem Fremden und die durch die Konfrontation mit dem Fremden mögliche Selbstreflexion galten z.B. bei Plessner und Simmel als konstitutiv für das menschliche Selbstverständnis.

[2] Es sei darauf hingewiesen, daß hier ein Begriff von Kultur zugrunde gelegt ist, dem Kommunikation nicht separat gegenübersteht. Die dialektische Verknüpfung von Kultur und Kommunikation, die das eine durch das andere kreiert und aufrechterhalten sieht, leistet z.B. die kultursemiotische Theorie Vygotskijs (1978; Wertsch 1981). L.S. Vygotskij sah schon in den zwanziger Jahren die kognitive und kommunikative Entwicklung eines Menschen als Prozeß der Kulturaneignung. Höhere psychologische Funktionen können so als internalisierte Transformationen interpersoneller Interaktionsmuster gelten (auch Urban 1991). Kulturelle Bestände werden via Kommunikation in die Psyche des Menschen integriert. Das heißt auch, daß sich mit den verschiedenen Kommunikationsweisen nicht nur Erwartungshaltungen, sondern auch Gefühle verbinden.

zwischen Menschen auftut. Interkulturelle Probleme lassen sich aber auch in politischen Gesamtzusammenhängen verorten, welche sich in der Kommunikation negativ oder positiv auswirken können. Wenn es bereits eine Geschichte von Negativattributionen gibt im Bezug auf Angehörige einer Kultur, dann wundert es nicht, daß die als Stereotypen bereits präsenten Vorurteile dazu führen, daß reale Verhaltensunterschiede unmittelbar mit den Negativstereotypen in Verbindung gebracht werden. Gerade in der internationalen Wirtschaftskommunikation ist darüber hinaus von Machtasymmetrien auszugehen. Insofern sind auch globalere Interessen, welche Kommunikationspartner/innen vertreten, zu berücksichtigen.

Wenn ich im folgenden Trinksprüche analysiere, wie sie in Georgien von Ausländern und Inländern geäußert worden sind, dann möchte ich anhand eines Beispiels zeigen, wie komplexe Voraussetzungsverhältnisse es möglich machen, daß trotz starker Abweichungen von georgischen Verhaltensnormen mit dem Ausländer Vertrautheit hergestellt wird. Anhand eines anderen Beispiels möchte ich zeigen, wie minimale kommunikative Differenzen zwischen georgischen Städtern und Dörflern dazu genutzt werden, Fremdheit zu konstruieren.

2. Georgien als kultureller Kontext

Vorab noch ein paar Worte zum kaukasischen Georgien. Daß der Kaukasus ein Pulverfaß darstellt, wissen wir spätestens seit den Kriegen zwischen Armenien und Aserbaidzhan um Nagorny Karabach und zwischen Georgien und Abchasien um die Selbständigkeit des Letztgenannten oder auch zwischen Georgien und Süd-Ossetien. Der Kaukasus wird auch der Berg der 1000 Sprachen genannt; hier existieren auf kleinstem Fleck eigene Sprachen, welche manchmal nur von ein paar hundert Menschen noch gesprochen werden. Dialekte, Sprachen und sonstige Verhaltensweisen werden hier derzeit intensiv genutzt, um regionale Identitäten auszuhandeln, welche auch politisch gewichtig werden können. Ossetin oder Mingrelier oder Adshare zu sein, waren nicht immer die zentralen Identitätskategorien der Menschen dort.[3] Prozesse der Relevantsetzung regionaler Identitätskategorien können in der alltäglichen Kommunikation beobachtet werden. Relevante Identitäten sind nicht zuerst gegeben und wirken sich dann aus, sondern sie werden in Interaktionen hergestellt, bestätigt und dramatisiert. Bevor Südossetien sich von der georgischen Republik lossagen wollte, gab es auf allen Ebenen der Kommunikation starke Bestrebungen, Unterschiede zu den Georgiern zu fokussieren und zu dramatisieren. Die Politik der

---

[3] Siehe zu einem interaktionalen Verständnis von Identität Luckmann (1979) und Schenkein (1978).

ethnischen Unterschiede hatte nie brachgelegen, jedoch konnte sie im Alltag bisweilen ruhen. Man aß einfach bestimmte Gerichte, und es war egal, ob es sich dabei um georgische oder ossetische handelte.

Die Unzugänglichkeit vieler Regionen brachte es in Georgien immer schon mit sich, daß sich eine starke Regionalspezifik sprachlich und kulturell herausbilden und bewahren konnte.[4] Diese kann zur Konstruktion von Fremdheit genutzt werden. In der sowjetischen Zeit wurden innerhalb Georgiens die Gemeinsamkeiten betont. Ein starkes Zusammengehörigkeitsgefühl machte es möglich, daß Georgisch innerhalb der Sowjetunion zur einzigen Sprache wurde, welche innerhalb der Republik Staatssprache blieb; alle anderen Republiken übernahmen das Russische als Staatssprache. Kulturelle Identität wurde also hier immer schon groß geschrieben und stark mit der Sprache verbunden. Heute zeichnet sich innerhalb der georgischen Republik eine enorme Diversifizierung ab, die sich auf verschiedene Weise gegen die Hauptstadt Tbilisi als politisches und kulturelles Zentrum richtet (Gelaschwili 1993). Früher gab Rußland als Hegemonialmacht die Hauptstoßrichtung von kulturellen Abgrenzungen ab, was sich auf die Kartwelvölker vereinigend auswirkte; heute scheinen die unmittelbaren Nachbarn die Stützpunkte einer vielschichtigen Distinktionspolitik geworden zu sein, welche die Linien zwischen 'wir' und 'ihr' in verschiedensten Praxisformen immer wieder deutlich zieht.[5]

Soweit zunächst zum kulturellen Umfeld der Sprechereignisse.

3.   Allgemeines zur Gattung der Trinksprüche

3.1. Gattungen interkulturell

Da ich meine These zur Konstruktion von Fremdheit an einer im georgischen Alltag sehr bedeutsamen Gattung exemplifizieren möchte, zunächst noch allgemeine Informationen zur Gattung der Trinksprüche in Georgien und zum Gattungskonzept allgemein. Trinksprüche spielen in allen sowjetischen Nachfolgeländern auch heute noch eine immens wichtige Rolle. Sie dürfen an keiner Tafel fehlen. Gäste aus westlichen Ländern neigen zu Beginn ihrer Aufenthalte dazu, ihre Gattungserwartungen zu übertragen, denn auch ihnen ist ja die Gattung der Toasts nicht gänzlich fremd. Kommunikative Gattungen sind aber interkulturell nicht so ohne weiteres übertragbar. Günthner (1993) hat z.B. gezeigt, welche Irritationen in der deutsch-chinesischen Be-

---

[4]   Dies gilt auch für die Regionen, in denen Georgisch gesprochen wird, wie Tuschetien, Pschawi, Chewsuretien usw.

[5]   Siehe zur politischen Entwicklung Georgiens Gerber (1995).

gegnung dadurch entstehen, daß Chines(inn)en häufig auch im Deutschen Sprichwörter verwenden, da diese im chinesischen Kontext als ein Zeichen von Bildung angesehen werden. Im Deutschen wird ihnen insgesamt eine ganz andere soziale Bedeutung zugeschrieben.

Kommunikative Probleme, die von einer gewissen Relevanz für die Handelnden sind, finden, so schreiben Günthner und Knoblauch (1994), ihren Niederschlag in festgelegten Formen, die bis zu gattungsartigen Verfestigungen reichen. Mit Luckmann (1989) betrachten wir Gattungen als zum kommunikativen Haushalt einer Kultur gehörig. Der kommunikative Haushalt bildet sozusagen das 'Herzstück' dessen, was Kultur genannt wird (Knoblauch 1995). Im Sinne der neueren Kultursoziologie besteht Kultur vor allem aus den sozial objektivierten Vorgängen und Produkten der Kommunikation (Günthner / Knoblauch 1994:717). Die symbolisch-expressive Dimension des interpersonellen Verhaltens, welche sich in Mustern und Gattungen verfestigt, bildet einen faßlichen Kern, welcher sich sowohl zur Erfassung aktueller wie auch zur Rekonstruktion historischer Kulturen eignet.

Gattungen sind nicht nur von ihrer Binnenstruktur und ihrer Funktion her interkulturell unterschiedlich, sondern auch von ihrer mikrokontextuellen Einbettung her. Trinksprüche finden zwar immer am Tisch statt, aber sie gehorchen in verschiedenen Kulturen ganz anderen Sequenzierungsregeln. In Georgien sind die Trinksprüche und ihre kanonisierte Folge hochgradig ritualisiert, im Westen sind sie deutlich weniger ritualisiert und auch am Tisch mit Gästen nicht obligatorisch (Kotthoff 1991). Darum gehe ich jetzt auf die georgische Tafel ein.

3.2. Kommunikation an der georgischen Tafel

Ausländische Gäste, welche an einem georgischen Tisch zum Essen und Trinken Platz nehmen, wissen selten, daß sie sich in eine Situation begeben haben, die sich von vergleichbaren Situationen ihres Heimatlandes stark unterscheidet. Sie sind in ein Zeremoniell eingetaucht, welches mit dem im Westen üblichen Geplauder zwischen Speis und Trank nur wenig zu tun hat, das alte Zeremoniell des *supra* (am ehesten mit 'Tafel' übersetzbar). Der Rahmen[6] des Essens mit Gästen ist interkulturell sehr unterschiedlich realisiert und aktiviert ganz andere schematische Wissensbestände. Das kaukasische Georgien ist immer gastfreundlich gewesen, und die Gastfreundschaft wird bis auf den heutigen Tag zelebriert, sofern die derzeit schlechte materielle Situation es erlaubt. Die Inszenierung eines *supra* gehört unbedingt zur Ehrbezeugung

---

6   Ich gebrauche den Ausdruck im Sinne von Goffman (1974, 1981), welcher darunter auf Organisationsprinzipien für Ereignisse beruhende Situationsdefinitionen verstand; siehe auch Tannen (1993).

gegenüber dem Gast dazu. Aber auch unter sich, d.h. in Großfamilie und Nachbarschaft, gibt es viele Anlässe zum zeremoniellen Tafeln, z.b. Hochzeiten, Geburtstage, Dissertationenverteidigungen, Geburten, Heimkehr von Reisen, aber auch Todesfälle und ihre Jahrestage. Entsprechend der Anlässe werden die 'glücklichen Tafeln' (*lchinis supra*) von den traurigen (*tschiris supra*) unterschieden. Durch die Auswahl der Speisen und die Themen der Trinksprüche sind beide Anlässe klar voneinander abgrenzbar.

In Georgien nehmen immer alle zusammen an einem oder mehreren Tischen Platz. Man läuft nicht wie bei unseren Parties mit dem Weinglas in der Hand herum, um hier und dort ein Schwätzchen zu halten. Wenn die Gäste eintreffen, stehen in der Regel nichtalkoholische Getränke, Käse, Salate, kalte Gemüsepasteten, Brot, Soßen, kalter Fisch und/oder Fleisch bereits auf dem Tisch. Die Gäste werden sofort zum Speisen aufgefordert, auch wenn sie noch ganz allein am Tisch sitzen und die einladende Familie noch mit anderen Dingen beschäftigt ist. Die warmen Gerichte folgen später. Mineralwasser und Säfte werden sofort ausgeschenkt und dürfen auch sofort getrunken werden (Kotthoff 1991).

Mit dem Ausschenken des georgischen Weines beginnt die Inszenierung des kommunikativen Kernstücks des Scenarios '*supra*'. Die kanonische Toastkette kann gestartet werden. In Georgien wird in der Gruppe kein Tropfen Wein getrunken, ohne daß ein Trinkspruch geäußert worden wäre. Mit einem alkoholischen Getränk gehört also ein nichtverbales Phänomen zum Strukturmerkmal der Gattung. Jeder Schluck Wein oder Sekt oder Cognac steht im Zeichen von Vergemeinschaftung und Verehrung.

An der georgischen Tafel wird nicht wie bei uns von einem zum nächsten Gang fortgeschritten. Die weiblichen Mitglieder der Großfamilie bringen die warmen Speisen nacheinander auf den Tisch, wo sie bis zum Ende des Abends bleiben und sich dann übereinander stapeln. Es wird unbedingt Fülle und Überfluß demonstriert. Georgische Gastgeber/innen decken nie so auf, daß ein Großteil gegessen werden kann, sondern wesentlich mehr. Zur Ehrbezeugung für die Gäste gehört, ihnen fast die ganze Bandbreite der saisonal möglichen Gerichte zu bieten. Das Syntagma der präsentierten Kulinaria[7] ist viel größer als in westlichen Ländern. Die Repetition der Folgen bei fröhlichen oder traurigen Anlässen kontextualisiert das Zeremoniell als solches. Wenn ausländische Besucher/innen zu verschiedenen 'glücklichen' Anlässen und in verschiedenen Kreisen eingeladen werden, wundern sie sich über die Überfülle und die Ähnlichkeit der Speiseabfolge. Variation und Zweckorientierung genießen nicht die im Westen übliche Wertschätzung. Je vollständiger und traditioneller das Syntagma der Gerichte (dazu Enninger 1982), um so formeller wird die gesamte Situation inszeniert und um so größer ist die Ehrbezeugung gegenüber dem Gast.

---

[7] Siehe Douglas (1975) und Enninger (1982) zur Diskussion der Semiotik der Kulinaria.

Repetition und die Demonstration von Verehrung sind auch auf der Ebene der Gesprächsthemen durch die Trinksprüche sichergestellt, welche hauptsächlich vom 'Tamada' geäußert werden.

Diese *sadghegrdselebi* [8] (Plural Trinksprüche) äußert nämlich nicht irgendwer, sondern ein Mann, dem diese Funktion entweder vorher zugeschrieben wurde oder welcher exklusiv von der Gruppe für diese Funktion gewählt wurde. Die kommunikative und die soziale Ordnung stützen sich gegenseitig.

3.3. Der Tamada

Der georgischen Tafel steht eine Art Tisch- und Zeremonienmeister vor, der erwähnte 'Tamada' (in der Folge ohne Anführungszeichen). Oft gibt der Hausherr selbst den Tamada ab oder ein Freund des Hauses. Der Tamada sorgt dafür, daß jeder Schluck Wein einer Geste der Verehrung gleichkommt. Einfach so zu trinken gilt als unhöflich.

Sobald an einem Tisch ein Gast anwesend ist oder mehr als zwei Männer zusammen sitzen, verwandelt sich ein Mann in besagten Tamada.[9] Es wird nur Alkohol getrunken, nachdem der Tamada einen Toast ausgesprochen hat. Da der Tamada am Tisch eine so prominente Rolle einnimmt, kommt dafür nur ein in irgendeiner Weise statushoher Mann in Frage. Redekunst, demonstriert in den Trinksprüchen, kann den sozialen Rang des Redners über die Situation hinaus erhöhen. Die Übernahme dieser Rolle gehört zu den obligatorischen Männlichkeitsstandards der Gesellschaft im Sinne dessen, was mit dem ethnomethodologischen Konzept des "doing gender" gemeint ist (West / Zimmerman 1990, Kotthoff 1995b).

Der Tamada muß verschiedene Qualitäten in sich vereinigen. Zum einen muß er unbedingt sehr trinkfest sein, da er zumindest bei den wichtigen Toasts (und das ist auf jeden Fall mehr als die Hälfte) das gesamte Glas in einem Zug zu leeren hat. Dies nennt sich '*bolomde*' (bis auf den Grund). Zum anderen muß der Tamada ein Künstler im Formulieren sein, werden seine Formulierungen doch für den Rest des (langen) Abends der Beurteilung der gesamten Tafel ausgesetzt. Bei wichtigen Anlässen wird außerdem aus riesigen, mit Silber verzierten Hörnern getrunken, die man ja auch gar nicht absetzen kann.

Bei Abenden in kleiner, informeller Runde ist der Tamada in der Regel schnell bestimmt. In den meisten Gruppen rotiert die Tamada-Rolle; wer heute Tamada ist,

---

8   Die Transliteration aus dem Georgischen erfolgt in den Transkripten den wissenschaftlichen Normen, wie sie z.B. in der Zeitschrift *Georgica* dargelegt sind. Im Text wird populärwissenschaftlich transliteriert.

9   Siehe auch die ausführliche Diskussion der georgischen Tisch- und Toastsemiotik in Kotthoff (1995b). Das Wort 'Tamada' läßt sich nicht übersetzen.

kann sich beim nächsten Treffen zurückhalten. Die Rolle gilt als Ehre und Bürde zugleich. Daß sie wegen des hohen Alkoholkonsums auch eine Bürde darstellt, wird nur im Kreise der eng Vertrauten eingestanden. Alle georgischen Männer sind mit der Rolle gut vertraut. Spätestens ab der Postpubertät werden Jungen zum Formulieren von Trinksprüchen immer mal wieder aufgefordert. Die Rolle ist fast geschlechtsexklusiv männlich, Frauen übernehmen sie nur selten,[10] in städtischen Zirkeln allerdings neuerdings häufiger. Die Formulierkunst wird ausschließlich informell erworben.

Nachdem der Tamada am Tisch bestimmt wurde, bringt ein anderer Mann den ersten Toast auf ihn aus. Er ist das erste Objekt guter Wünsche und Komplimente. Nur in dieser Situation wird der erste Toast auf den Tamada ausgesprochen, sonst ist es der letzte oder der vorletzte.

Jeder Trinkspruch ist thematisch um ein Objekt der Verehrung herum zentriert, wird er doch immer zum Wohle einer oder mehrerer Personen ausgebracht. Das Studium der Trinksprüche führt unmittelbar zur Kenntnisnahme georgischer moralischer Kategorien. Die gesellschaftlich geteilte Ordnung der Werte wird in den Toasts permanent bestätigt. Je kunstvoller der Spruch formuliert ist, um so eher scheint die Gemeinschaft bereit zu sein, an den moralischen Bestätigungszeremonien aktiv teilzunehmen.

4. Zur Performanz des 'sadghegrdselo'

Wörtlich übersetzt heißt *sadghegrdselo* 'auf die Langlebigkeit', und von der Wortverwendung her kann man es mit 'Trinkspruch' wiedergeben. Der Spruch auf die Langlebigkeit hat eine uralte Tradition und gehört zum Standardrepertoire jedes Georgiers.

Die Toasts folgen einem variablen thematischen Kanon, der außerdem dem Ereignis angepaßt wird. Bei einer Hochzeit ist die Trinkspruchordnung anders als bei der Geburt eines Kindes. Bildung, Moral, Wortgewalt und Witz können in den Trinksprüchen zur Schau gestellt werden. An einem normalen Abend mit Gästen verläuft die thematische Reihenfolge der Toasts etwa so:

Auf die Freundschaft, auf das Wohl der Gäste, auf das Wohl und das lange Leben der Familien, Verwandten und Freunde der Gäste, auf die Eltern und die ältere Generation, auf die Toten und die Heiligen, auf die existenten und zukünftigen Kinder, auf die Frauen am Tisch, auf die Liebe, auf die Mütter der Anwesenden und die Mütter

---

[10]   Zur Geschlechterproblematik der Gattung siehe auch Kotthoff (1991) und (1995b).

im allgemeinen, auf den Frieden in der Welt, auf die Heimat der Anwesenden, auf das Wohl des gastgebenden Hauses, auf die Gastgeberin.

Diesem Themenkanon wohnt aber durchaus Variabilität inne. Alle Themen müssen jedoch den georgischen Höflichkeitserwartungen gemäß in irgendeiner Weise früher oder später angesprochen worden sein. Höflichkeit ist ja ein interkulturell höchst unterschiedlich realisiertes Phänomen.[11] Sie unterliegt außerdem einer Rahmenspezifik. Im Rahmen des *supra* können und sollen Gefühle überschwenglich geäußert werden, was in anderen Kontexten eher peinlich wirken würde. Hier leistet der Mann emotionale Arbeit. Der Tamada kann Themen zusammennehmen und in einem Toast realisieren, und er kann sie auch aufspalten in verschiedene Trinksprüche. So kann er auf jede anwesende Frau einzeln trinken oder auch gesondert auf bestimmte Tote. Als Meister der Mündlichkeit gibt der Tamada seinen Sprüchen auch sein individuelles Gepräge, wie es für orale Kunstgattungen typisch ist (Edwards / Sienkewicz 1990). Die Trinksprüche integrieren verschiedene poetische Verfahren (Kotthoff 1995b). Im sechsten Unterkapitel dieses Aufsatzes wird eine georgische Toastsequenz vorgestellt.

Toasts heben sich vom Fluß der Unterhaltung ab. In der Regel hebt der Tamada für alle sichtbar das Glas, wenn er anfangen möchte, einen Toast auszubringen. Bei den wichtigen Themen steht er außerdem auf. Er spricht mit lauter Stimme zur ganzen Tischgesellschaft. Dies gehört zu den Kerncharakteristika der Gattung. Oft muß er mehrere Anläufe nehmen, bis Ruhe eingetreten ist. Dann fährt er fort. In der Regel sind Trinksprüche auch anders strukturiert als Reden außerhalb dieser Gattung. Sie sind auf eine ästhetische Wirkung hin angelegt. Ihre Interaktionsmodalität läßt sich als pathetisch beschreiben.

Zur Außenstruktur der gattungsobligatorischen Charakteristika der Trinksprüche gehören also die Anwesenheit von mindestens drei Personen (eines Gastes, eines Tamada und einer Person, die als Publikum fungieren kann) und eines alkoholischen Getränks. Zu den binnenstrukturellen Charakteristika gehören eine deutliche Rahmung, passagenhafte Zeilenstrukturen, Gottesanrufungen, die Repetitivität der verwendeten Formeln und eine nichtalltägliche, exklusive Wortwahl. Die Bildlichkeit, der eskalierende und dramatisierende Aufbau und andere Performanzfaktoren der ethnopoetischen Gattung[12] können variieren. Die zentrale Formel lautet '*gaumardshos*', was

---

[11] Brown / Levinson (1978) präsentieren ein universales Höflichkeitskonzept. Zur Kulturspezifik von Höflichkeit gibt es inzwischen eine Fülle von Literatur, z.B. Ide (1989).

[12] Hymes (1977) gibt Zeilenstruktur als ein wesentliches Poetizitätskriterium von Texten an. Grundsätzlich kann man hier den Jakobsonschen Poetizitätsbegriff zugrunde legen, welcher davon ausgeht, daß Ähnlichkeitsrelationen auf unterschiedlichen Textebenen dem Text Poesie verleihen. Dies ist in Kotthoff (1995b) ausführlicher diskutiert.

wörtlich 'auf den Sieg' bedeutet und von der pragmatischen Funktion her als 'zum Wohl' wiedergegeben werden kann.

Wie es für orale Kommunikation typisch ist, gestaltet der Tamada seine Rede unter Berücksichtigung des Publikums, und allen direkten und indirekten Adressaten sind Formen direkter Teilnahme gestattet. So steht der Hauptadressat oft mit dem Tamada zusammen auf. Er bedankt sich am Ende des Toasts für die Komplimente und die Wünsche. Die anderen Anwesenden werden ihm oder ihr zuprosten und sich den Formulierungen des Tamada anschließen. Toasts basieren auf Empathie und stellen diese her; sie garantieren dem Publikum und den Adressaten Formen direkter Teilnahme.

In dieser oralen Gattung ist der antike Sinn von Ästhetik erhalten geblieben, in welchem sich die Schönheit des Ausdrucks mit seiner (gesellschaftlich akzeptierten) Wahrheit verbindet. Erhalten ist ebenfalls die starke Beziehungsorientierung. Ong (1982) weist darauf hin, daß orale Genres durch ihre direkte situationelle Verortung kulturübergreifend dafür genutzt werden, Konkurrenz und Lob zu kommunizieren. Lob ist auch die primäre Funktion dieser Toasts. Formalisiertes und stilisiertes Loben wird uns in den Trinkspruchbräuchen immer wieder begegnen. Die Redner konkurrieren dabei mit der Originalität und Poetizität der Formulierungen um die Wertschätzung des Publikums. Der gute Redner ist immer gleichzeitig auch ein guter sozialer Beobachter, der seine Eindrücke der ganzen Runde vermittelt und damit Beziehungen bestätigt. Viele Trinksprüche, vor allem diejenigen zum Wohle der Verstorbenen, haben einen religiösen Charakter.[13]

5. Ein Deutscher äußert einen Toast

Ich werde jetzt nach dieser kurzen Erläuterung georgischer Toasts ohne Umschweife einen typischen Trinkspruch eines westlichen Ausländers präsentieren. Der Ausländer ist ein deutscher Lektor, dem ich den Namen Rolf gebe, welcher mit einer Gruppe, der auch ich angehörte, im Sommer 1991 zusammen aufs Land fuhr, in ein georgisches Dorf. Sofort wurde von der Gastgeberfamilie der Tisch mit allerlei Köstlichkeiten gedeckt, und verschiedene Georgier/innen brachten Toasts aus. Eine alte Nachbarin namens Teresa (T) nahm sozusagen als Ehrengast an der sehr informellen Tafel teil. Hier der erste Toast des deutschen Gastes Rolf (R):[14]

---

[13] In Kotthoff (1995b) sind verschiedene Trinksprüche wiedergegeben.
[14] Ich habe diesen Trinkspruch ausgewählt, weil er typisch ist. Ich habe bei verschiedenen Gelegenheiten zwischen 1990 und 1992 in Georgien Trinksprüche mitgeschnitten, auch solche von westlichen Ausländern.

Beispiel 1:

```
1 R: ich - - freu mich auch - daß ich nicht nur mit der,

2    mit Eurer Familie hier am Tische sitzen darf, sondern

3    auch mit einer anderen Person aus dem Dorfe, aus

4    diesem schönen Dorf, [was ich zum ersten Mal,

5 T:                     [spasibo, spasibo. (danke, danke)

6 R: was ich zum ersten Mal, aber hoffentlich nicht zum

7    letzten Mal gesehen habe.

8 a: HEHEHE

9 T: spasibo. (danke)
```

Rolf, der sich zum ersten Mal in einer solchen Runde befindet, hat unmittelbar begriffen, daß es zentral auf Freudebekundung, Lob und Verehrung ankommt, Aktivitäten der positiven Höflichkeit also (Brown / Levinson 1978). Diese bringt er auch zum Ausdruck, allerdings in einer Minimalität, die für einen georgischen Gast vollkommen undenkbar wäre. Da die alte Frau Teresa die statushöchste Person in der Gruppe ist, fühlt sie sich auch am stärksten angesprochen. Sie bedankt sich auf Russisch, der Lingua Franca der Sowjetunion. Teresa hat kein Wort verstanden, kann aber offensichtlich aus dem Nonverbalen ausreichend erschließend, daß Komplimente geäußert worden sind. Sie bedankt sich, bevor der Trinkspruch ihr übersetzt worden ist. Der Trinkspruch wird von der gesamten Runde positiv aufgenommen, wie man den strahlenden Gesichtern auf dem Video entnehmen kann.

Von Georgiern wird die Gattung Trinkspruch typischerweise anders realisiert, was noch gezeigt werden soll. Trotz der Abwesenheit von Pathos, Überschwenglichkeit, Religiosität und anderer obligatorischer Elemente georgischer Toasts fühlen sich die Anwesenden aber nicht brüskiert.

5.1. Warum entsteht trotz deutlicher Differenz kein Kommunikationsproblem?

Der Trinkspruch wird so rezipiert, daß die fremdländische Andersartigkeit des Redners in der Rezeption schon mit wahrgenommen wird. Diese wird positiv veranschlagt:

1. wird es den beiden Deutschen hoch angerechnet, daß sie überhaupt nach Georgien kommen und sich für Georgien interessieren. Das kleine Land wird nicht so häufig von Gästen aus dem westlichen Ausland besucht, erst recht nicht die Dörfer. Die reine Anwesenheit der beiden Deutschen wird schon als Zeichen der Verehrung Georgiens interpretiert.

2. genießen gerade die Deutschen in Georgien einen enorm guten Ruf, was viele Gründe hat, vor allem historische, die hier nicht dargestellt werden können.[15]

3. verspricht man sich derzeit vor allem von Deutschland weiterführende Wirtschaftskontakte, und

4. wird Andersartigkeit von vornherein erwartet und nicht unbedingt als bedrohlich erlebt. Ob Andersartigkeit positiv oder negativ interpretiert wird, hängt von den vieldiskutierten 'attitudes' ab (Lalljee 1987), welche vor dem Sprechereignis bereits existent sind und seine Wahrnehmung steuern. Diese sind im Bezug auf Deutsche in Georgien positiv.

5. Der Deutsche ist zu Gast in der Familie. Der Gast wird verehrt, und man unterstellt ihm positive Absichten.

6. Der Fremde geht wieder. Die Toleranz in bezug auf abweichendes Verhalten ist sehr viel größer, wenn man weiß, daß es sich um einen vorübergehenden Kontakt handelt.[16] Man kann eine gewisse Exotik genießen, ohne sich dauerhaft an das Fremdverhalten gewöhnen zu müssen oder sogar sein eigenes adaptieren zu müssen.

7. Nicht bei allen Gattungen wird die Adaption von Ausländer/inne/n an die kulturellen Verhaltensstandards überhaupt gewünscht. Die georgischen Trinksprüche kommunizieren auch eine georgische (oder regionale) Identität, die gar nicht jeder Person offensteht.

5.2. Zur Vermittlung von Fremdkultur und Eigenart

In der kontrastiven Pragmatik wurde bis dato zu wenig debattiert, wie weit die Kommunikation von kultureller Eigenart in der Fremdkultur gehen kann oder auch gehen sollte. Einige Forscher/innen (Gumperz 1982, Kotthoff 1989, Günthner 1993) haben betont, daß es in der interkulturellen Kommunikation generell nicht um die schlichte Übernahme fremdkultureller Verhaltensstile gehen könne, sondern hauptsächlich um die Schaffung der Möglichkeiten von Fremdverstehen; aber der komplizierte Prozeß

---

[15] Verschiedene Artikel in der Zeitschrift "Georgische Post", hrsg. von Udo Hirsch, Adenau / Tbilisi, gehen dem Thema nach.

[16] In der Gumperzschen Tradition wurden hauptsächlich Mißverständnisse zwischen Menschen untersucht, die sich dauerhaft am gleichen Ort bewegen und gleichen Beurteilungsstandards unterworfen sind. Die Tatsache, daß sich Differenzen in subtilen Kontextualisierungsverfahren so dramatisch auswirken, hängt unbedingt damit zusammen, daß die Menschen, deren Kommunikation untersucht wurde, zusammenarbeiten und sich auf hochgradig geteilte Wissensbestände verlassen wollen. Die Kommunikation soll reibungslos funktionieren.

von Adaption an fremdkulturelle Kommunikationsnormen bei gleichzeitiger Beibehaltung eigenkultureller Stilelemente wurde selten im Vollzug nachgezeichnet.

Meeuwis (1994) und Sarangi (1994) haben darauf hingewiesen, daß niemals eine sprachliche oder kulturelle Interferenz allein den Ausschlag für kommunikative Fehlschläge oder gar Diskriminierung gibt. Meeuwis lastet es vor allem der Gumperzschen Tradition in der Analyse interkultureller Kommunikation an, kommunikative Fehlschläge allein in der sprachlichen Realisierung zu verorten, meist auf der Mikro-Ebene der Kontextualisierungsverfahren. Ich stimme Meeuwis in der generellen Kritik an der Beschränkung auf Mikroanalyse und Ausklammerung politischer Faktoren zu, sehe diesen Mangel jedoch in der Gumperzschen Tradition nicht in der behaupteten Generalität realisiert. Man denke beispielsweise an die Studie von Erickson / Shultz (1982) über kommunikative Fehlschläge zwischen weißen Beratern und schwarzen Studenten, welche sich auch in der interaktionalen Soziolinguistik verorten. Sie benennen ausdrücklich Möglichkeiten der Reparatur von kommunikativen, mißverständnisträchtigen Stildifferenzen. Aber ob diese realisiert werden oder nicht, hängt von Faktoren jenseits des unmittelbaren Kontexts ab. Unterschiedliche Kontextualisierungsverfahren und Gattungsrealisierungen sind nicht der alleinige Grund für Fehlkommunikation. Wenn das Wissen um dieselben erhöht wird, ist die Gefahr von Negativstereotypisierung und Diskriminierung nicht unbedingt auch beseitigt. Ich stimme dem Plädoyer für die Verbindung von Gesprächsanalyse und politisch-gesellschaftlicher Kontextanalyse generell zu.

Die Erforschung von fremdkulturellen Adaptionsprozessen stellt uns vor methodische Probleme. Sie ist nämlich nur in einem qualitativen Paradigma machbar, was forschungspolitisch noch immer einen schweren Stand hat. Wer längere Zeit in einer Fremdkultur lebt, hat in der Regel eine Vermittlung von Fremdkultur und Eigenart zu leisten, welche unterschiedliche Stadien durchläuft und nur als Prozeß mit 'fuzzy boundaries' konzeptualisierbar ist. Solche Prozesse sperren sich gegen generalisierbare Regeln und Rezepte. Sie sind individuell unterschiedlich. Man müßte sich zu ihrer Erforschung auch umstrittener Methoden bedienen, z.B. auch derjenigen der Introspektion. Das sind einige Gründe dafür, warum es solche Studien nicht gibt.

Wir haben in diesem Unterkapitel eine Szene betrachtet, in welcher sich ein nonnative speaker kommunikativ so verhalten hat, daß eine starke Abweichung von den Normen der georgischen Kultur deutlich wurde. Dies wurde aus den dargelegten Gründen, welche außerhalb der Kommunikationssituation liegen, nicht zum Problem. Große Verhaltensunterschiede standen der Kommunikation von Vertrautheit nicht im Weg.

6. Städter und Dörfler konstruieren eine kulturelle Differenz

Ich möchte jetzt eine Szene vorführen, in der jüngere Städter aus Tbilisi und ältere Dörfler aus der kaukasischen Bergregion Pschawi abends beisammensitzen und eine informelle Tafel veranstalten.

Obwohl sowohl die Städter als auch die Dörfler sich sehr ähnlicher verbaler und nonverbaler Verhaltensweisen am Tisch bedienen, konstruieren sie aus einer auf Kleidung bezogenen Minimaldifferenz heraus eine identitätspolitische Differenz, welche die regionale Herkunft und den Stadt/Land-Unterschied betont. Dies geschieht zwar spielerisch, verschafft aber doch Einblicke in Verfahren der kommunikativen Konstruktion von Fremdheit.

Der folgende Trinkspruch wurde während eines Abends in Schuapcho, Pschawi, im Mai 1991 geäußert. Zotne (C) ist ein etwa 45jähriger gebürtiger Pschawier, der in Tbilisi lebt, Niko (N) und Vachtang (V) sind alte pschawische Bauern, Dato (D) ist ein etwa 50jähriger Tbilissier, Irakli (I) ist ein 60jähriger Pschawier, und im Unterschied zu Niko und Vachtang ist er ein Akademiker. Die beiden Tbilissier sind zu Gast bei dem Pschawier Vachtang. Im Laufe des Toasts agieren die Städter und die Dörfler ihre regionalen Identitäten aus. Es kommt innerhalb des Trinkspruchs zu einer kurzen, zwischen Spaß und Ernst changierenden Dissenssequenz. Darüber hinaus zeigt dieser Trinkspruch die zeremonielle und poetische Art der Rede innerhalb dieser Gattung.

Beispiel 2:

```
1 C:   cemo ketilo da kargo xalxo.
       Mein gutmütiges und gutes Volk.

2      me ar vici am sopelsi, [(?  ?)
       ich weiß nicht, wem ich auf diesem Dorf [(?  ?)

3 ?:                                   [(?  ?)

4 C:   me ar vici am sopel kveqanasi,
       ich weiß nicht, wem ich, auf diesem Dorf im Lande,

5      vis ekutvnis sendoba
       auf wen ich hier sendoba[17]

6      da vis gamarzveba, me ar vici,
       trinken soll und auf wen gamarzveba.[18] das weiß ich nicht,

7      ekutvnis cemgan ucxo kacisagan.
       wem es gebürt von einem Fremden.
```

---

[17] *Schendoba* heißt Vergeben; es bezeichnet den traditionellen Trinkspruch, daß allen Toten von Gott die Sünden vergeben werden mögen.

[18] Toast auf das Wohl (wörtlich: auf den Sieg).

8   ar vici magram me ert rames getqvit.

weiß ich nicht, aber ich sage Ihnen eines.

9   saxelis gamo, marto saxelis gamo,

die wegen ihres Namens und nur wegen ihres Namens

10   visac tkveni xelidan sendoba ekutvnodes tkvens
     saqvareulosi

es verdient haben, von Ihren Händen sendoba zu bekommen

11   tkvens sopelsi, sul qvela seicqalos vmertma

in Ihrem Dorf, mit all denen soll Gott sich erbarmen

12   da visac gamarzveba ekutvnodes -

die von Euch gamarzveba bekommen -

13   - me mapatiet, cvenma xatsalocavebma ertad ician xolme

- Verzeihung, bei unseren heiligen Stätten ist es üblich,

14   cocxlebisa da mkvdrebis xseneba -

die Lebenden und die Verstorbenen

15   da visac ekutvnodes

gleichberechtigt zu erwähnen,

16   tkvengan gamarzveba sulqvelas gaumarzos.

auf alle, die es verdienen, von Euch gamarzveba zu bekommen.

17   kide imitom, rom (me sevkvecav ak) cocxal-mkvdrebi
     cvensi gauqopelni arian,

**deshalb weil, weil die Toten und die Lebenden bei uns
untrennbar sind,**

18   cocxalsac pativsa vcemt da mkvdarsac pativsa vcemt.

**bei uns erteilt man die gleiche Ehre sowohl den Lebenden wie
auch den Verstorbenen.**

19 N: kai kaci xar.

Du bist ein guter Mensch.

20 V: kargad iqavi.

auf Dein Wohl.

21 C: adidos imati saxeli, romelnic tkveni xelidan cikas itxovs

**gelobt seien die Namen derjenigen, die von Euren Händen
ein Glas erwarten**

22   da tkveni enidan saxelis gagonebas da satkmelis tkmas.

und von Euren Zungen die Erwähnung der eigenen Namen.

23   gaumarzos imat saxelsa da imat kacobas da imat

gaumarzos auf die Namen und auf die Menschlichkeit,

24   da imat vazkacobas da imat kalobas,

und auf die Männlichkeit und auf die Fraulichkeit derjenigen,

25   vinc gverdit dagidian, avlil-cavlilni mrude tvals ar
        gamogaqoleben,

**die an Eurer Seite gehen und dabei auf Euch keinen schlechten
Blick werfen,**

26   tkven pativsa scemt da isinic pativsa gcemen,

die Ihr achtet und von denen Ihr geachtet werdet.

27   vmertma gaumarzos suqvelas,

Gott soll all denen Wohlwollen schenken.

28   me amit davlocav ak tkven samezoblosac, sagvareulosac

**damit trinke ich auch auf Eure Nachbarschaft, Eure
Großfamilien.**

29 N.: sapsavlos,

auf die Psavier.

30 C: sapsavlos. dagilocavt suqvelas,

auf die Psavier. Ich segne alle, die Euch nahestehen,

31   da vmertma gaumarzos suqvelas, cven maspinzlebs

**und Gott schenke allen sein Wohlwollen, vor allem unseren
Gastgebern.**

32 E: amin, amin, amin.

33 V: gaumarzos. ((alle trinken))

34 H: gaumarzos. HEHE

35 N: vinc cveni xelit sendobas elis -

auf jeden, der von unseren Händen sendoba erwartet, (zu C.)

36 C: mec avdgebi.

ich stehe auf. ((steht auf, D ebenfalls))

37 N: tkven dabrzandit.

bleiben Sie ruhig sitzen.

38 C: ara, me mekutvnis pexze adgoma.

nein, es ist üblich, daß ich aufstehe.[19]

39 N: cventan, am patara kutxesi,

bei uns in dieser kleinen Ecke,

40   otxi axalgasrda [avariulad dairupa mtasi.

**sind vier junge Leute bei einem Unfall im Gebirge ums Leben
gekommen.**

41 C   [gaanatlos vmertma.

Gott soll ihnen sein Licht schenken.

---

[19]   Bei den Toasts auf die Mutter, die Verstorbenen und die Heimat stehen die Männer aus
Gründen der Achtungsbezeugung auf.

42 N: ai imati tamadobit qvela udrood casulis mogoneba iqos.

und unter Ihrer tamadobit trinken wir auf alle vorzeitig Verstorbenen.

43 C: gaumarzos.

44 N: cvenma Iraklim - me batonobit ar vitqvi -

unser Irakli - ich sage zu ihm nicht Herr,

45   cvenma Irakli icis isini vinc iqvnen,

unser Irakli weiß, wer das war,

46   da im or ozaxs darca svilebi ori bici ucolsvilo da avariasi daivupnen.

zwei Familien sind zwei ledige Söhne beim Unfall gestorben.

47   da modi imati tamadobit xsovna iqos cxra aprils daivupulta

und unter Ihrer tamadobit trinken wir auf die am neunten April ums Leben gekommenen.

48   cemo Cotne, imati mogonebisatvis

mein Cotne, für die Erwähnung der Verstorbenen

49   da aseti kargi sitqvisatvis me var madlobeli.

((stößt mit Cotne an))

und für Deine netten Worte bin ich Dir dankbar.

50   ((nimmt seine Mütze zum Dank ab und setzt sie wieder auf.))

51   es kudi ro mxuria, ara tkva, tu rato

diese Mütze, die ich auf habe, fragt bitte nicht, warum,

52   ar ixdiso, es aris namusis kudi saertod.

ich nehme sie nicht ab, weil das die Mütze meines Gewissens ist.

53 C: vici.

ich weiß es.

54 E: HEHEHE

55 D: ((legt sich die Hand auf den Kopf))

56   mec xeli maparia tavze da namusis crpeli makvs.

ich bedecke mein Haupt mit der Hand und das ist mein Gewissen.

57 E: HAHAHA

58 C: a:::, unamusos gvicodeb?

a:::, denkst Du wir seien gewissenlos?

59 ?: [(?   ?)

60 N: Irakli itqvis, tu vtquivar.

Irakli soll sagen, wenn ich lüge.

61 C: zogsa zia Niko, Niko zia, zogsa namusis kudi scirdeba,

manche Onkel Niko, Niko Onkel, manche brauchen die Mütze des Gewissens,

62	rom namusi gamoamzvavnos
	um anderen zu zeigen, daß sie überhaupt ein Gewissen haben.
63	da zogi kide ukudodac namusianebi vart.
	und manche aber sind wie wir auch ohne Mütze ehrlich.
64 N:	mesamoce celsi var da me kuds vixdi mxolod xatsi.
	ich bin fast sechzig und meine Mütze nehme ich nur an unseren heiligen Stätten ab.
65	((nimmt sie ab))
66 a:	HAHAHA
67 V:	kudi sokosac hxuramso
	auch ein Pilz trägt eine Mütze.
68 a:	HAHAHA
69	((Cotne gibt Niko die Hand))

Der Städter Zotne beginnt seinen Trinkspruch mit einer formal-höflichen, standardisierten Anrede. Er möchte *schendoba* und *gamardshweba* trinken, also den Wunsch um Vergebung für die Toten mit den guten Wünschen an die Lebenden verbinden. Die Ethnokonzepte '*schendoba*' und '*gamardshweba*' sind obligatorische Bestandteile des Toastthemenkanons. Die Kategorie '*schendoba*' entstammt dem religiösen Bereich, und es zeigt sich schon hier, daß Trinksprüche in Georgien Formen von religiöser Praxis sind. Zotne präsentiert sich gleichzeitig als Fremder, der nicht weiß, wem diese Ehre der Vergebung zuvorderst gebührt, und dadurch aber auch auf einer höheren Ebene als jemand, der mit den Regeln der Region sehr vertraut ist. Ein Ausländer würde so nicht reden können, auch wenn er des Georgischen hochgradig mächtig wäre. Zotne weiß bis in die Details hinein, 'was sich gehört'. Häufig wird im *sadghegrdselo* so explizit auf Verhaltensregeln eingegangen wie hier. Die Verbalisierung solcher Regeln zeigt auch die Stärke der Orientierung an ihnen. Zotne definiert sich aber in Zeile 7 explizit als Fremden.

Der gesamte Trinkspruch ist durchsetzt von Formeln der Gottesanrufung, wie z.B. derjenigen in Zeile 11, daß Gott sich erbarmen möge. In Zeile 13ff. wird wieder explizit auf die Regel verwiesen, die Toten und die Lebenden gleichermaßen zu erwähnen. Vachtang und Niko werden direkt in seinen Toast einbezogen, da er auf alle trinkt, die von den beiden Vergebung erwarten können. Zotne macht sich zum Mittelsmann der beiden alten Bauern. Und wieder wird in den Zeilen 17 und 18 explizit auf pschawische Bräuche verwiesen, welche somit Achtung erfahren.

Niko bedankt sich (19), und Vachtang bringt auf Zotne eine geläufige Trinkspruchformel aus (20). Ab Zeile 21 wird Zotnes Stil noch zeremoniell-religiöser. Die Trinkspruchhochphase wird eingeleitet, konkrete, aber hochstandardisierte Wünsche werden ausgesprochen (21-28). Formulaische Gottesanrufung ist wiederum integriert (27). Es wird auf Nachbarschaft und Clan getrunken. Niko nimmt die Wünsche für seine Region an, indem er auf sie den Spruch sagt (29). Zotne wünscht noch einmal Wohl und Gottes Segen und erntet dazu von Elsa die kirchlichen Dankesformeln *'amin'* (32) (amen). 'Amen' hört man als Reaktion in Trinksprüchen sehr häufig. Nach Vachtangs bestätigendem *'gaumardshos'* trinken alle. Niko wiederholt den Vergebungstrunk (35). Das *supra* hat tatsächlich auf verschiedenen Kanälen religiös-zeremonielle Züge. Das Gute und das Schlechte werden mit überirdischen Kräften in Verbindung gebracht. Wiederholte formulaische Gottesanrufungen sind innerhalb der Gattung typisch.

Nicht nur in den Messen gedenkt man der Toten, sondern auch an der Tafel. In Religion und Tafelritual versichert sich das Kollektiv seiner moralischen Werte und überirdischen Verbindungen. Gluckman (1962) sieht als den Zusammenhang von Religion und Ritus deren Funktion zur Stabilisierung der Gesellschaft. Luckmann (1991) verwendet eine funktionale Definition von Religion mit dem Fokus auf sinn- und gemeinschaftsstiftender Spiritualität, die auf herkömmliche Institutionen nicht angewiesen ist:

> Es ist nach wie vor meine Ansicht, daß die grundlegende Funktion der 'Religion' darin besteht, Mitglieder einer natürlichen Gattung in Handelnde innerhalb einer geschichtlich entstandenen gesellschaftlichen Ordnung zu verwandeln. Religion findet sich überall dort, wo aus dem Verhalten der Gattungsmitglieder moralisch beurteilbare Handlungen werden, wo ein Selbst sich in einer Welt findet, die von anderen Wesen bevölkert ist, mit welchen, für welche und gegen welche es in moralisch beurteilbarer Weise handelt. (Luckmann 1991:165)

Die Religiosität spielt eine zentrale Rolle für die moralkonstituierende Funktion der Trinksprüche.

Zotne und Dato stehen auf. Zotne sagt das explizit (36). Insgesamt ist auffällig, daß Zotne sehr oft explizit auf die Sitten Bezug nimmt, als seien sie nicht mehr selbstverständlich genug für ihn. Seine Verweise gehen tatsächlich über sonst übliche Ausmaße der Bezugnahme auf Regeln hinaus. Zotne betont die gemeinsame georgische Identität.

Die Bauern stehen schon. Niko will den Städtern besondere Rechte einräumen (37), die die beiden unter Berufung auf die Sitte verweigern (38). Es wird immer deutlicher, daß die Treue zu den alten Sitten tatsächlich etwas ist, was die alten Dörfler von den jungen Städtern unterscheidet. Die Städter bekunden deutlich ihr Bemühen; sie erfahren aber trotzdem eine Sonderbehandlung. Sie werden von den Bauern nicht in der Identität bestätigt, welche sie selbst kommunizieren.

Niko führt in Zeile 39 potentielle Trinkspruchobjekte ein. Zotne (41) äußert einen zeremoniell-religiösen Wunsch für sie. Niko weitet nun den Kreis der Trinkspruchobjekte wieder aus auf alle frühzeitig Verstorbenen (42). Zotne wird dabei als der offizielle Zeremonienmeister angesprochen (*ai imati tamadobit* / unter Ihrer Tischführung). Er wird in Goffmans Sinne (1981) zum Prinzipal des Wunsches, während Niko sein Autor und Animator ist. In Zeile 47 wird gleich darauf ein neues Toastobjekt spezifiziert; jetzt wird auf die Menschen, die während eines friedlichen Protest-*sit-ins* im April 1989 von sowjetischen Soldaten getötet wurden, getrunken. Dieser Toast darf seit dem schrecklichen Ereignis an keiner Tafel fehlen. In Zeile 48/49 dankt Niko Zotne explizit für seine Worte. Solche Danksagungen verknüpfen oft verschiedene Trinksprüche.

Recht unvermittelt nimmt Batoni Niko plötzlich seine Mütze ab, setzt sie wieder auf und erklärt dann diese pschawische Sitte, zu der er sich vollständig bekennt. Plötzlich weist Niko auf eine Sitte hin, welche die Städter ganz sichtbar nicht mehr verfolgen, denn sie tragen keine Mützen. Zotne, der aus Pschawi stammt, bestätigt seine Kenntnis dieser Sitte (53). Elsa lacht. Aber Dato, der Städter, wandelt die Sitte nach eigenem Gutdünken witzig so ab, daß das positive moralische Werturteil des 'guten Gewissens' auch auf ihn zutrifft. Er legt sich die Hand auf den Kopf. Zotne interpretiert Nikos Bekenntnis als Angriff auf die barhäuptigen Städter. Niko ruft wieder Irakli, eine Dorfautorität, als Gewährsmann auf. (Irakli Gogolauri ist der Gründer des Vasha Pschawela-Museums und ein pschawischer Dichter.) Niko wähnt sich im Unterschied zu den Städtern im Einklang mit der Wahrheit. Es entsteht eine spielerische Auseinandersetzung um moralische Höherwertigkeit.

Zotne geht nun zum Angriff über. Angriff und Gegenangriff sind im Rahmen dieser Gattung nur spielerisch möglich und werden auch in dieser Modalität inter-pretiert. Indem Zotne Niko in den Zeilen 61/62 attackiert, integriert er Elemente aus der Gattung der verbalen Duelle in die Gattung des Trinkspruchs (Kotthoff 1995a). Niko erweist der Gruppe die ironische Ehre, sie wie eine heilige Stätte zu behandeln. Er nimmt seine Mütze ab und antwortet somit auf Zotnes Neckerei mit einer eben-solchen. Spott und Ironie kennzeichnen viel stärker die verbalen Duell-Gattungen, die in Pschawi ebenfalls sehr populär sind. Trinksprüche als primäre Gattungen können Elemente anderer Gattungen integrieren.

Briggs / Bauman (1992) und Bergmann / Luckmann (1993) weisen darauf hin, daß Gattungen keinesfalls immer in 'reiner' Form auftreten, sondern hierarchisierbar sind und zuweilen ineinander verschachtelt auftreten. Bei diesem Trinkspruch sehen wir, wie eine kleine Episode um die Mütze auf dem Kopf eines Pschawiers ein kleines Rededuell darüber auslöst, wer das bessere Gewissen hat, die Tbilissier oder die Pschawier. Im Trinkspruch findet sich bei den verbalen Angriffen keine nennenswerte poetische Stilisierung, aber die Schnelligkeit von Angriff-Gegenangriff ist bemerkens-wert und deutet darauf hin, daß der überwiegend monologische Toast an entsprechen-den Stellen Elemente aus dialogischen Gattungen integrieren kann.

Familiäre Anreden mit 'Onkel' wie in Zeile 61, 'Tante', 'Schwester', 'Bruder', sogar 'Vater' und 'Mutter' sind in Georgien gegenüber Leuten möglich, mit denen einen die entsprechenden Familienbande nicht verbinden. Die Bedeutung solcher Anreden ist hochkomplex.[20] Durch die familiär-freundliche Anrede wird hier das Necken als freundschaftliches ausgewiesen. Alle lachen. Vachtang kommt seinem Nachbarn mit einem Naturvergleich zu Hilfe (67), der sofort wieder allgemeines Gelächter auslöst. Der Naturvergleich fällt indirekt zugunsten der Pschawier aus, denn die Städter sind ja der Natur entfremdet. Das Dorf hat in dem kleinen Konflikt den Sieg gegen die Stadt davongetragen. Zotne reicht Niko zur Gratulation über diesen Sieg im verbalen Duell lachend die Hand.

Genau diese Form der Anerkennung des Sieges durch den Verlierer, welcher in Form des 'letzten Wortes' erreicht wird, entstammt deutlich den Streitgattungen. Zu deren kommunikativem Ethos gehört es nämlich, daß der Verlierer, welcher nicht mehr kontern kann, in irgendeiner Form gegenüber dem Sieger sein Unterliegen eingesteht. Wenn die Streitgattungen als primäre realisiert werden, genügen sie allerdings wesentlich strengeren formalen Standards, z.B. festen Zeilenstrukturen und Reimformen (Kotthoff 1995a).

In dieser Szene werden plötzlich regionale Identitäten von den Anwesenden gegeneinander relevant gesetzt. Ob man eine Mütze trägt oder nicht, wird hochstilisiert zur Befindlichkeit im Einklang mit der Natur und damit zur moralischen Überlegenheit.

Die Dramatisierung einer in Fremdheit mündenden kulturellen Differenz verbleibt zwar im Rahmen des Humoristisch-Spielerischen, zeigt aber doch die Relevantsetzung unterschiedlicher regionaler Identitäten, das Entstehen von 'wir' und 'ihr'.

7. Religiöse Zeremonien als identitätsstiftende Verfahren

Toastabende können in Georgien im Gegensatz zum Westen durchaus unter anderem als soziale Formen von Religionsausübung betrachtet werden. Gerade in der Zeit der in der UdSSR politisch erschwerten Religionsausübung sind Kommunikationsformen des 'unsichtbar' (Luckmann 1991) Religiösen für das spirituelle Leben der Gemeinschaft sehr bedeutungsvoll gewesen. Die offizielle Institution der Kirche war verfemt. Ihre Funktion wurde teilweise von der inoffiziellen Institution der Tafel übernommen. Ich habe tatsächlich in den Jahren meiner Arbeit in Georgien den Eindruck gewonnen, daß die soziale Veranstaltung des gemeinsamen Trinkens und Toastens eine wichtige Funktion innehatte für den kulturellen Zusammenhalt der georgischen Gesellschaft und

---

[20] Boeder (1988) beschreibt die komplexe Semantik der Anredeformen im Kaukasus.

auch heute noch innehat. Im kommunikativen Haushalt Georgiens sind Toasts also völlig anders verortet als im Haushalt westlicher Gesellschaften, wo sie eine sehr nebensächliche Rolle im Leben der sozialen Gruppen spielen. Der Modus der Trinkspruchrede ist in Georgien viel zeremonieller als bei uns. Gluckman verwendet den Terminus 'Zeremonie' für

    a) komplex organisierte menschliche Aktivitäten, die
    b) nicht spezifisch technisch oder unterhaltsam sind und die
    c) den Gebrauch von Verhaltensweisen beinhalten, die Ausdruck sozialer Beziehungen sind,
    d) und die konventionalisiert und stilisiert sind.
    (zitiert nach Werlen 1984: 23)

Trinksprüche sind in Gluckmans Terminologie sowohl rituell als auch zeremoniell. Gluckmann läßt den Begriff 'rituell' nur für Zeremonien gelten, die auf mystische Begriffe Bezug nehmen, was ja hier der Fall ist. Ansonsten entspricht Gluckmans Begriff von Zeremonien eher einem heute üblicheren Ritualbegriff, der bei Goffman (1967) entfaltet wird. In Ritualen bestätigen Menschen fundamentale soziale Verhältnisse und geben eine Darstellung der angeblichen Ordnung ihrer Existenz. Rituale basieren auf Formalisierungen und Stereotypisierungen von Verhaltensweisen. Sie sprechen eine klare Symbolsprache und definieren Situationen. Man kann durchaus Grade an Ritualität unterscheiden.

Trinksprüche sind zwar unterhaltsam, aber darin erschöpft sich ihre Funktion nicht. Als hochformalisierte Rituale rekonstruieren sie gesellschaftlich akzeptierte Werteordnungen, formalisieren Verhaltensweisen und kreieren Interaktionsordnungen. Ethnomethodologisch formuliert könnte man sagen, daß 'doing being Georgian' in den Sprüchen veranstaltet wird. Weil Ausländer/innen 'doing being Georgian' auch gar nicht zusteht, dürfen/müssen/sollen sie abweichen. Sie weichen sowieso ab, da in ihren Ländern Trinksprüche selten so hochgradig ritualisiert sind und auch nicht so religiös geprägt.

8. Schluß

Ich habe zwei interkulturelle Situationen vorgeführt. Dabei gehe ich von einem Kulturbegriff aus, der nicht unbedingt sprachliche Homogenität voraussetzt. In den heutigen Nationalstaaten sind in der Regel verschiedene Sprachgruppen verbunden, und die Diversität in den Verhaltensstilen läuft nicht unbedingt entlang der Grenzen der Sprachen.

Supralokale Kulturen teilen spezifische interpretative und kommunikative Konventionen. Sie haben eine Gruppenidentität entwickelt, welche aber nicht einfach gegeben ist, sondern der dauernden kommunikativen Reproduktion bedarf. Der Zusammenhalt ist u.a. gewährleistet, solange er in Ritualen bestätigt wird. Es ist immer möglich, aus den Bestätigungen des 'wir' auszuscheren und die Kultur in ein 'wir' und ein 'ihr' zu spalten.

In der ersten Situation differieren alle habituellen Ausdrucksformen eklatant — die Differenzen werden aber nicht dramatisiert, und sie irritieren auch niemanden. Die Gründe dafür wurden dargelegt.

In der zweiten Situation gibt es nur minimale kommunikativ-habituelle Verhaltens-unterschiede — diese werden dramatisiert und differierenden regionalen Identitäten zugeschrieben. Wenn man den weiteren kulturellen Kontext einbezieht, in dem es in Georgien seit langer Zeit schon auch um ein Machtgefälle von Stadt und Land geht, kann man erschließen, wie die kommunikative Konstruktion von Fremdheit hier verläuft und noch weiter zugespitzt werden könnte. Hier bleibt sie harmlos; sie wird als Scherzpotential genutzt. Unter anderen Vorzeichen kann ein Widerstand gegen die kulturelle Hegemonie der Städter sehr wohl zu schwerwiegenderen Abgrenzungen führen. Dies geschieht derzeit sehr häufig. Die Dörfler aus der Bergwelt des Kaukasus verteidigen hier ihre althergebrachten Sitten und Bräuche gegen die immer dominanter werdende Stadtkultur. Sie stiften sich eine Identität, welche sie möglicherweise in den Stand setzt, sich als Minorität mit einer eigenen Stimme zu behaupten.

In der zweiten Situation zeigt sich aber auch, wie stark in dieser rituellen Gattung der Toasts die kulturelle Identität der Georgier insgesamt symbolisiert wird. Auslän-der/innen sind von dieser Symbolisierung ausgeschlossen. Ihr Verhalten wird nach anderen Maßstäben beurteilt, wobei die wichtigsten Prinzipien dem entsprechen, was Erving Goffman (1974) 'positive Imagearbeit' genannt hat. Ausländer/innen sollen den Georgiern und Georgien gegenüber Wertschätzung und Sympathie zum Ausdruck bringen. In vielen Situationen ist es in der interkulturellen Kommunikation völlig adäquat, von den Verhaltensstandards der Zielkultur abzuweichen. Nichtnative Spre-cher/innen pendeln meist irgendwie zwischen Bewahrung ihrer Eigenart und der Anpassung an das Neue, und das ist oft gar nicht so schlecht.

Transkriptionskonventionen

(-)	kurze Pause
(- -)	längere Pause (weniger als eine halbe Sekunde)
(1.0)	Pausen von einer Sekunde und länger
(?was soll das?)	unsicheres Textverständnis
(? ?)	unverständliche Stelle
..[....	
..[.... .	Überlappung
..[[..	Mehrfachüberlappung
=	ununterbrochenes Sprechen
HAHA	Lachen
HEHEHE	schwaches Lachen
H	hörbares Ausatmen
`H	hörbares Einatmen
'	leicht ansteigende Intonation am Ende von Wörtern (hochgestellt)
'	hoher Ansatz von Wörtern
?	steigende Intonation
.	fallende Intonation
;	leicht fallende Intonation,
,	signalisiert Kontinuität der Äußerung
=	unmittelbare Weiterrede
°blabla°	leiser gesprochen als Umgebung
°°bla°°	sehr leise
COME ON	Emphaseintonation (lauter und höher)
$blabla$	höhere Tonlage
&blabla&	lauter
blabla	schneller gesprochen als Umgebung
((liest))	Kommentar zum Nonverbalen
> <	Kommentare zu Stimme und Rhythmus unter der Zeile
> ((dc))<	Verlangsamung
> ((ac))<	zunehmend schneller
> ((staccato))<	Wort für Wort
> ((affektiert))<	impressionistische Kommentare
~blabla~	singend

Literatur

Bauman, R. / Sherzer, J. (1974) (eds.). *Explorations in the Ethnography of Speaking.* Cambridge / New York: Cambridge University Press

Bergmann, J. / Luckmann, Th. (1993). *Formen der kommunikativen Konstruktion von Moral. Entwurf eines Forschungsvorhabens.* Arbeitspapier Nr. 1 des Moral-Projektes, Universität Konstanz

Blum-Kulka, S. / House, J. / Kasper, G. (1989) (eds.). *Cross-Cultural Pragmatics. Requests and Apologies.* Norwood, NJ: Ablex

Boeder, W. (1988). Über einige Anredeformen im Kaukasus. *Georgica* 11, 11-20

Briggs, Ch.L. / Bauman, R. (1992). Genre, intertextuality and social power. *Journal of Linguistic Anthropology* 2, 131-173

Brown, P. / Levinson, S. (1978). Universals in language usage. Politeness phenomena. In: Goody, E. (ed.). *Questions and Politeness.* Cambridge: Cambridge University Press. New edition: 1987, 56-289

Douglas, M. (1975). *Implicit Meanings.* London: Routledge & Kegan

Edwards, V. / Sienkiewicz, Th.J. (1990). *Oral Cultures. Past and Present.* Oxford: Basil Blackwell

Enninger, W. (1982). Auf der Suche nach einer Semiotik der Kulinarien. *Zeitschrift für Semiotik* 4, 319-335

Erickson, F. / Shultz, J. (1982). *The Counselor as Gatekeeper.* New York: Academic Press

Gelaschwili, N. (1993). *Georgien — ein Paradies in Trümmern.* Berlin: Aufbau

Georgica. Zeitschrift für Kultur, Sprache und Geschichte Georgiens und Kaukasiens. Konstanz: Universitätsverlag

Gerber, J. (1995). Die politische Entwicklung in Georgien. In: Meissner, B. / Eisfeld, A. (Hg.). *Die GUS-Staaten in Europa und Asien.* Baden-Baden: Nomos, 107-125

Gluckman, M. (1962). *Essays on the Ritual of Social Relations.* Manchester: Manchester University Press

Goffman, E. (1967). *Interaction Ritual.* New York: Doubleday (dt. 1971)

Goffman, E. (1974). *Rahmenanalyse.* Frankfurt a.M.: Suhrkamp

Goffman, E. (1981). *Forms of Talk.* Philadelphia: University of Pennsylvania Press

Günthner, S. (1993). *Diskursstrategien in der interkulturellen Kommunikation. Analysen deutsch-chinesischer Kommunikation.* Tübingen: Niemeyer

Günthner, S. / Knoblauch, H. (1994). 'Forms are the Food of Faith'. Gattungen als Muster kommunikativen Handelns. *Kölner Zeitschrift für Soziologie und Sozialpsychologie* 1, 693-723

Gumperz, J. (1982). *Discourse Strategies.* Cambridge: Cambridge University Press

Gumperz, J. / Cook-Gumperz, J. (1982). Introduction: Language and the communication of social identity. In: Gumperz, John (ed.). *Language and Social Identity.* Cambridge: Cambridge University Press, 1-21

Hahn, A. (1994). Die soziale Konstruktion des Fremden. In: Sprondel, W.M. (Hg.). *Die Objektivität der Ordnungen und ihre kommunikative Konstruktion. Für Thomas Luckmann.* Frankfurt a.M.: Suhrkamp, 140-163

Held, G. (1989). On the role of maximization in verbal politeness. *Multilingua* 8, 2/3, 167-206

Hinnenkamp, V. (1991). Talking a person into interethnic distinction. A discourse analytic case study. In: Blommaert, J. / Verschueren, J. (eds.). *The Pragmatics of Intercultural and International Communication.* Amsterdam / Philadelphia: Benjamins, 91-110

Hymes, D. (1977). Discovering oral performance and measured verse in American Indian narrative. *New Literary History* 8, 431-457

Ide, S. (1989) (ed.). Linguistic politeness I. *Multilingua* 8, 1, 3-80; Linguistic politeness II. *Multilingua* 8, 2/3, 101-275

Irvine, J. (1979). Formality and informality in communicative events. *American Anthropologist* 81, 773-90

Knoblauch, H. (1995). *Kommunikationskultur. Die kommunikative Konstruktion kultureller Kontexte.* Berlin / New York: de Gruyter

Kotthoff, H. (1989). *Pro und Kontra in der Fremdsprache. Pragmatische Defizite in interkulturellen Argumentationen.* Frankfurt a.M.: Lang

Kotthoff, H. (1991). Der Tamada gibt am Tisch den Ton an. Tafelsitten, Trinksprüche und Geschlechterrollen im kaukasischen Georgien. In: Günthner, S. / Kotthoff, H. (Hg.). *Von fremden Stimmen.* Frankfurt a.M.: Suhrkamp, 229-260

Kotthoff, H. (1994). Zur Rolle der Konversationsanalyse in der interkulturellen Kommunikationsforschung. Gesprächsbeendigungen im Schnittfeld von Mikro und Makro. *Zeitschrift für Literaturwissenschaft und Linguistik* 93, 75-96

Kotthoff, H. (1995a). Verbal duelling in Caucasian Georgia. Ethnolinguistic studies of three oral poetic attack genres. In: Quasthoff, U. M. (ed.). *Aspects of Oral Communication.* Berlin / New York: de Gruyter, 112-137

Kotthoff, H. (1995b). The social semiotics of Georgian toast performances. Oral genre as cultural activity. *Journal of Pragmatics* 24, 353-380

Lalljee, M. (1987). Attribution theory and intercultural communication. In: Knapp, K. / Enninger, W. / Knapp-Potthoff, A. (eds.). *Analyzing Intercultural Communication.* Berlin: Mouton de Gruyter, 37-49

Leach, E. (1976). *Culture and Communication.* Cambridge: Cambridge University Press

Luckmann, Th. (1979). Persönliche Identität, soziale Rolle und Rollendistanz. In: Marquard, O. / Stierle, K. (Hg.). *Identität.* München: Fink, 293-313

Luckmann, Th. (1989). Kultur und Kommunikation. In: Haller, M. / Hoffmann-Nowotny, H.J. / Zapf, W. (Hg.). *Kultur und Gesellschaft.* Frankfurt a.M. / New York: Campus, 33-45

Luckmann, Th. (1991). *Unsichtbare Religion.* Frankfurt a.M.: Suhrkamp

Malinowski, B. (1936). The problem of meaning in primitive languages. In: Ogden, C.A. / Richards, I.A. (eds.). *The Meaning of Meaning. A Study of the Influence of Language upon Thought and of the Science of Symbolism.* London: Routledge & Kegan, 296-336

Manes, J. / Wolfson, N. (1980). The compliment as a social strategy. *Papers in Linguistics* 13, 391-410

Meeuwis, M. (1994). Leniency and testiness in intercultural communication. Remarks on ideology and context in interactional sociolinguistics. *Pragmatics* 4, 3, 391-409

Müller, F. (1989). Lautstilistische Muster in Alltagstexten von Süditaliern. In: Hinnenkamp, V. / Selting, M. (Hg.). *Stil und Stilisierung.* Tübingen: Niemeyer, 61-81

Olshtain, E. / Cohen, A. (1983). Apology. A speech-act set. In: Wolfson, N. / Judd, E. (eds.). *Sociolinguistics and Language Acquisition.* Rowley, MA: Newbury House, 18-35

Ong, W. (1982). *Orality and Literacy. The Technologizing of the World.* London: Routledge

Plessner, H. (1983). Mit anderen Augen (1953). In: *Gesammelte Schriften VIII:* Conditio humana. Frankfurt a.M.: Suhrkamp, 88-104

Sacks, H. (1974). On the analyzability of stories by children. In: Turner, R. (ed.). *Ethnomethodology. Selected Readings.* London: Penguin, 216-232 [zuerst in: Gumperz, J. J. / Hymes, D. (eds.) (1972). *Directions in Sociolinguistics: The Ethnography of Communication.* New York: Holt, Rinehart & Winston, 329-345]

Sacks, H. (1978). Some technical considerations of a dirty joke. In: Schenkein, J. (ed.). *Studies in the Organization of Conversational Interaction.* New York: Academic Press, 249-269

Sarangi, S. (1994). Intercultural or not? Beyond celebration of cultural differences in miscommunication analysis. *Pragmatics* 4, 3, 409-429

Schenkein, J. (1978). Identity negotiations in conversation. In: Schenkein, J. (ed.). *Studies in the Organization of Conversational Interaction.* New York / San Francisco / London: Academic Press, 57-78

Scollon, R. / Wong Scollon, S. (1995). *Intercultural Communication.* Oxford: Blackwell

Simmel, G. (1968). Der Fremde. In: *Das individuelle Gesetz. Philosophische Exkurse.* Frankfurt a.M.: Suhrkamp, 63-71

Tannen, D. (1989). *Talking Voices. Repetition, Dialogue, and Imagery in Conversational Discourse.* Cambridge: Cambridge University Press

Tannen, D. (1993) (ed.). *Framing in Discourse.* Cambridge: Cambridge University Press

Urban, G. (1991). *A Discourse-Centered Approach to Culture.* Austin: University of Texas Press

Vygotskij, L. S. (1978). *Mind in Society.* Cambridge: Harvard University Press

Werlen, I. (1984). *Ritual und Sprache.* Tübingen: Narr

Wertsch, J. (1981). *The Concept of Activity in Soviet Psychology.* New York: Sharpe

West, C. / Zimmerman, D. (1990). Doing gender. In: Lorber, J. / Farrell, S. (eds.). *The Social Construction of Gender.* London: Sage, 13-38

Hartmut Schröder

Tabus, interkulturelle Kommunikation und Fremdsprachenunterricht. Überlegungen zur Relevanz der Tabuforschung für die Fremdsprachendidaktik

Einleitung: Schweigen, Verschweigen und Kaschierung durch Worte
Tabu — Begriff, Typen und Funktionen
Methodologische Probleme der Tabuforschung

> *For a stranger entering an alien society, a knowledge of when*
> *not to speak may be as basic to the production of culturally*
> *acceptable behavior as a knowledge of what to say.*
> *(Basso 1972:69)*

1. Einleitung: Schweigen, Verschweigen und Kaschierung durch Worte

Dem Konzept 'Tabu' wäre wohl am besten entsprochen, wenn man darüber schweigt (Rudas 1994:7). Doch sind Schweigen und Tabus nicht einfach gleichzusetzen: Neben Schweigen und Verschweigen tritt nämlich als besonders interessante Variante der Unterlassungskommunikation die "Kaschierung durch Worte" (Rammstedt 1964:41). Tabus stellen zwar einerseits die Kehrseite des öffentlichen Diskurses dar, d.h., sie umfassen das, was nicht öffentlich wird und ausgegrenzt bleibt, bzw. das, was ins Private verbannt und geheimgehalten wird. Andererseits weisen Tabus aber über das bloße Schweigen hinaus, da sie in vielen Fällen auch Ersatzmittel für die Kommunikation bereitstellen, so daß durchaus von Tabudiskursen die Rede sein kann. Schweigen und Verschweigen können unterschiedlich motiviert sein – Tabus und Tabuisierungen hingegen sind immer ein ausgesprochenes Herrschaftsmittel, durch das soziale und politische Kontrolle ausgeübt wird. Wo Tabus existieren, wird nicht nur geschwiegen, sondern auch verdrängt, manipuliert und Sprachlenkung betrieben.[1] Tabus bedeuten "gehorchen ohne zu fragen", wie es Rudas (1994:19) aus sozialpsychologischer Sicht

---

[1]   "Wem es gelingt, seine Sprachtabus zu verbreiten, durchzusetzen, der hat auch in der Sache zuweilen schon einen Teilerfolg erzielt." (Betz 1978:144)

formuliert hat: "Ihre Funktion ist die von Vorurteilsgewißheiten. Magisch orientierte Gesellschaften haben Berührungsverbote hinsichtlich Gegenständen, die heilig oder unrein, jedenfalls aber unberührbar sind. Modernere (scheinbar) weniger magisch orientierte Gesellschaften können dieses Phänomen gegenüber Themen und Inhalten entwickeln." (Rudas 1994:18)

Hinsichtlich der politischen Funktion von Tabuisierung und Enttabuisierung weist Pelinka (1994:21) darauf hin, daß Tabus immer eine Art "politische Vereinfachung" sind, denn sie "ersparen differenzierte Beobachtung und Analysen, sie machen bestimmte Auseinandersetzungen überflüssig". Tabus können so als Axiome der Kommunikation verstanden werden, als nicht hinterfragbare Grundwahrheiten einer Gemeinschaft, die nicht berührt werden dürfen, wobei es sich vor allem um solche Axiome handelt, "die potentiell Schmerzhaftes zudecken sollen" (Pelinka 1994:21).[2]

Kommunikationsaxiome sind nun grundsätzlich sowohl gruppen- als auch kulturspezifisch, so daß sich in Tabus – wie Balle (1990:183) es ausdrückt – "die gesellschaftlichen Strukturen" und "die Weltbilder der Menschen" widerspiegeln, die sie einerseits erzeugen und anderseits bewahren. Doch sind Tabus keineswegs eine statische Erscheinung; vielmehr scheinen sie einem gewissen Veränderungsprozeß unterworfen zu sein, so daß sozialer Wandel auch eine "Änderung der Tabusitten" mit sich bringen kann (Balle 1990:183). Mit Blick auf interkulturelle Kontaktsituationen meint Apte (1994:4512-4515), daß kulturelle Unterschiede z.B. bei Tabuwörtern im Hinblick auf "the semantic range and topical nature" vorliegen und daß von unterschiedlichen "degrees of tabooness" bei den gleichen Tabuwörtern ausgegangen werden kann. Daß schließlich die hinter Tabuwörtern stehenden tabuisierten Objekte und Sachverhalte sowie Handlungen kulturspezifisch sind, ist zwar evident, allerdings für die interkulturelle Kommunikation nur in wenigen Studien thematisiert worden.[3]

Für die Entwicklung interkultureller Kompetenz ergibt sich hinsichtlich der Kulturspezifik von Tabus, daß die Lernenden grundsätzlich nicht nur wissen sollten, worüber und wie man in der anderen Kultur kommuniziert; sie sollten vielmehr auch wissen, worüber man nicht kommuniziert, schweigt bzw. nur in einer ganz bestimmten Art und Weise spricht. Fehlt eine solche Sensibilität im Umgang mit Tabus, so ist die Kommu-

---

[2] "Tabus sind vor allem in der internationalen Politik, also in der Außenpolitik von integralem Wert. 'Nationales Interesse', das nicht angetastet werden darf, das aber als gleichsam zeitlos objektiv gegeben fingiert, verlangt die Ausklammerung der Voraussetzung und der Konsequenzen; dieses Interesse benötigt damit Tabus." (Pelinka 1994: 25-26)

[3] Siehe aber z.B. die Studien von Goodwin / Lee (1994) und von Jaworski / Danielewicz / Morszczyn / Pawloska (1990).

nikation grundsätzlich gefährdet, da es sich bei Tabus um 'Latenzbereiche'[4] einer Kultur handelt. Die Verletzung dieser Bereiche wird von dem 'Fremden' oft nicht wahrgenommen, so daß Betroffenheit und Schamgefühl erst gar nicht auftreten, was bei den Kommunikationspartnern zu noch größeren Irritationen führen kann. Die Fremdsprachendidaktik, die bislang den Komplex 'Tabu' so gut wie gar nicht zur Kenntnis genommen hat, wäre daher gut beraten, sich verstärkt mit Fragen der Vermittlung von Euphemismen[5] und anderen sprachlichen Strategien zu beschäftigen, die es dem Fremdsprachenlerner ermöglichen, sich über tabuisierte Handlungen, Objekte, Sachverhalte und Wörter überhaupt verständigen zu können, ihn also dazu befähigen, sich auf der Mitte zwischen den beiden Polen eines völlig transparenten Diskurses und eines totalen Kommunikationsverbots sprachlich souverän zu bewegen (Redfern 1994: 1181).[6] Die Forderung, die jüngst Krumm an den Fremdsprachenunterricht gestellt hat, nämlich Interkulturalität als "Fähigkeit, Verschiedenheit zu akzeptieren, mit Hilfe von Sprache eine neue Kultur zu entdecken und die eigene neu zu sehen" zu entwickeln, ist gerade im Hinblick auf Tabus von großer Bedeutung, wo es in besonderer Weise darum geht, "die Grenzen der eigenen ethnozentrischen Prägung zu überschreiten" (Krumm 1994:31).

Eine erste Beschäftigung mit der Thematik 'Tabus in interkulturellen Kontaktsituationen' wurde durch meine Tätigkeit an der Europa-Universität in Frankfurt (Oder) angeregt, an der sich insbesondere die deutsche und die polnische Kultur begegnen. Meine dortigen Erfahrungen veranlaßten mich dazu, mich im Rahmen einer Antrittsvorlesung Aspekten der Tabuforschung aus der Sicht der interkulturellen Germanistik zu widmen (s. Schröder 1995). Dadurch wurde das Interesse der Studierenden an der Thematik geweckt, so daß ich im Sommersemester 1996 ein Seminar 'Interkulturelle Tabuforschung' angeboten habe, in dessen Mittelpunkt der öffentliche Diskurs, Tabus und Enttabuisierungen in Polen und Deutschland sowie im deutsch-polnischen Kontakt standen. Ziel des Seminars war es, durch kleinere Einzeluntersuchungen herauszuarbeiten, welche Unterschiede und Übereinstimmungen zwischen Deutschland und Polen im Bereich Tabuisierung und Enttabuisierung existieren, welche Tabus den interkulturellen Kontakt zwischen Polen und Deutschen belasten und wie eine diskursive Kompetenz im Umgang mit Tabus in interkulturellen Kontaktsituationen aussehen

---

4   Der Begriff 'Latenzbereiche' stammt von Luhmann und wurde von Wagner in die Tabuforschung eingeführt. Ich werde hier nicht weiter auf dieses wichtige Konzept eingehen und verweise stattdessen auf die Ausführungen bei Wagner (1991:77-83).

5   "Euphemism provides a way of speaking about the unspeakable. It falls midway between transparent discourse and total prohibition." (Redfern 1994:1181)

6   Konkrete Hinweise zum Umgang mit 'verbotenen Wörtern' finden sich u.a. im *Sprach-Knigge* von Ernst und Ilse Leisi (1993:23-35).

könnte. Folgende Themen wurden von international zusammengesetzten Studierenden-
gruppen behandelt:

- Tabus im Zusammenhang mit Speisen, Nahrungszubereitung, Eß- und Tisch-
  gewohnheiten;
- Tabus, Tabuisierung und Tabudiskurs im Internet (am Beispiel von Diskussionen
  in Newsgroups, IRC etc.);
- Inzesttabu und öffentlicher Diskurs der 90er Jahre in Polen und Deutschland;
- AIDS und die Enttabuisierung des Kondoms;
- Tabudiskurs über Sexualität und Prostitution;
- der Tabubereich Sterben, Tod, Beerdigung, Kondolenz, Trauerarbeit;
- Tabuisierung und Tabubruch in der Werbung.

Hintergrundinformationen zu dem Seminar sowie die schriftlichen Fassungen der
studentischen Arbeiten können über meine Homepage eingesehen werden.[7]

2. Tabu – Begriff, Typen und Funktionen

Im folgenden werde ich auf eine ausführlichere Darstellung und Diskussion der
Entstehungsgeschichte der Bezeichnung und des Begriffs 'Tabu' / 'tabu' verzichten
und mich stattdessen darauf beschränken, einige charakteristische Merkmale von
Tabus zu nennen und bestimmte begriffliche Unterscheidungen vorzunehmen.[8] Dabei
lasse ich mich insbesondere von Fragestellungen und Methoden der Angewandten
Linguistik leiten, so daß der Schwerpunkt meiner Betrachtungen auf der sprachlichen
Seite von Tabus und Tabudiskursen liegt, ohne allerdings relevante gesellschaftliche
Aspekte von Tabus auszuklammern.

Trotz ihrer Nähe zu Verboten sind Tabus nicht mit direkten (z.B. juristisch
kodifizierten) Verboten gleichzusetzen. Tabus liegen "zwischen Naturgesetz einerseits
und Etikette und Moral andererseits" (Rammstedt 1964:40): "Das Tabu greift dort ins
menschliche Leben ein, wo der Mensch das Verhalten aus sich selbst ziehen muß und
sich in einer Lage ohne Vergleichsmöglichkeit zu befinden glaubt" (Rammstedt 1964:
40). Charakteristisch ist, daß "Tabus per definitionem Selbstverständlichkeiten sind,
die man einhält, aber nicht genau kennt", für deren Forderungen es keine weitere
Begründung gibt und für deren Bruch keine genaueren Strafen definiert werden
(Rammstedt 1964:40). Für die interkulturelle Kommunikation von besonderer Bedeu-

---

[7] http://www.euv-frankfurt-o.de/~sw2/
[8] Zur Herkunft des Wortes und zu seiner Bedeutung siehe den Beitrag von Schröder
    (1995) sowie die Angaben in der Auswahlbibliographie von Harakka / Schröder auf
    meiner Homepage (s. Anm. 7).

tung ist schließlich das Problem, daß es sich bei Tabus immer um 'gesellschaftliche Konventionen' handelt, die oftmals als so selbstverständlich und natürlich betrachtet werden, daß bei Überschreitungen keine Entschuldigungsrituale mehr akzeptiert werden (Günther 1992:40f.).

Nach Balle haben Tabus "zum Ziel, bestimmte, für die Gesellschaft lebenswichtige Dinge (Tiere, Pflanzen, Lebensvorgänge, Privateigentum) zu schützen und sie unberührbar zu machen, gesellschaftliche Ränge zu markieren und Verbotsschilder – auch verbal – aufzustellen: Sie stecken die Grenzen ab, innerhalb derer das Leben ermöglicht und der Gruppenzusammenhalt und Sinn für das Aufeinander-Angewiesensein gewährleistet werden" (Balle 1990:183). Tabus müssen dabei nicht immer irrational und repressiv sein; "sie können ebensosehr von 'hegender Funktion' sein (...) also lebensbewahrend und -steigernd und deshalb auch vernünftig" (Kaltenbrunner 1978:15). Tabus haben bisweilen auch eine Schutzfunktion für besonders Schutzbedürftige(s) einer Gesellschaft, so daß Gesellschaften ohne Tabus gar nicht denkbar sind: "Eine totale Enttabuierung würde menschliches Zusammenleben zum Verschwinden bringen." (Kaltenbrunner 1978:16) Tabus sind daher – wie Ralf Dahrendorf (1960:73) es ausdrückte – die "Achillesferse einer Gesellschaft".

Unterscheiden lassen sich zunächst folgende Tabutypen:

–   Objekttabus (tabuisierte Gegenstände, Institutionen und Personen)

–   Tattabus (tabuisierte Handlungen)

Objekt- und Tattabus werden begleitet und abgesichert durch:

–   Kommunikationstabus (tabuisierte Themen)

–   Worttabus (tabuisierter Wortschatz)

–   Bildtabus (tabuisierte Abbildungen)

Kommunikations-, Wort- und Bildtabus werden des weiteren gestützt durch:

–   Gedankentabus (tabuisierte Vorstellungen)

–   Emotionstabus (tabuisierte Emotionen)

Objekt- und Tattabus sind in der ethnologischen Literatur gut belegt, sie beschränken sich aber keineswegs nur auf Kulturen der sogenannten Naturvölker, wie z.B. das Inzesttabu und zahlreiche Nahrungstabus in westlichen Zivilisationen zeigen. Was die Objekttabus betrifft, so gilt ein Berührungsverbot oftmals nicht nur im Hinblick auf eine reale Berührung, sondern auch im Sinne symbolischer Berührung durch Worte und Bilder. Im aktuellen Sprachgebrauch wird der Begriff 'Tabu' daher auch vor allem mit Kommunikations- und Worttabus in Verbindung gebracht, womit die Tabuthemen einer Gesellschaft gemeint sind. Diese werden einerseits durch die Objekt- und Tattabus erzeugt, sichern andererseits aber schon deren Vorfeld ab (Wagner 1991:18), wobei unter das Worttabu bereits die Verwendung der Bezeichnungen (d.h. der Wörter) für die tabuisierten Handlungen und Objekte fällt. Die Domäne der Sprachwissenschaft ist zwar der tabuisierte Wortschatz, doch lassen sich Sprachtabus sinnvoll nur unter Bezug auf die ihnen zugrundeliegenden Objekt- und Tattabus behandeln.[9]

Eine besondere Rolle spielen die Bildtabus, die in einem engen Zusammenhang mit den Kommunikations- und Worttabus stehen. Rammstedt (1964:42) weist darauf hin, daß das Wort nur dort tabuiert wird, "wo sich mit dem Wort ein ganz bestimmtes Bild einstellt".[10] Entspricht das Wort aber noch keiner Handlung, so bedeutet das Bild oftmals bereits eine Tabuverletzung. Bekannt ist dieses Phänomen besonders aus den Massenmedien.[11]

Auf Gedanken- und Emotionstabus soll hier nicht weiter eingegangen werden, obwohl auch in diesem Bereich kulturelle Unterschiede und damit potentielle Konflikte zu vermuten sind. Stattdessen soll der Begriff 'Tabudiskurs' kurz erläutert werden, da er für den Fremdsprachenunterricht von besonderer Bedeutung ist. Gemeint ist mit diesem Begriff, daß in bestimmten Situationen auch über tabuisierte Handlungen, Gegenstände, Institutionen und Personen kommuniziert werden muß, allerdings in einer ganz bestimmten Art und Weise, die nicht selber eine (verbale) Tabuverletzung mit sich bringt.[12] Dafür stehen in den einzelnen Sprachen verschiedene kommunikative Strategien und ein recht reichhaltiges sprachliches Repertoire zur Verfügung, auf das im folgenden eingegangen werden soll.

---

[9]   In gleicher Weise auch Balle, die darauf hinweist, daß "Worttabus oft nur die sprachlichen Konsequenzen nonverbaler Tabus sind": "Um Worttabus zu beschreiben und mögliche Gründe dafür aufzuzeigen, muß also meist auf das ursprünglich dahinterstehende, nonverbale Tabu zurückgegriffen werden, wie auch auf die zugrundeliegenden sozialen, religiösen, kulturellen und psychologischen Gegebenheiten." (Balle 1990:15)

[10] Dazu Rammstedt (1964:42): "Es ist für uns vom Tabu aus keineswegs untersagt, Tod, Geburt, Vergewaltigung oder Geschlechtsakt zu sagen, aber es ist uns verboten, es in Bildern zu zeigen (...)."

[11] Hinzuweisen ist in diesem Zusammenhang auch auf tabuisierte Gestik und Mimik, worauf u.a. das Psychologie-Fachgebärdenlexikon eingeht: http://www.sign-lang.uni-hamburg.de/Projekte/plex/PLex/Lemmata/T-Lemma/Tabu.htm.

[12] So heißt es bei Günther (1992:48-49): "Um gesellschaftliche Tabus im Gespräch aufgreifen zu können, bedürfen die Sprechenden einiger Mechanismen, die ihnen das erst ermöglichen. Abgesehen von der Möglichkeit, sich einem Gespräch über Tabus ganz zu entziehen (Abbruch eines Gesprächs, räumliche Distanz etc.), stehen den Sprechenden verschiedene Ebenen der Offenheit zu: vom expliziten 'darüber spricht man nicht' bis zur ausführlichen Diskussion. In diesem Fächer der Möglichkeiten müssen die Sprechenden Mechanismen bzw. Strategien entwickeln, die ihnen 'viertel-', 'halb-' oder 'dreivierteloffenes' Sprechen erlauben."

Unter 'Strategien'[13] versteht Günther bestimmte 'sprachliche Systeme', die "indirektes Sprechen, also das 'Verschleiern' einer Aussage ermöglichen'", wobei sie als bekannteste Strategie die Verwendung von Metaphern nennt. Weitere Strategien sind nach Günther:

- die Verwendung von Euphemismen und Fachvokabular,
- die Agensbetonung und -aussparung,
- die Redewiedergabe und Rollenspezifikation,
- die Wortvermeidung und Vagheit,
- zusätzliche Angaben zur Einschränkung von Aussagen,
- die Verwendung von Proformen.

Havers (1946) beschäftigt sich unter bezug auf Sprachtabus ausführlich mit sprachlichen 'Ersatzmitteln' und unterscheidet: tabuistische Lautveränderungen, Entlehnungen, Antiphrasis, stellvertretende Pronomen, euphemistische Kontaminationen (Wortkreuzungen), Sinnesstreckungen, satzhafte Umschreibungen (Wunschsatz und umschreibender Relativsatz), die Captatio benevolentiae, die Ellipse, den Subjekts-Instrumental sowie die Flucht in die Allgemeinheit (Generalisierung, Genitiv und Adjektiv, Tabu-Plural).

Ein Blick auf die Realität des Fremdsprachenunterrichts zeigt, daß die hier nur kurz genannten 'Strategien' und 'Ersatzmittel' weder vermittelt noch in Tabudiskursen eingeübt werden.

3. Methodologische Probleme der Tabuforschung

Im Zusammenhang mit modernen 'Informations-' und 'Mediengesellschaften' stellt sich natürlich die Frage, ob es überhaupt noch Tabus und Tabuisierungen gibt, wo doch Tabubruch und Enttabuisierung nicht nur – spätestens seit 1968 – einen festen Bestandteil des öffentlichen Diskurses bilden, sondern zunehmend auch ein unentbehrliches Mittel für die Werbung und für den Kampf um Einschaltquoten geworden sind. Ein Blick in die Presse und die Talk Shows läßt schnell den Eindruck entstehen, daß es anscheinend kaum noch Tabus gibt, die nicht schon durch den "Wolf des Diskurses gedreht" worden sind, wie es Christoph Türcke (1994) ausdrückte. Die Zeitschrift

---

[13] Günther unterscheidet grundsätzlich zwischen zwei Arten von Strategien, wobei die erste Art Sprechweisen meint, in der eine Person über ein Thema sprechen muß, ohne dies zu wollen. Die zweite Art von Strategie, die im Zusammenhang mit Tabudiskursen von Bedeutung ist, meint eine Situation, "bei der die Sprecherin oder der Sprecher etwas äußern will, wobei ihr / ihm aber moralische, konventionelle oder gesellschaftliche Grenzen auferlegt sind." (Günther 1992:48f.)

Titanic kommt so – in gewohnt satirischer Weise, aber durchaus zutreffend – zu der Schlußfolgerung: "Wenn nicht wieder alles täuscht, wird zur Zeit und durchaus sonderbarerweise äußerst vielerlei 1) als Tabu bezeichnet, 2) als solches dann eiskalt gebrochen, oder auch 3) wildentschlossen ein ganz neues verlangt – und umgekehrt. Vermutlich ist es aber nur der Anfang" (*Titanic*, Oktober 1994).

Das Hin und Her zwischen Tabubruch und Tabuisierung verstärkt so den Anschein, daß es kaum noch 'echte' Tabus in einer Gesellschaft gibt, deren Wertorientierungen und Normvorstellungen ohnehin einem schnellen und stetigen Wandel unterzogen sind sowie eher gruppen- und situationsbezogen als gesamtgesellschaftlich in Erscheinung treten. Sind Tabus also nur noch auf der Ebene von Subgruppen wirksam? Und wie können sie überhaupt identifiziert werden?

Antworten auf diese Fragen können durch folgendes Vorgehen gewonnen werden, das insbesondere auf die Zwecke eines interkulturellen Fremdsprachenunterrichts (hier: Deutsch als Fremdsprache) abgestimmt ist:

a) Auswertung von Deutschlehrwerken für Ausländer im Hinblick auf die Thematisierung von Tabus in Deutschland und bei Deutschen, die zu Kommunikationskonflikten in interkulturellen Kontaktsituationen führen könnten

b) Auswertung der Etikette-Literatur (Bücher über 'gutes Benehmen', 'Knigge' etc.), in denen evtl. Handlungstabus, Tabuthemen und Sprachtabus aufgeführt werden

c) Auswertung empirischer Erhebungen und sonstiger sozialwissenschaftlicher Untersuchungen über Tabus

d) Analyse des öffentlichen Diskurses am Beispiel von Presseartikeln und der Interaktion in Talk Shows mit Blick auf mögliche Tabuthemen und deren sprachlichen Niederschlag (im Tabudiskurs)

e) Befragung von Vertretern verschiedener Kulturen über eigenkulturelle Tabus sowie über Tabuerfahrungen in der Fremdkultur bzw. in der Kommunikation mit Vertretern der Fremdkultur

Zu a):

Was Deutschlehrwerke für den Bereich DaF betrifft, so ist die überwiegende Mehrzahl der Lehrbücher im Punkte 'Tabus' sehr enthaltsam. Eine Ausnahme bildet lediglich "Typisch deutsch? Arbeitsbuch zu Aspekten deutscher Mentalität" von Behal-Thomsen / Lundquist-Mog / Mog (1993), in dem zumindest auf einige Konfliktfelder hingewiesen wird. So werden das Reden übers Geld und Geldverdienen genannt: "Geld lieben ist eine Sache, von Geld reden eine andere, und besonders vom Geldverdienen. Es soll sogar Männer geben, die ihrer Frau verschweigen, was sie verdienen." (Behal-Thomsen / Lundquist-Mog / Mog 1993:68) Referiert wird auch ein Beitrag von Bernd Gasch auf dem 35. Kongreß der Deutschen Gesellschaft für Psychologie 1987 in Heidelberg, auf dem er eine "Hit-Liste der am meisten tabuisierten Themen in der BRD vorgestellt" hat: "Danach folgen nach Toilettengewohnheiten und Sex der Bereich Blamagen und beschämende Vorgänge, politische Meinungen, Phantasien und Tagträume, aggressive Gedanken, Menstruation, Körperbild und Parapsychologie." (Behal-Thomsen / Lundquist-Mog / Mog 1993:70)

Aber auch in diesem – ansonsten hervorragenden – Lehrwerk werden Tabus nur angeschnitten; es fehlen Handlungsstrategien im Umgang mit Tabus sowie Euphemismen und sonstige sprachliche Strategien für Tabudiskurse.

Zu b):

Die Etikette-Literatur beschäftigt sich zum Teil ausführlich mit Tabus, bleibt aber insofern unzureichend, als nur Verbote angesprochen, nicht aber Handlungsstrategien für Tabudiskurse diskutiert werden. Des weiteren fehlt weitgehend eine interkulturelle Perspektive.[14] Harakka (1996) geht in einem Projekt davon aus, daß die Funktionen von Tabus und Etikette sehr ähnlich sind, da beide Institutionen, Personen und Werte schützen wollen.

Zu c):

Empirische Erhebungen über Tabus in Deutschland sind sehr rar und nach der bereits zitierten Untersuchung für den 35. Kongreß der Deutschen Gesellschaft für Psychologie 1987 in Heidelberg in größerem Umfang nicht mehr fortgesetzt worden. Wagner (1995) hat sich allerdings ausführlich mit 'Medien-Tabus' beschäftigt und unterscheidet fünf große Gruppen von Tabus:

– Sexualitäts-Tabus (Homosexualität, Inzesttabu, sexueller Mißbrauch von Kindern, Sexualität im Alter, Pädophilie bei Frauen, Kontrazeption, Menstruation, Folgen sexueller Freizügigkeit);

– Krankheits-Tabus (Krankheiten der Verdauungs- und Ausscheidungsorgane: Blähungen, Kontinenzstörungen; Hämorrhoidalleiden, 'Elendskrankheiten': Lepra in Spanien; Prothetik: dritte Zähne, Toupets);

– Gewalt-Tabus (Mißhandlung von Kindern, Mißhandlung alter Menschen, Schlacht-Tabu);

– Tabu des Todes;

---

[14] Aus interkultureller Sicht beschäftigt sich Axtell in seinen zahlreichen "The do's and taboos" am Beispiel verschiedener Anwendungsbereiche mit Tabus in interkulturellen Kontaktsituationen. Seine Publikationen (z.B. Axtell 1989, 1990) sind z.T. aber nur mit Vorsicht zu genießen, da sie meistens nicht über Anekdotenhaftes hinausgehen und interkulturelle Kompetenz lediglich als relativ formales Wissen über die andere Kultur verstanden wird.

– Politische Tabus (Antisemitismus, Kriegsschuld, deutsche Ostgebiete, Presse-
   freiheit).

Besonders aktuell und für den interkulturellen Fremdsprachenunterricht interessant und
behandelnswert scheint mir die jüngste Debatte um das Tucholsky-Zitat "Soldaten sind
Mörder" zu sein, da hier der Doppelcharakter von Tabu im Sinne von 'heilig' /
'geschützt' einerseits und 'unrein' / 'verflucht' / 'abscheulich' andererseits sehr gut
zum Ausdruck kommt. Hier geht es um ein – wie Pelinka (1994:25f.) es nennt –
"nationales Interesse", "das nicht angetastet werden darf, das aber als gleichsam zeitlos
objektiv gegeben fingiert" und "die Ausklammerung der Voraussetzung und der
Konsequenzen" verlangt.

Ein weiteres Tabu, das teilweise mit der besonderen deutschen Geschichte zusammenhängt, betrifft die Euthanasie. Schuh (1996) weist darauf hin, daß "insbesondere
wegen des technischen Fortschritts beim Erhalten von Leben" und dem "Wandel in der
Definition des Todes" international neue Positionen vertreten werden, die u.a. in den
USA, England und in den Niederlanden dazu geführt haben, daß Gesetzgeber und
Gerichte Sterbehilfe ausdrücklich legitimieren. In Deutschland wurde jedoch jüngst der
australische Bioethiker Peter Singer, der lediglich an einem Podiumsgespräch teil-
nehmen sollte, wieder ausgeladen, da es massive Proteste gab. Im Hintergrund stehen
hier sicher die schlimmen Erfahrungen mit Euthanasie im Dritten Reich, die eine sach-
liche Diskussion des ohnehin tabubelasteten Themas weiter erschweren.

Das Aufgreifen solcher und ähnlicher Tabus in den Massenmedien bedeutet nun
keineswegs das Ende dieser Tabus und tabufreie Diskurse über die jeweiligen Inhalte.
Vielmehr geht es in den meisten Fällen nur um "vordergründige Tabubrecherei"
(Türcke 1994) bzw. lediglich um Tabuverletzung wegen des Unterhaltungswerts, ohne
daß Folgen für den öffentlichen Diskurs insgesamt zu erwarten sind. Gerade die
vermeintlichen Tabubrecher sind nur allzu oft "darauf bedacht, daß ja nicht das
Nervensystem einer Weltwirtschaftsordnung angegriffen werde, über deren Tabu-
charakter Rechenschaft abzulegen bei ernstlichem 'Denken ohne Geländer' der erste
Schritt sein müßte. Dabei wäre genau zwischen unnötiger und unvermeidlicher Unter-
drückung zu unterscheiden, folglich zwischen unnötigen Tabus und unerläßlichen."
(Türcke 1994:53)

Zu d):

Besonders vielversprechend ist die Analyse des öffentlichen Diskurses, wie sie z.B.
von Günther (1992) geleistet worden ist.

Das, was verschwiegen wird, bedarf der politischen Analyse – das, was tabuisiert wird,
kann auch mit Hilfe linguistischer Methoden untersucht werden. Tabudiskurse zeich-
nen sich nämlich in der Regel durch bestimmte affektive Begleiterscheinungen bei den

beteiligten Kommunikationspartnern aus, insbesondere durch Unsicherheit, Angst, Schuldgefühl und Verdrängung, was sich wiederum durch bestimmte sprachliche Indikatoren auf verschiedenen Ebenen äußert (Pelikan 1986/87:77):

-   in der Wahl der Termini (klischeehaft, euphemistisch, provokant),
-   durch paralinguistische Anzeichen,
-   im Modus,
-   in Sprecherstrategien.

Pelikan stellt am Beispiel von Fernsehgesprächen über die NS-Vergangenheit in Österreich fest, daß das Vorkommen der genannten Indikatoren ein "wirklicher Hinweis" darauf ist, "daß dies ein in Österreich noch nicht aufgearbeitetes Problem darstellt" (1986/87:90).

Zu e):

Befragungen von Vertretern verschiedener Kulturen über eigenkulturelle Tabus sowie über Tabuerfahrungen in der Fremdkultur bzw. in der Kommunikation mit Vertretern der Fremdkultur sind zwar relativ leicht und ohne großen Aufwand durchzuführen, sind aber gleichzeitig in methodologischer Hinsicht problematisch, worauf weiter unten noch einzugehen ist. Eine beispielhafte Studie interkultureller Ausrichtung haben Jaworski et al. (1990) vorgelegt, die sich mit Tabuthemen im Rahmen des Höflichkeitskonzepts in der Kommunikation zwischen Polen und englischsprachigen Ausländern beschäftigten. Unter "Taboo topics" verstehen Jaworski et al. "topics which speakers feel to be unsuitable or inappropriate for them to mention in the presence of others" (1990:2). Ziel der Untersuchungen war es, Antworten auf folgende Fragen zu finden:

(1) What do the British and Americans feel is inappropriate to say in the presence of Poles?
(2) What do the British and Americans feel is an appropriate or safe topic in their home countries but is usually avoided (i.e. tabooed) by Poles?
(3) What do the British and Americans feel is inappropriate to say in Britain and in the United States but Poles do not hesitate to say?
(Jaworski et al. 1990:3)

Die Untersuchung wurde in Form von Interviews auf der Grundlage eines schriftlichen Fragebogens mit sieben ausführlichen Fragekomplexen bei 18 in Polen lebenden Ausländern durchgeführt. Als Ergebnis der Studie wurden die Bereiche 'Religion', 'Sexualität', 'Körperfunktionen', 'Politik' und 'polnische Geschichte' als wichtigste Tabuthemen für Ausländer in Polen genannt. Aus der Studie geht des weiteren hervor, daß die befragten Ausländer es als besonders kompliziert empfanden, Erscheinungen wie offensichtlichen Rassismus von Polen, negative Einstellungen zu Minderheiten bei Polen (Homosexuelle, Behinderte, Nicht-Katholiken) sowie Autoritäten besonderer

Popularität in Polen (Walesa, Reagan, Thatcher) zu kritisieren. Jaworski et al. (1990:9) fordern zur Vermeidung von "topic-based conflicts" in interkulturellen Kontaktsituationen "'optimal convergence' between a foreigner and host along the level of topic" auf der Grundlage einer größeren Sensibilität für die existierenden Unterschiede zwischen Vertretern verschiedener Kulturen.

Ohne Zweifel führen solche Befragungen und Interviews zu aufschlußreichen Ergebnissen über die Existenz und Entwicklung von Tabus in einer jeweiligen Kultur und im interkulturellen Kontakt. Dennoch ist eine gewisse Skepsis angebracht, ob es überhaupt möglich ist, durch die Anfrage bei Betroffenen direkte Hinweise auf tiefergreifende Tabus zu erhalten. Wie bereits weiter oben angeführt, bedeuten Tabus ja per definitionem Selbstverständlichkeiten, "die man einhält, aber nicht genau kennt", so daß "es im Grunde unmöglich (ist, H.S.), sie zu formulieren" (Rammstedt 1964:40). Die richtige Funktionsweise von Tabus setzt in gewisser Hinsicht sogar deren Verdrängung im Bewußtsein der Handelnden voraus, da ja schon eine Identifizierung und Benennung eines Tabus einen Tabubruch bedeuten kann. So besteht die Gefahr, daß uns eigentlich nur die Tabus auffallen, "unter deren Zwang" wir nicht stehen (Rammstedt 1964:41). Sobald "das Tabu nämlich reflektiert werden kann, ist es kein Tabu mehr" (Rammstedt 1964:42). Allerdings ist es noch ein wichtiger Unterschied, über Tabus (nur) zu sprechen oder Tabus durch Handlungen zu verletzen. Dies verdeutlichen jedenfalls die zur reinen Masche gewordenen verbalen Tabubrüche in Talk Shows, in denen Tabubrüche immer auch Unterhaltungswert für das Publikum haben müssen, so daß sie keineswegs die Diskurspraxis der jeweiligen Ausgangskultur reflektieren.[15]

Befragungen und Interviews zu Tabus sollten aus den genannten Gründen durch andere Methoden ergänzt werden, wobei insbesondere der Diskursanalyse eine wichtige Rolle zukommt. Hinweise auf das Vorhandensein von Tabus lassen sich durch die Analyse der Kommunikations- und Sprechweise ermitteln, da — wie oben bereits angesprochen — der Tabudiskurs durch bestimmte Indikatoren angezeigt wird.

---

[15] Für Fremdsprachenlerner könnte es bisweilen verheerend sein, Themen und Stil aus Talk Shows auf eigene interkulturelle Kontaktsituationen zu übertragen. Talk Shows verstellen geradezu den Blick auf alltagssprachliche Diskurse, indem sie den Eindruck erwecken, daß man in Deutschland in sehr moderater Weise eigentlich über alles, vor allem aber über 'heiße Eisen', tabulos sprechen und gleichzeitig tolerant miteinander umgehen kann. Daß dem nicht so ist, erfahren die Lernenden dann durch Konfliktsituationen, auf die sie oft nicht oder nur unzureichend vorbereitet sind.

4. Schluß

Wenn Tabus — wie Türcke (1994:53) es ausdrückt — "die bloßliegenden Nerven-punkte eines Kollektivs" sind, "die man nicht antasten kann, ohne seine Gesamt-ordnung aus dem Lot zu bringen", so ist ihre Bedeutung für die Kommunikation evident. Da es sich bei Tabus aber um "Latenzbereiche einer Gesellschaft" handelt, führt die jeweilige Enkulturation dazu, daß wir uns der eigenen Tabus gar nicht bewußt sind und es "für ganz selbstverständlich (halten, H.S.), daß man über bestimmte Dinge nicht besonders nachdenkt, daß man vor allem über bestimmte Themen nicht redet" (Wagner 1991:78). Erst im Kontrast der Kulturen, d.h. aus der Fremdperspektive bzw. im interkulturellen Kontakt, werden Tabus auffällig. Der interkulturelle Fremd-sprachenunterricht wäre daher der richtige Ort für die Erkundung der eigenen und fremden Tabus. Darüber hinaus sollte er adäquate Sprachmittel und Strategien für (nicht zu vermeidende) Tabudiskurse entwickeln und die Toleranzfähigkeit der Lernenden grundsätzlich fördern. Schließlich könnte der interkulturelle Fremd-sprachenunterricht metakommunikative Fertigkeiten vermitteln, die es ermöglichen, fremdkulturelle Toleranzgrenzen auszuloten und – durch Tabuverletzung verursachte – Kommunikationsstörungen zu reparieren.

Literatur

Apte, M.L. (1994). Taboo words. In: *The Encyclopedia of Language and Linguistics*, Vol. 9. Oxford: Pergamon Press, 4512-4515

Axtell, R.E. (1989). *The Do's and Taboos of International Trade. A Small Business Primer*. New York: Wiley & Sons

Axtell, R.E. (1990). *The Do's and Taboos of Hosting International Visitors*. New York: Wiley & Sons

Balle, C. (1990). *Tabus in der Sprache*. Frankfurt a.M. etc.: Lang

Basso, K.H. (1972). 'To give up on words': Silence in Western Apache culture. In: Giglioli, P. P. (ed.). *Language and Social Context. Selected Readings*. Harmondsworth: Penguin, 67-86

Behal-Thomsen, H. / Lundquist-Mog, A. / Mog, P. (1993). *Typisch deutsch? Arbeitsbuch zu Aspekten deutscher Mentalität*. Berlin etc.: Langenscheidt

Betz, W. (1978). Tabu – Wörter und Wandel. In: *Meyers Enzyklopädisches Lexikon*, Bd. 23. Ausgabe 1978: Mannheim: Bibliographisches Institut, 141-144

Dahrendorf, R. (1960). Politik im Garten der Tabus. *Magnum*, Heft 31/August 1960

Goodwin, R. / Lee, I. (1994). Taboo topics among Chinese and English friends. A cross-cultural comparison. *Journal of Cross-Cultural Psychology* 25, 3, 325-338

Günther, U. (1992). *"... und aso das isch gar need es Tabu bi üs, nei, überhaupt need"*. *Sprachliche Strategien bei Phone-in-Sendungen am Radio zu tabuisierten Themen.* Bern etc.: Lang

Harakka, T. (1996). *Asioita, joista vaietaan.* Unveröffentl. Manuskript. Universität Vaasa

Havers, W. (1946). *Neuere Literatur zum Sprachtabu.* (= Akademie der Wissenschaften in Wien. Philosophisch-historische Klasse. Sitzungsberichte, 223. Band 5) Wien: Rohrer

Jaworski, A. / Danielewicz, A. / Morszczyn, W. / Pawloska, M. (1990). *Cross-cultural taboo and conflict: Politeness of topic selection in the native-foreign language situation.* Unveröffentl. Vortrag auf "The 25th Conference on Contrastive Linguistics"

Kaltenbrunner, G.-K. (1978). *Der innere Zensor. Neue und alte Tabus in unserer Gesellschaft.* München: Herderbücherei

Krumm, H.-J. (1994). Mehrsprachigkeit und interkulturelles Lernen. Orientierungen im Fach Deutsch als Fremdsprache. *Jahrbuch Deutsch als Fremdsprache* 20, 13-36

Leisi, I. / Leisi, E. (1993). *Sprach-Knigge oder Wie und was soll ich reden?* Tübingen: Narr

Pelikan, J. (1986/87). Die NS-Vergangenheit als Tabu-Thema in Österreich. Eine qualitative, textlinguistische Analyse des Hearings zum Präsidentschaftswahlkampf. *Wiener Linguistische Gazette* 38/39, 77-93

Pelinka, A. (1994). Tabus in der Politik. Zur politischen Funktion von Tabuisierung und Enttabuisierung. In: Bettelheim, P. / Streibel, R. (Hg.). *Tabu und Geschichte. Zur Kultur des kollektiven Erinnerns.* Wien: Picus Verlag, 21-29

Rammstedt, O. (1964). Tabus und Massenmedien. *Publizistik* 9, 40-44

Redfern, W.D. (1994). Euphemism. In: *The Encyclopedia of Language and Linguistics,* Vol. 3. Oxford: Pergamon Press, 1180-1181

Rudas, S. (1994). Stichworte zur Sozialpsychologie der Tabus. In: Bettelheim, P. / Streibel, R. (Hg.). *Tabu und Geschichte. Zur Kultur des kollektiven Erinnerns.* Wien, 17-21

Schröder, H. (1995). Tabuforschung als Aufgabe interkultureller Germanistik. *Jahrbuch Deutsch als Fremdsprache* 21, 15-35

Schuh, H. (1996). Streiten für das Leben. Die Debatte um Euthanasie und den Bioethiker Peter Singer geht weiter. *Die Zeit* Nr. 19, 3. Mai 1996

Türcke, C. (1994). Tabu. *Die Zeit,* Nr. 36, 2. September 1994

Wagner, H. (1991). *Medien-Tabus und Kommunikationsverbote. Die manipulierbare Wirklichkeit.* München: Olzog

Wagner, H. (1995). Tabus im Journalismus. Unterlagen zum Vortrag. In: *Tabus und Tabubrüche im Journalismus. Eine Materialsammlung.* (= JWB-Materialien Nr. 46). Journalisten-Weiterbildung an der Freien Universität Berlin.

Marion Dathe

Interkulturelles Training im Studienfach Interkulturelle Wirtschaftskommunikation an der Friedrich-Schiller-Universität Jena

Der Jenaer Modellversuch und seine Forschungsgrundlagen
Interkulturelles Verhandlungstraining
    Kommunikations- und handlungstheoretische Grundlage des Trainings
    Trainingsziele
    Verhandlungstraining als Planspiel
    Trainingsdurchführung
    Einschätzung des Trainings

1. Vorbemerkung

In den Sprachwissenschaften, den Wirtschaftswissenschaften und der Forschung zur internationalen Unternehmensführung hat sich das stark zunehmende Interesse an Erkenntnisgewinnung und -systematisierung im Hinblick auf Fragen der interkulturellen Kommunikation in einer Vielzahl theoretischer Arbeiten niedergeschlagen. In wesentlich geringerem Maße kann aber auf universell anwendbare bzw. praxisnahe und vor allem alle wesentlichen Bestandteile von Kommunikationsprozessen einschließende Trainingskonzeptionen für die interkulturelle Kommunikation zurückgegriffen werden. Handlungsbedarf wurde in diesem Zusammenhang besonders hinsichtlich der Didaktisierung interkultureller Kommunikationsprozesse in der Wirtschaft sichtbar.

2. Der Jenaer Modellversuch und seine Forschungsgrundlagen

Von der Bund-Länder-Kommission der BRD wurde 1992 ein Modellversuch 'Wirtschaftsfremdsprachen und Interkulturelle Wirtschaftskommunikation' unterstützt, der inzwischen an der Friedrich-Schiller-Universität Jena weitgehend realisiert wird und der mit dem Aufbau eines eigenständigen Studienfaches 'Interkulturelle Wirtschaftskommunikation' (Schwerpunktfach für Magisterstudenten verschiedener Philologien oder Nebenfach für Studenten der Wirtschaftswissenschaften generell bzw. des innovativen Studienfaches 'Interkulturelles Management' im besonderen) verbunden werden konnte.

Allgemeines Ziel des Modellversuchs sollte es sein, für die studienbegleitende Fachsprachenausbildung auf dem Gebiet der Wirtschaftswissenschaften (unabhängig vom Hochschultyp) ein Lehrprogramm und zugehörige Lehrmaterialien anzubieten, die vorerst vier Wirtschaftsfremdsprachen (Englisch, Französisch, Russisch, Deutsch als Fremdsprache) inclusive fünf Zielkulturen (der Großbritanniens, der USA, Frankreichs, Rußlands und der BRD) einbeziehen.

Begründet durch Desiderate der Ausbildung, die sich aus den neuen Praxisanforderungen an Absolventen wirtschaftswissenschaftlicher Hochschuleinrichtungen ergeben, sowie durch Mängel, die sich in der universitären wirtschaftswissenschaftlichen und fachsprachlichen Ausbildung selbst zeigten, sollte der Modellversuch folgende Teilbereiche umfassen:

Die Erstellung von

- *Curricula für bis zu 16 Sprachniveaustufen* (die eine Art Baukastensystem ergeben, dessen Teile nicht zwingend vollständig, sondern aufbauend auf den vorhandenen Ausgangskenntnissen der Studierenden angewandt werden können);
- *zeitökonomisch handhabbaren und validen Einstufungstests*, die es erlauben, in kurzer Zeit mit Sicherheit auch für eine größere Anzahl von Bewerbern deren Ausgangskenntnisse auf dem Gebiet der Wirtschaftsfremdsprachen zu bestimmen;
- *interaktiv-interkulturell konzipierten Lehrmaterialien*, die die Studierenden befähigen sollen, in der gewählten Zielkultur ädaquat und wirtschaftlichen Interessen entsprechend erfolgreich zu handeln;
- *Fallstudienkursen*, denen authentische Fallbeispiele aus der Wirtschaftspraxis zugrunde liegen und die nur erfolgreich lösbar sind unter Anwendung von situationsrelevanten Kenntnissen der Zielkultur;
- *Verhandlungstrainings*, in denen zu Fragen und Problemen aus dem bi- bzw. multikulturellen Wirtschaftsalltag mit Vertretern der Zielkulturen jeweils ein Konsens ausgehandelt werden soll;
- *Prüfungsunterlagen* für das Zertifikat 'Fachsprache Wirtschaft' (KMK/HRK).[1]

Die Endphase der Arbeit am Modellversuch soll dem Transfer der Projektergebnisse an Hochschulen der BRD gewidmet sein und damit die Anwendungsphase mit dem Ziel der Evaluierung und Vervollkommnung der Lehr- und Trainingsmaterialien, Curricula, Tests und Zertifikatsprüfungen einleiten.

Bereits zu Beginn der für die Durchführung des Modellversuches notwendigen Forschungsarbeit offenbarte sich, daß zunächst die theoretische Basis für die Erstellung aller genannten Bestandteile (Curricula, Lehrmaterialien, Prüfungsunterlagen etc.)

---

[1]   Kultusministerkonferenz und Hochschulrektorenkonferenz

erweitert werden mußte. Als besonders relevant erwies sich dabei der Schritt von der fremdkulturellen System- zur interkulturellen Prozeßanalyse (Bolten 1996a), d.h., die insbesondere durch Erkenntnisse der Ethnomethodologie, interkulturellen Kommunikationsforschung und der sozialwissenschaftlichen Handlungstheorie vorbereitete Erweiterung kulturkontrastiver Absätze um interaktionstheoretische Aspekte (Bolten 1996a).

Der Begriff der 'interkulturellen Kommunikation' mußte somit weiter spezifiziert werden. Dabei entstand die Grundeinsicht, daß von 'Interkulturalität' als Forschungsperspektive erst dann gesprochen werden kann, wenn über die inhaltlichen Fixpunkte (Kultur A, Kultur B) einer Interaktionsbeziehung hinaus die Prozessualität der Beziehung A⟺B (das 'Dazwischen') unter generativen Gesichtspunkten perspektiviert wird. Das 'Dazwischen' ist dabei ein Prozeß — die 'Interkultur', deren wesentliches Merkmal darin besteht, daß sich in ihrem Kontext kulturell bedingte Verhaltensspezifika sowohl von A als auch von B verändern, wodurch eine neue, sich beständig reproduzierende Qualität entsteht (Bolten 1995b).

Doch auch die Definition solch grundlegender Begriffe wie 'Kommunikation' und 'Kultur' mußte für die Arbeit neu festgelegt werden. Das Jenaer interaktiv-interkulturelle Handlungsmodell setzt folgendes Verständnis von 'Kommunikation' und 'Kultur' voraus:

Kommunikation wird im Gegensatz zur Interpretation als Transmission (Sprachdatenübermittlung) bzw. zur Reiz-Reaktions-Handlung als Sender-Empfänger-Relation mit einer Interdependenz von Inhalts- und Beziehungsaspekt betrachtet. Nach Watzlawik / Beavin / Jackson (1990:55) vermittelt dabei der Inhaltsaspekt die Daten, und der Beziehungsaspekt weist an, wie diese Daten aufzufassen sind. Beim Beziehungsaspekt hat darüberhinaus einen wichtigen Stellenwert, daß Selbstwertkonzepte, Erwartungen und Erwartungs-Erwartungen der Beteiligten, also Selbst-, Fremd- und Metabilder (Bolten 1995a), stets beteiligt sind.

Die eindeutige Definition von 'Kultur' war nicht nur aus dem Grund erforderlich, daß Kultur generell im engeren (a) und weiteren Sinne (b) verstanden werden kann, wobei (a) Kultur Gegenbegriff zu Natur, Zivilisation oder Massenkultur oder (b) allgemeiner 'Wissensvorrat' (Habermas 1981:209) bzw. universelles, für eine Gesellschaft, Organisation und Gruppe typisches Orientierungssystem (Thomas / Hagemann 1992) sein kann. Interessanterweise ist die Usualisierung des Gebrauchs des Kulturbegriffs im Sinne von (a) oder (b) für die untersuchten und beschriebenen Zielkulturen unterschiedlich. Besonders auffällig wird das im Russischen, wo 'Kultur' traditionell ausschließlich im engeren Sinne (a) verstanden wird.

Im Verlaufe der grundlegenden Forschungsarbeiten zum Modellversuch stellte sich heraus, daß sich eine solide Basis von Erkenntnissen aus einzelnen Disziplinen nutzen ließ, die unabhängig voneinander die Klärung wesentlicher Komponenten der interkulturellen Kommunikation (besonders der interkulturellen *Wirtschafts*kommunikation) einzubringen vermochten.

Die Wirtschaftswissenschaften haben Kulturunterschiede im internationalen Management beschrieben, allerdings bei Vernachlässigung kommunikationsbezogener Fragestellungen. Die interkulturelle Kommunikations- und Austauschforschung, Sprach- und Kulturwissenschaften, Forschungen zur Konversation und schließlich die interkulturelle Fremdsprachendidaktik leisteten einen beachtlichen Beitrag, allerdings weitgehend ohne Berücksichtigung des Handlungskontextes des internationalen Wirtschaftsalltags. Letztlich näherte sich auch die fachsprachentheoretische und -didaktische Forschung nur einseitig dem neuerkannten Problem — nämlich in Form empirisch unterlegter Beschreibungsmodelle von Kommunikationsprozessen im Wirtschaftsalltag mit dem (linguistisch orientierten) Ziel der Erstellung praxisorientierter fremdsprachlicher Lehrmaterialien (vgl. Bolten 1995a).

Nun kam es darauf an, eine Synthese und Vertiefung dieser Erkenntnisse zu erreichen. Da die durch verschiedene Wissenschaftszweige erforschten Komponenten wirtschaftlichen Handelns zu einem Kontinuum *neuer Qualität* zusammenfließen und dabei quasi mehr als die Summe dieser Bestandteile entsteht, ist umgekehrt zu erwarten, daß bei Vernachlässigung der Ganzheitlichkeit des Systems auch die Wertigkeit einzelner Komponenten in Abweichung zur Realität verändert wird.

Interdisziplinarität, die Überwindung von Grenzen bzw. die Klärung bisher einzelwissenschaftlich vernachlässigter Aspekte, läßt sich noch durch eine weitere, aus neuerer Sicht kaum akzeptable Beschränkung bei der Erzeugung fremdsprachiger Kompetenz motivieren: gemeint ist die Beschränkung auf den Vergleich, d.h. die kontrastive Erforschung kultureller Spezifika im Kommunikationsprozeß. Genauso wie beim Kommunikationsprozeß die Betrachtung der Sender-Empfänger-Relation um das Semem 'Austauschhandlung' erweitert werden muß, so sollte auch der Sprach- und Kulturvergleich zur Untersuchung der interkulturellen Kommunikation um die Auffassung erweitert werden, daß bei der Interaktion von Vertretern verschiedener Kulturen Erscheinungen zu verzeichnen sein dürften, die erst durch den Kulturkontakt erzeugt werden. Kulturvergleichende Fragestellungen können zwar wichtige Vorwarneffekte beinhalten, für Interaktionsverläufe erlauben sie jedoch ausschließlich die Berücksichtigung (schlimmstenfalls Verfestigung) von stereotypen Selbst-, Fremd- und Metabildern, gegenseitiger — oft realitätsferner, da einseitiger — Erwartungen und eventuell bestehender Routinen. Grenzen der Assimilationsfähigkeit und gegenseitigen Akzeptanz von Vertretern unterschiedlicher Kulturen werden dabei kaum verändert. Kulturvergleichenden Untersuchungen fehlt die Einsicht, daß die konstatierten Gemeinsamkeiten zwischen Kulturen nicht als identische Schnittmenge aufgefaßt werden können, sondern nur als zwei Teilmengen zweier eventuell sehr unterschiedlich konfigurierter und als solcher autonomer Systeme mit jeweils eigenem Redistributionszentrum (Bolten 1995a). Wichtiger ist somit die Erschließung von Synergiepotentialen in der interkulturellen Interaktion.

3. Interkulturelles Verhandlungstraining

Am Beispiel des interkulturellen Verhandlungstrainings,[2] das am Ende des Studienganges 'Interkulturelle Wirtschaftskommunikation' an der Jenaer Universität steht und in dem die Teilnehmer generalistische (übergreifende) interkulturelle Kenntnisse und Fähigkeiten nachweisen müssen (in Kontakt treten hierbei nicht weniger als vier verschiedene Kulturen), soll gezeigt werden, wie die obengenannten Erkenntnisse und Prinzipien in einer der internationalen Wirtschaftspraxis angenäherten interaktionalen Übungsform realisiert werden können.

3.1. Kommunikations- und handlungstheoretische Grundlage des Trainings

Es soll nochmals darauf hingewiesen werden, daß interkulturelle Kommunikation hier verstanden wird als ein dynamischer Prozeß direkten oder indirekten kommunikativen Handelns zwischen Partnern aus kulturell unterschiedlichen Lebenswelten (Bolten 1993a; 1995a). Kulturspezifisches Wissen spielt demzufolge eine wesentliche Rolle. Es wird allerdings nicht isoliert und damit weitgehend statisch betrachtet, sondern als zugleich handlungsgenerierendes und selbst handlungsgeneriertes Element interkultureller Prozessualität. Entscheidend ist nicht primär die Frage, in welcher Hinsicht sich die Zielkulturen des Trainings voneinander unterscheiden, sondern in welcher Weise diese unterschiedlichen Kontexte handlungsbestimmend sind und inwieweit die solcherart determinierten Handlungen sich in dem permanent neu erzeugenden interkulturellen Handlungskontext gegenseitig beeinflussen und verändern.

Wesentlich für das gesamte Verhandlungstraining ist, daß den Teilnehmern in vorangegangenen Einzelkursen zur Eigen-, Ziel- und Interkultur folgende Einsichten vermittelt werden:

---

2 Autor des Konzepts: Jürgen Bolten; Umsetzung des Konzepts für die jeweils einbezogenen Fremdkulturen und -sprachen: Peter Witchalls, Marc Roennau, Sabine Ziebell-Drabo, Marion Dathe.

1. Kommunikatives Handeln vollzieht sich grundsätzlich sowohl auf einer Inhalts-als auch auf einer Beziehungsebene. Hieraus folgt, daß Kommunikation nicht einseitig als Sprachdatenvermittlung von einem Sender A zu einem Empfänger B verstanden werden kann. Der propositionale Gehalt des Kommunizierten qua 'Inhalt' steht vielmehr in einem Interdependenzverhältnis zu der Beziehung zwischen den Interaktionspartnern. Verändert sich ein Beziehungsaspekt, so kann dies Auswirkungen auf die Inhaltsebene haben — et vice versa.

2. Kommunikatives Handeln ist wesentlich geprägt durch die Erfahrungsschemata der Kommunizierenden. Erfahrungsschemata ermöglichen eine weitgehend problemlose und automatisierte Form des Alltagshandelns. Sie sind konstitutiv für Normalitätsannahmen und Routinehandlungen in bezug auf alltägliche Interaktionen. Umgekehrt werden sie erst in ständiger Wechselwirkung mit Interaktionserfahrungen in einem bestimmten lebensweltlichen Kontext geprägt.

3. Wie die Erfahrungsschemata sind auch die Handlungsschemata der Kommunizierenden durch ihren jeweiligen lebensweltlichen Kontext bestimmt. Der lebensweltliche Kontext konstituiert sich aus individuencharakteristischen Wahrnehmungs-, Denk- und Handlungsgewohnheiten, aus sozialisationstypischen Einflüssen und aus der Tradierung eines kulturkonstitutiven Wissensvorrates über das 'kulturelle Gedächtnis' (Assmann / Hölscher 1988; Schütz / Luckmann 1991; Bolten 1993a). Die drei Ebenen stehen in einem Interdependenzverhältnis, wobei die Reflexionsmöglichkeit und Begründbarkeit der Konstitutionsmerkmale individuellen Handelns von der Ebene der Individualität über die der Sozialisation bis hin zu der des kulturellen Wissensvorrates sukzessive abzunehmen scheint.

4. Kommunikatives Handeln ist durch die lebensweltlichen Kontexte der Kommunikationspartner bestimmt, erzeugt aber auf der Grundlage von Reziprozität immer auch spontan einen eigenen, dritten Kontext. Dieser 'dritte' Kontext läßt sich handlungstheoretisch als jenes 'Territorium' (Goffman 1991:54) beschreiben, das den mehr oder minder explizit ausgehandelten Interaktionsspielraum markiert, in dessen Grenzen kommunikatives Handeln konventionalisiert und akzeptiert und damit 'plausibel' wird. Das Territorium selbst ist — gerade bei internationalen Verhandlungen — gegenüber den Ausgangskontexten ('Eigenkultur' und 'Fremdkultur') verschieden. Es kann als 'Interkultur' bezeichnet werden (Bolten 1993a).

5. Eine wesentliche Differenz zwischen intra- und interkultureller Kommunikation besteht im Grad der Kompatibilität der Handlungsvoraussetzungen der Kommunikationspartner. Während Kommunikationspartner mit weitgehend gleichem kulturellen Wissensvorrat (Vertreter derselben Kultur) diesen auch immer als Basis einer — zumeist intrakulturellen, gleichwohl aber unreflektierten — Letztverständigung verwenden können und nicht zuletzt auch sämtliche Reparaturmecha-

nismen oder Ausgleichshandlungen bei Mißverständnissen hierauf gründen, ist diese Voraussetzung bei interkulturellen Kommunikationsprozessen in erheblich geringerem Ausmaß bzw. gar nicht gegeben. Das trifft natürlich dann zu, wenn bei den Kommunikationspartnern keine Kenntnisse über interkulturelle kommunikative Handlungsabläufe bestehen. Dann nämlich sind in interkulturellen Kontexten die Ursachen für kommunikative Probleme oft nicht plausibel nachvollziehbar, weil die Handlungsgrundlagen der Partner unzugänglich bleiben oder im Hinblick auf die eigenen Erfahrungs- und Handlungsschemata mißinterpretiert werden. Da an der 'Oberfläche' Handlungskonventionalisierung und Akzeptanz auch bei (nichtreflektierter) eigentlicher Inkompatibilität gelingt, ist in interkulturellen Kommunikationskontexten häufig der Fall anzutreffen, daß sich Partner über längere Zeit hinweg 'gut verstehen', gemeinsame Kommunikationskonventionen aushandeln und ein gemeinsames, 'normales' und plausibles Handlungsterritorium schaffen, nach einiger Zeit aber gerade aufgrund der Inkompatibilität der kulturspezifischen Komponenten der Kommunikation sich irreparabel mißverstehen. 'Rettend' in einer solchen Situation kann sein, daß sich die Kommunikationsteilnehmer dann wenigstens auf der Metaebene einiger der Ursachen solcher Mißverständnisse bewußt sind und diese auf dieser Ebene auch thematisieren können. Ebenso gut ist es freilich aber auch denkbar, daß unterschiedliche kulturspezifische Handlungsvoraussetzungen Synergiepotentiale freisetzen. Und gerade diese gilt es im interkulturellen Kommunikationsprozeß weitestgehend zu nutzen.

6. Kommunikatives Handeln vollzieht sich auf den vier Ebenen verbalen, paraverbalen, nonverbalen und außerverbalen Handelns. Die Ebenen sind interdependent und nur im Kontext dieses Interdependenzsystems interpretierbar. Dementsprechend lassen sich 'kulturelle Stile' nur in einem Systemzusammenhang beschreiben, nicht aber in der analytischen Isolation einer der vier Ebenen (Galtung 1985:155; Schröder 1993:524; Bolten 1993a:113). In ähnlicher Weise gilt für Kommunikationstrainings, daß kommunikatives Handeln als Gesamtheit sich wechselseitig bedingender Faktoren analysiert und beurteilt werden muß.

Das folgende Schaubild illustriert die in die interkulturelle Interaktion eingreifenden Komponenten, die in verschiedenen Trainingsformen des Modellversuchs berücksichtigt werden sollen.

Abbildung 1: Interkulturelle Kommunikation als Interaktion (nach Bolten 1993a:113)

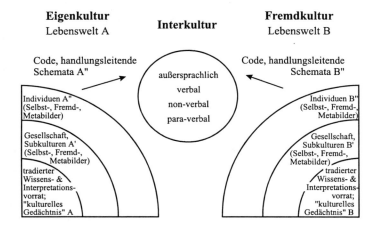

7. Das Prinzip 'Sprich die Sprache deines Kunden' konkurriert mit dem Prinzip 'Sprich die eigene Sprache und höre die fremde'. In den Fällen, in denen man bei internationalen Verhandlungen nicht auf den Gebrauch einer lingua franca angewiesen ist, bietet das Prinzip 'Sprich die eigene Sprache und höre die fremde' den Vorteil, daß eine symmetrische Kommunikationsbeziehung auch als solche realisiert werden kann. Dies ist nicht unbedingt der Fall, wenn einer der Kommunikationspartner seine Muttersprache, der andere jedoch eine Fremdsprache verwendet.

8. Zu den wichtigsten Erfordernissen interkultureller Kommunikation zählt die Fähigkeit zur Metakommunikation. Metakommunikation dient der gegenseitigen Verständigung bzw. Thematisierung im Hinblick auf Plausibilitätslücken oder Mißverständnisse, die im Kontext der Interkultur auftreten können. Sie vergegenständlicht den Kommunikationsprozeß, womit sie gleichzeitig Rollendistanz schafft.

9. Interkulturalität impliziert Interaktionalität. Da die im kommunikativen Handeln erzeugte Interkultur im Gegensatz zu den Ausgangskulturen der Kommunikationspartner nicht über eigene Makrostrukturen verfügt, ist sie in erheblich ausgeprägterer Form prozeßgebunden. Folglich ist Interkulturalität ohne Interaktion nicht denkbar.

3.2. Trainingsziele

Die Ziele des interkulturellen Verhandlungstrainings leiten sich weitgehend aus den oben skizzierten theoretischen Grundlagen ab. (Die Numerierung in Klammern entspricht der Numerierung der vermittelten Einsichten in interkulturelle Kommunikationsabläufe.) Die Teilnehmer sollen in die Lage versetzt werden,

– ihre Selbstkonzepte, Erwartungen und Erwartungs-Erwartungen vor und während interkultureller Verhandlungen zu formulieren und deren Interdependenz als Grundlage des eigenen Handelns zu erkennen (1),

– Veränderungen ihres eigenen Verhaltens in interkulturellen gegenüber eigenkulturellen Kommunikationskontexten wahrzunehmen und zu beschreiben (4),

– Plausibilitätsdefizite und Unsicherheitssituationen in interkulturellen Kontexten im Sinne von Ambiguitätstoleranz 'auszuhalten' (4),

– Handlungs- und Kommunikationskonventionen in interkulturellen Kontexten auszuhandeln und zu realisieren (4, 7),

– sowohl Mißverständnis- als auch Synergiepotentiale ihres Handelns in konkreten interkulturellen Situationen zu benennen (5),

– Problemlösungsstrategien und Kommunikationsstile im Hinblick auf ihre kulturelle Determiniertheit zu erkennen (5),

– Rollendistanz in bezug auf die eigene Realisierung der vier Kommunikationsebenen zu erlangen (6),

– mehrsprachige Verhandlungen zu führen (7),

– metakommunikative Strategien anzuwenden (8).

Für das Training werden in vorangegangenen Kursen erworbene und daher von den Zielen ausgeklammerte synchronische und diachronische Kenntnisse des wirtschaftsbezogenen Alltagshandelns in der Eigen- und der Zielkultur (2, 3) einschließlich der jeweiligen 'kulturellen Stile', gute Kenntnisse in mindestens einer Fremdsprache (7), Verhandlungssicherheit in der Mutter- und der Zielsprache sowie Grundkenntnisse in den Bereichen Unternehmensorganisation und Marketing vorausgesetzt.

3.3. Verhandlungstraining als Planspiel

Für uns bietet sich aus methodischer Sicht für das Training die Form des Planspiels an. Im Gegensatz zu den üblicherweise bei Verhandlungstrainings eingesetzten Rollenspielen schafft es anstelle von Teilkontexten, die punktuell in das Training eingebettet sind, einen komplexen Gesamtkontext, der seinerseits erst das Training konstituiert. Die Unverbindlichkeit einer unzusammenhängenden Kette kommunikativer 'Übungen' wird auf diese Weise ersetzt durch die Verbindlichkeit eines Handlungsrahmens, der von den Teilnehmern selbstverantwortlich ausgefüllt und als in sich stimmiges und sinnvolles Kontinuum permanent reproduziert werden muß. Nur so kann zumindest annäherungsweise jene 'Normalität' und Identifikationsbereitschaft erzielt werden, die reales interkulturelles Alltagshandeln charakterisiert. In Trainings häufig anzutreffende Schutzbehauptungen wie 'so hätte ich mich in der Realität nicht verhalten' werden damit hinfällig. Unterstützend wirkt hierbei die Tatsache, daß das Planspiel inhaltlich an eine Fallstudie aus dem Wirtschaftsalltag geknüpft ist.

Vor diesem Hintergrund und angesichts der Voraussetzung einer international zusammengesetzten Teilnehmergruppe enthält das Training auch keine Übungen, die, wie es bei culture-awareness-Trainings häufig der Fall ist, fiktive Kontexte konstruieren, um Fremdheitserfahrungen simulieren zu können. Fremdheit und Interkulturalität werden vielmehr in den Planspiel-Interaktionen selbst erzeugt.

3.4. Trainingsdurchführung

Folgende Rahmenbedingungen des Verhandlungstrainings haben sich bewährt:

Das Training findet in einem Wechsel zwischen Plenar- und Gruppenarbeit statt. Es werden insgesamt vier Gruppen gebildet, die jeweils (entsprechend der zur Zeit im Fachbereich Interkulturelle Wirtschaftskommunikation der Friedrich-Schiller-Universität angebotenen Zielkulturen) ein Unternehmen aus Frankreich, Großbritannien, Rußland und den USA repräsentieren. Die Gruppen treffen Entscheidungen für 'ihr Unternehmen', diskutieren intern Kooperationsmöglichkeiten mit anderen Unternehmen und treten dann in die entsprechenden Verhandlungen. Die Unternehmenssprache entspricht der Sprache des Unternehmensstandortes. Bei Kooperationen oder Joint-ventures wird die Verhandlungssprache von den Beteiligten selbst festgelegt.

Plenarveranstaltungen finden in deutscher Sprache statt. Sie dienen der Auswertung von Videoaufzeichnungen in den Gruppen sowie der Vermittlung interkulturell relevanter Verhandlungs- und Verhaltensstrategien.

Voraussetzung für die erfolgreiche Trainingsdurchführung ist der Einsatz von Trainern, die die entsprechende Zielkultur (der Teilnehmer) als Eigenkultur vertreten und die neben umfassenden Fähigkeiten der Problemerkennung und Kenntnissen von Problemlösungsstrategien in der interkulturellen Kommunikation Methoden der Gesprächsanalyse beherrschen sollten; die Ausstattung mit Video-Technik; miteinander verbundene Telefonanschlüsse und Arbeitsräume für alle beteiligten (Unternehmens-)Gruppen. Als Teilnehmer sollten ausschließlich Lerner mit guten bis sehr guten Deutschkenntnissen sowie guten Kenntnissen mindestens einer der Planspielsprachen zur Auswahl kommen.

Vor Trainingsbeginn werden die Teilnehmer je nach gewählter Zielkultur bzw. Zielsprache in möglichst gleich große Gruppen aufgeteilt. Jede Gruppe repräsentiert ein (zu Beginn monokulturelles) Unternehmen.

Das den Teilnehmern auszuhändigende Trainingsmaterial enthält die genaue Beschreibung der Fallstudie, Informationen aus dem extraverbalen (Wirtschafts-) Bereich über das 'eigene' Unternehmen und die Beschreibung der Situation auf den Märkten, auf denen das Unternehmen tätig ist bzw. sein könnte.

Im konkreten Fall handelt es sich um Unternehmen im Bereich der Bekleidungsindustrie. Der Vorteil des Jenaer Trainingsmodells besteht jedoch gerade darin, daß unter Wahrung seines Funktionsrahmens beliebige andere Fallbeispiele aus verschiedenen Wirtschaftssphären aufbereitet und beliebige andere (methodisch aufzubereitende) Zielkulturen bzw. -sprachen einbezogen werden können.

Ausgangspunkt für die erste Planspielrunde ist eine Marktsituation mit Tendenz zur Verschlechterung für alle beteiligten Einzelunternehmen, so daß Handlungsbedarf besteht, wenn die Unternehmen konkurrenzfähig bleiben wollen. Einziger Ausweg ist die internationale (mindestens binationale) Unternehmenskooperation, die nicht ohne interkulturelle Interaktionen ablaufen kann.

Folgende Trainingsschritte, deren spezifische Gestaltung weitgehend von den Interaktionen der Trainingsteilnehmer bestimmt wird, berücksichtigen alle Kommunikationsfaktoren (verbale, paraverbale, nonverbale und extraverbale).[3]

1. Mit Hilfe detaillierter Informationen über alle beteiligten Unternehmen und über die gegenwärtige Marktsituation kann zunächst im 'eigenen' Unternehmen eine Entscheidung über ein mögliches Kooperationsabkommen getroffen werden. Es können dann in einer nächsten Etappe Kontakte zu dem gewünschten Kooperationspartner aufgenommen, Kooperationsverhandlungen geführt und gemeinsam Strategien zur Absatzverbesserung ausgearbeitet werden. Auf dieser Grundlage ist es möglich, Absatzziele für die erste Planspielrunde festzulegen. Die unternehmensinterne Diskussion zur Kooperationsentscheidungsfindung wird von Videoaufzeichnungen der Teilnehmer begleitet, die das Ziel haben, zunächst das kommunikative Handeln in der eigenen Kultur zwecks späterer Analyse bzw. zwecks Vergleichs mit der interkulturellen Interaktion festzuhalten.

---

[3] Üblicherweise werden diesen vier Gruppen von Kommunikationsfaktoren im einzelnen die folgenden wesentlichen Vertreter zugeordnet:
a) verbale Faktoren: Lexik, Grammatik, Sprechakte, Diskurskonventionen, Textsorten u.a.; b) paraverbale Faktoren: Prosodie, Rhythmus, Lautstärke u.a.; c) nonverbale Faktoren: Körpersprache (Mimik, Gestik, Blickkontakt, Proxemik u.a.); und d) extraverbale Faktoren: die sogenannten 'harten' Faktoren (in diesem Fall der Wirtschaftssphäre)

117

2. Insgesamt ist das Planspiel auf mehrere Runden ausgelegt. Zu Beginn jeder neuen Runde erhalten die Teilnehmer aktuelle Marktberichte, die mit Hilfe eines Kalkulationsprogramms auf der Grundlage der von den Unternehmen und ihren Konkurrenten getroffenen Entscheidungen in der jeweils vorangegangenen Geschäftsperiode erstellt werden. Zusätzlich bekommen die Teilnehmer aktuelle — möglichst realitätsgetreue — Markttrendmeldungen. Die auf dieser Grundlage jeweils zu verändernde Unternehmensstrategie muß ausgehandelt werden.

3. Da es sich bei dem Planspiel um eine Simulation internationaler Unternehmenstätigkeit vor allem in den Bereichen Management und Marketing handelt, ist es sinnvoll, die für diese Bereiche wesentlichen Handlungsstrategien der interkulturellen Wirtschaftskommunikation zu kennen und anwenden zu können (Metaebene). Aus diesem Grund sind die Planspielrunden eingebettet in Plenarveranstaltungen, in denen Fragestellungen interkulturellen Verhaltens und Verhandelns diskutiert werden. U.a. muß dabei auf die kulturell geprägten Organisations- und Führungsgrundsätze in den Unternehmen eingegangen werden, die bei Kooperation bzw. Gründung von Joint-ventures quasi interkulturell neu gestaltet werden sollten.

4. Den größten Bestandteil der Kommunikation während des Planspiels bilden Gespräche und Verhandlungen der Teilnehmer. Da die internen Unternehmenssprachen unterschiedlich sind, muß zunächst gemeinsam die Sprachregelung für die Unternehmenskooperation ausgehandelt werden.[4]

5. Wenn unternehmensintern eine Kooperationsentscheidung getroffen ist, sollte die Kontaktaufnahme mit dem potentiellen Kooperationspartner erfolgen. Dies kann telefonisch (Telefontraining) oder schriftlich (Geschäftskorrespondenztraining) vorgenommen werden. Wichtig ist dabei, gültige Kommunikationsnormen in der entsprechenden Kultur des Partners zu kennen und anzuwenden, da sich bei Verstößen gegen diese Normen von vornherein negative, schwer reparable Auswirkungen für das Image des 'eigenen' Unternehmens ergeben könnten. Die telefonische Kontaktaufnahme wird wiederum von einer Videoaufzeichnung der Kommunikationsteilnehmer begleitet.

6. Auch bei der nun folgenden Vorbereitung jeweils beider potentiellen Kooperationspartner auf das erste Treffen ist die Aktualisierung von Kenntnissen über die Kultur des potentiellen Partners notwendig (z.B. Rituale, die die Gast- und

---

[4] Wie bereits gezeigt, kann zwischen den Varianten "Sprich die Sprache deines Kunden bzw. Partners", einer für alle Beteiligten akzeptablen lingua franca, Englisch als für alle verbindliche Verhandlungssprache oder Sprechen der eigenen Unternehmenssprache + Hören der fremden Unternehmenssprache(n) gewählt werden.

Gastgeberrolle markieren) und sind Synergiepotentiale zwischen dieser und der eigenen Kultur aufzuzeigen.

7. Die gemeinsame Besprechung der Videoaufzeichnungen verfolgt das Ziel, mögliche Unterschiede zwischen Selbst- und Fremdeinschätzungen des individuellen Verhaltens der Teilnehmer zu demonstrieren und gleichzeitig die Ursachen von Abweichungen zu erklären. Vor allem geht es um die Einschätzung des Zusammenspiels der verbalen, paraverbalen und nonverbalen Bestandteile der Kommunikation.

8. Nach erfolgten Unternehmenszusammenschlüssen sind die Geschäftsbereiche, nunmehr in den gemeinsamen Unternehmen, neu zu besetzen. Auch dazu bedarf es geschickter interkultureller Verhandlungsführung und Erkennung von Synergiepotential, da wiederum in der interkulturellen Situation Managementstile aufeinander abgestimmt werden müssen.

9. Alle Kommunikationsakte in den neugegründeten binationalen Unternehmen des Spiels und die nun folgende Festlegung der Marketingstrategien der neuentstandenen Unternehmen für verschiedene nationale Märkte (unterschiedliche Werbestrategien und -mittel, Produktversionen, Preispolitik etc.) werden durch Videoaufzeichnungen begleitet, auf deren Grundlage dann die Analyse der interkulturellen Interaktion erfolgen kann.

10. Kulturelle Spezifika der schriftlichen Unternehmenskommunikation und ihr Zusammenwirken im interkulturellen Bereich lassen sich bewußtmachen bei der Präsentation (Erarbeitung eines druckfertigen Textes) der Organisations- und Führungsgrundsätze der jeweils neuentstandenen Gemeinschaftsunternehmen. Dazu bedarf es einerseits der Aktualisierung einzelkultureller Standards der Textgestaltung und andererseits ihres Vergleichs in den beteiligten Kulturen (Bolten 1992). Es soll dabei eine solche Präsentationsform ausgewählt werden, die allen Planspielteilnehmern maximales Textverstehen und weitgehend die Möglichkeit kultureller Identifikation bietet.

11. Die Erstellung von Zeitschriftenwerbung für das jeweilige Gemeinschaftsunternehmen und seine Produkte im Blick auf die entsprechenden Herkunftsländer bzw. die verschiedenen nationalen Märkte stellt eine weitere Trainingsphase dar. Hierbei müssen Überlegungen angestellt werden, welche Gestaltungsmerkmale der Printwerbung aus welchen Gründen kulturspezifisch sind, welche Zielgruppe mit ihren jeweiligen Erwartungen zu beachten ist. Es sollten Möglichkeiten der internationalen Standardisierung von Werbung aus Kostengründen ermittelt und evaluiert werden, wobei der mögliche Einfluß der Standardisierung auf Werbewirksamkeit in den betreffenden Ländern nicht unterschätzt werden darf.

Außerordentlich wichtig für den gesamten Planspielverlauf ist das ständige Bewußtmachen von unter der 'Oberfläche' schwelendem Konfliktpotential in den unterschied-
lichsten Situationen und den möglichen Ursachen von auftretenden Konflikten.
Angestrebt ist die zunehmende Automatisierung der Anwendung von situations-
adäquaten Reparaturmechanismen bei den Studierenden.

Selbstverständlich laufen im Rahmen des Trainings alle interkulturellen Kommunikationsprozesse um so realitätsnaher ab, je mehr in den entsprechenden Teilnehmergruppen Vertreter dieser Kulturen präsent sind.

3.5. Einschätzung des Trainings

Es muß hervorgehoben werden, daß das Jenaer interkulturelle Verhandlungstraining,
das (wie gezeigt) einen innovativen Ansatz zu realisieren versucht, bei aller Hand-
lungsorientiertheit und Praxisnähe natürlich ein Simulationsmodell bleibt. Als solches
weist es einige Besonderheiten auf.

– Das Planspiel muß mit einem vertretbar minimalen Maß an wirtschaftswissen-
schaftlichen Grundkenntnissen auskommen, da es für Studierende sowohl der
Wirtschaftswissenschaften als auch verschiedener Philologien konzipiert wurde.
So ist auch die Auswahl an Entscheidungen in dem extraverbalen (wirtschaftlichen) Bereich begrenzt. Damit ist das Trainingsmaterial allerdings für Fremd-
sprachenlehrkräfte leichter handhabbar.
Das Spiel wurde bisher auf die Textilbranche beschränkt. Damit wurde die
Schwierigkeit des Umgangs mit technischen Fachsprachen (der bei der Produktion
und Vermarktung technischer Produkte unumgänglich wäre) vermieden. Bei
etwaiger Adaptation des Planspiels für Branchen technischer Investitions- oder
Gebrauchsgüter (die möglicherweise in einigen Zielkulturen zur Zeit einen
größeren Stellenwert haben) wäre demzufolge noch eine mehr oder weniger
umfangreiche Aufbereitung lexikalisch-fachlichen Materials für die Teilnehmer
notwendig.
– Die Ausblendung einzelner Entscheidungsbereiche speziell aus dem extraverbalen
Feld ist der andernfalls kaum noch (weder für die Spielleitung noch für die
Teilnehmer) handhabbaren Komplexität des Trainingsmaterials gestundet. Trotzdem dürfte sich das Trainingskonzept positiv von anderen Übungsformen unterscheiden. Da in unserem Fall die Interdisziplinarität besonders umfassend ist und
die interkulturelle Interaktion im Vordergrund steht, ist auch die Gefahr der
Vernachlässigung von Teilbereichen unternehmerischer Tätigkeit möglich. Hier
müssen Einwände ganz unterschiedlicher Gruppen von Beteiligten akzeptiert
werden, die natürlicherweise durch ihre Spezialisierung bestimmten Unterneh-

mensbereichen unterschiedliche Relevanz zuweisen, der im Planspiel nicht entsprochen werden kann.

- Das gesamte Planspiel verlangt ein sehr hohes Maß an koordinatorischem Können besonders für die Planspielleitung. Zeitgleich ist die Arbeit in mindestens vier Teilnehmergruppen vorgesehen. Videoaufzeichnungen, Spielkoordination und Videoauswertung stellen zeitlich wie fachlich Höchstanforderungen an die Leitung. Die Interdisziplinarität verlangt ihrerseits unterschiedliche fachliche Voraussetzungen. Beim Transfer der Trainingsform an andere Hochschulen sind also Bedenken dort tätiger Fremdsprachenlehrer zu erwarten. An der leichteren Handhabung der Trainingsbestandteile muß deshalb aus meiner Sicht gearbeitet werden.

- Das Verhandlungsspiel ist nach Beendigung der Einführungsphase in starkem Maße selbstkonstituierend. Das kann unter dem Aspekt der Praxisnähe als sehr positiv gewertet werden. Das Gelingen des Spiels wird durch die konkreten kommunikativen Voraussetzungen, Leistungen und Einstellungen der Teilnehmer determiniert, birgt aber auch die Gefahr in sich, daß einer wenig routinierten Spielleitung der Überblick über das Spiel entgeht bzw. wichtige Aspekte der Interaktion entgleiten.

- Allen interkulturellen Erfahrungen würde es zuwiderlaufen, wenn nicht auch die kulturelle Basis des hier vorgestellten interkulturellen Verhandlungtrainings nachzuempfinden wäre. So handelt es sich bei aller angestrebten Interkulturalität natürlich um ein an einer deutschen Hochschule erdachtes und ausgearbeitetes Modell, das in seiner Konzeption Züge des deutschen Wissenschafts- bzw. Lehrstils aufweist.

  Für die deutschen Teilnehmer am Planspiel muß ebenfalls eine Einschränkung — nämlich in der Fremdheitserfahrung — zugestanden werden. Als gemeinsame Aktanten im Team mit den ausländischen Teilnehmern, die tatsächlich die Kultur des ausländischen Unternehmens als eigene vertreten können, sind erstere lediglich in der Lage, sich in diese Kultur weitgehend hineinzuversetzen, aber nicht, sie als eigene zu empfinden.

  Schließlich muß sogar bei der technischen Ausstattung, die für ein solches Planspiel vorgesehen ist, davon ausgegangen werden, daß das deutsche Hochschulumfeld die Trainingssituation bestimmt. Darüber hinaus kann man sich gewiß sein, daß sich die verschiedenen sozialen Bereiche in verschiedenen Ländern außerordentlich unterscheiden können und damit auch die Handlungsspielräume für die konkreten Aktanten.

- Bezüglich einiger Aspekte lassen sich im Verhandlungsspiel auch Grenzen der Optimierung interkultureller Interaktion feststellen. So kommt es immer wieder zu kleineren und größeren 'Konflikten' (ungeachtet gemeinsamer Unternehmensziele, die in den gebildeten Joint-ventures ausgehandelt werden) besonders dadurch, daß kulturell unterschiedliche Zeitbegriffe, Arbeitsweisen, Hierarchien, Werte u.a. trotz aller Bewußtmachung im einzelnen dominieren. Die Erwartung, daß sich z.b. Personen mit polychroner Handlungstradition in monochrone umorientieren könnten oder umgekehrt, ist genauso illusionär wie die Erwartung völliger Preisgabe hierarchischer zugunsten demokratischer Organisationsstrukturen und umgekehrt.

– Noch einige Bemerkungen zu Gesprächsanalysen, die auf der Grundlage der während der verschiedenen Phasen des Spiels vorzunehmenden Videoaufzeichnungen durchgeführt werden können. Durch relativ perfekte technische Voraussetzungen ist heutzutage die 'Konservierung' jeglichen Details möglich geworden. Keinesfalls haben sich aber die Anforderungen an die Interpretatoren der Aufzeichnungen verringert. Die Entscheidung zwischen relevanten und irrelevanten Details ist meist eine Frage der allgemeinen Einstellung auf bestimmte Ziele und fällt oft durch den Aufnehmenden.

– Letztlich muß darauf hingewiesen werden, daß es sich bei der präsentierten Trainingsform (wie allen übrigen zur Zeit im Rahmen des Jenaer Modellversuchs erprobten Trainingsformen) trotz aller postulierten Handlungsbezogenheit und Adaptation an die wirtschaftliche Praxis um simulierte Situationen handelt. Für manche Anliegen läßt sich aber das 'Learning by doing', wie es bei der Einarbeitung in neue Praxisbereiche oder bei der Anwendung neuer Methoden in der tatsächlichen Praxis ständig anzutreffen ist, doch nicht vollständig im Hochschulmilieu vorbereiten. Das betrifft vor allem das Verantwortungsgefühl für den Tätigkeitsbereich. Daraus wiederum resultiert das unterschiedliche Engagement einmal im Lernprozeß an der Hochschule und zum anderen in der Praxis.

Literatur

Asante, M.K. (1989) (ed.). *Handbook of Intercultural Communication*. London / Newbury Park, CA: Sage-Publications

Assmann, J. / Hölscher, T. (1988) (Hg.). *Kultur und Gedächtnis*. Frankfurt a.M.: Suhrkamp

Bergemann, N. / Sourissaux, A.L.J. (1992) (Hg.). *Interkulturelles Management*. Heidelberg: Physika

Berndt, R. (1993). Das Management der Internationalen Kommunikation. In: Berndt, R. / Hermanns, A. (Hg.). *Handbuch Marketing-Kommunikation*. Wiesbaden: Gabler, 769-808

Bolten, J. (1992). Interkulturelles Verhandlungstraining. *Jahrbuch Deutsch als Fremdsprache* 18, 269-287

Bolten, J. (1993a). Interaktiv-interkulturelles Fremdsprachenlernen. In: Kelz, H.P. (Hg.). *Internationale Kommunikation und Sprachkompetenz.* Bonn: Dümmler, 99-139

Bolten, J. (1993b). Grenzziehungen als interaktionaler Prozeß. *Jahrbuch Deutsch als Fremdsprache* 19, 255-276

Bolten, J. (1995a). Grenzen der Internationalisierungsfähigkeit. Interkulturelles Handeln aus interaktionstheoretischer Perspektive. In: ders. (Hg.). *Cross Culture. Interkulturelles Handeln in der Wirtschaft.* Ludwigsburg / Berlin: Verlag Wissenschaft und Praxis, 24-42

Bolten, J. (1995b). *Lehrerhandbuch zur Marktchance Wirtschaftsdeutsch, Mittelstufe 2.* Stuttgart: Klett

Bolten, J. (1996a). Interkulturelles Management: Forschung, Consulting und Training aus interaktionstheoretischer Perspektive. In: Wierlacher, A. / Stötzel, G. (Hg.). *Blickwinkel: Kulturelle Optik und interkulturelle Gegenstandskonstitution.* Akten des III. Internationalen Kongresses der Gesellschaft für Interkulturelle Germanistik, Düsseldorf 1994. (Publikationen der Gesellschaft für Interkulturelle Germanistik 5). München: Iudicium, 201-238

Bolten, J. (1996b) (zus. mit M. Dathe, S. Kirchmeyer, M. Roennau, P. Witchalls, S. Ziebell-Drabo). Interkulturalität, Interlingualität und Standardisierung bei der Öffentlichkeitsarbeit von Unternehmen. Gezeigt an amerikanischen, britischen, deutschen, französischen und russischen Geschäftsberichten. In: Baumann, K.D. / Kalverkämper, H. (Hg.) *Fachliche Textsorten. Komponenten — Relationen — Strategien.* Tübingen: Narr, 389-425

Clyne, M. (1993). Pragmatik, Textstruktur und kulturelle Werte. Eine interkulturelle Perspektive. In: Schröder, H. (Hg.). *Fachtextpragmatik.* Tübingen: Narr, 3-18

Dülfer, E. (1992²). *Internationales Management in unterschiedlichen Kulturbereichen.* München / Wien: Oldenbourg

Galtung, J. (1985). Struktur, Kultur und intellektueller Stil. Ein vergleichender Essay über sachsonische, teutonische, gallische und nipponische Wissenschaft. In: Wierlacher, A. (Hg.). *Das Fremde und das Eigene.* Prolegomena zu einer interkulturellen Germanistik. München: iudicium, 151-193

Goffman, E. (1991²). *Interaktionsrituale.* Frankfurt a.M.: Suhrkamp

Grossberg, L. et al. (1992) (eds.). *Cultural Studies.* London / New York: Routledge

Gumperz, J. (1982). *Discourse Strategies.* Cambridge: Cambridge University Press

Habermas, J. (1981). *Theorie des kommunikativen Handelns.* 2 Bände, Frankfurt a.M.: Suhrkamp

Harris, M. (1988). *Kulturanthropologie.* Frankfurt a.M. / New York: Campus

Hofstede, G. (1993). *Interkulturelle Zusammenarbeit. Kulturen — Organisationen — Management.* Aus dem Engl. von N. Hasenkamp und A. Lee. Wiesbaden: Gabler

Knapp, K. / Knapp-Potthoff, A. (1990). Interkulturelle Kommunikation. *Zeitschrift für Fremdsprachenforschung* 1, 62-93

Patzelt, W.J. (1987). Konzepte und Theoreme der allgemeinen ethnomethodologischen Theorie. In: ders. (Hg.). *Grundlagen der Ethnomethodologie*. München: Fink, 42-98

Schröder, H. (1993). Interkulturelle Fachkommunikationsforschung. Aspekte kulturkontrastiver Untersuchungen schriftlicher Wirtschaftskommunikation. In: Bungarten, T. (Hg.). *Fachsprachentheorie*, Bd. 1. Tostedt: Attikon, 517-550

Schütz, A. / Luckmann, Th. (1991[4]). *Strukturen der Lebenswelt*. 2 Bände. Frankfurt a.M.: Suhrkamp

Sell, A. (1994). *Internationale Unternehmenskooperationen*. München / Wien: Oldenbourg

Thomas, A. (1988). Untersuchungen zur Entwicklung eines interkulturellen Handlungstrainings in der Managerausbildung. *Psychologische Beiträge* 30, 1/2, 147-165

Thomas, A. / Hagemann, K. (1992). Training interkultureller Kompetenz. In: Bergemann / Sourisseaux 1992, 174-200

Watzlawick, P.A. / Beavin, J.H. / Jackson, D.D. (1990[8]). *Menschliche Kommunikation*. Bern: Huber

Jan D. ten Thije

Intercultural Communication in Team Discussions: Discursive Interculture and Training Objectives

Deutsche Zusammenfassung

Der vorliegende Aufsatz behandelt interkulturelle Kommunikation in Teambesprechungen. Geht man von drei unterschiedlichen Ansätzen zur Untersuchung interkultureller Kommunikation aus, die als 'der kontrastive Ansatz', 'der lernersprachliche Ansatz' und 'der interaktive interkulturelle Ansatz' bezeichnet werden (Clyne 1994), so ist die Analyse letzterer Konzeptualisierung zuzuordnen.

    Entwicklungen und Fortschritte ebenso wie Probleme der gegenwärtigen Forschung zur interkulturellen Kommunikation werden zunächst anhand von vier jüngeren Publikationen dargestellt (Agar 1994; Scollon / Scollon 1995; Willing 1992; Clyne 1994). Die Arbeiten lassen die Tendenz erkennen, sich bei der Analyse interkultureller

Kommunikation nicht mehr vorwiegend auf die Untersuchung von Mißverständnissen im interkulturellen Kontakt zu beschränken, sondern sich auch mit diskursiven Strukturen des 'gelungenen' interkulturellen Diskurses in professioneller Kommunikation zu beschäftigen. Vor diesem Hintergrund erweist sich ein dynamisches, interaktiv orientiertes Modell des interkulturellen Kontakts als erforderlich, das sich nicht auf einen statischen Kulturvergleich beschränkt, sondern in Rechnung stellt, daß in der interkulturellen Kommunikation auch neue Formen und Strukturen hervorgebracht werden. Dies gilt insbesondere für strukturelle (im Unterschied zu inzidentellen) interkulturelle Kontakte.

Der Nachweis dafür wird im folgenden ausgehend von konkreten Transkriptbeispielen geführt. Die Darstellung stützt sich auf die Forschungen von Koole und ten Thije (1994a) zum niederländischen Diskurs zwischen Teammitgliedern unterschiedlicher Herkunftskulturen, deren gemeinsamer Arbeitsbereich es ist, Schulen hinsichtlich der Probleme und Möglichkeiten interkultureller Erziehung zu beraten. Im Unterschied zu den oben genannten Arbeiten gehen Koole / ten Thije bei der Analyse davon aus, daß der professionelle Rahmen des Diskurses eine wesentliche Rolle im sprachlichen Handeln spielt. So findet sich typischerweise eine 'Koinzidenz', ein Zusammenfall von institutionell und interkulturell geprägten diskursiven Strukturen. Dieser Zusammenfall realisiert sich in verschiedenen 'Diskurspositionen', die den niederländischen und den Teammitgliedern aus anderen Kulturen innerhalb verschiedener institutioneller Handlungsmuster wie 'Planen' und 'Berichten' zugewiesen werden und die quer zu diesen gelagert sind. Drei 'interkulturelle Diskurspositionen' werden näher erläutert: die 'Vertreterposition', die 'kulturelle Expertenposition' und die 'institutionelle Expertenposition'. Ein interkulturelles Muster bildet die 'Thematisierung und Dethematisierung von Rassismus'.

Als Konzept interkultureller Kommunikation schlagen Koole / ten Thije den Begriff der 'diskursiven Interkultur' vor, der sowohl der Dynamik als auch der Interaktivität interkulturellen Handelns Rechnung trägt.

Abschließend werden die Ergebnisse der diskursanalytischen Untersuchung auf die Entwicklung und Evaluation interkultureller Trainings bezogen. Der Aufsatz gibt zugleich eine Übersicht über (inter)kulturelle Trainingsprogramme, wie sie zur Zeit insbesondere im australischen Raum vorliegen. Der diskursanalytische Ansatz erweist sich für die Entwicklung interkultureller Trainingskonzeptionen in drei Hinsichten als förderlich:

– für die Entwicklung von Kriterien zur Bewertung bestehender Trainingsprogramme;
– für die Entwicklung von Vorschlägen zur Verbesserung bestehender Trainingsprogramme;
– für die Erkenntnis institutioneller Beschränkungen ihrer Resultate.

1. Introduction

This paper[1] deals with the analysis of intercultural communication in team discussions (Koole / ten Thije 1994a). First of all, I will locate these analyses within different approaches to intercultural communication, especially the 'interactive intercultural approach' (section 2) and discuss the actual state of affairs with the latter approach (section 3). Subsequently, in section 4, the main results of a study by Koole / ten Thije (1994a) will be presented, who investigated intercultural discourse during team discussions in four educational advisory centres. In section 5, some training programmes in the field of intercultural communication will be presented. In this paper I shall restrict myself to courses that aim at adults and focus on the training of competencies for team discussions, in particular to training programmes that have recently been developed in Australia. When I visited Australia in 1993 I was impressed by the Australian attempts to develop courses and training programmes concerning 'cultural diversity' (ten Thije 1995; 1996). In the last section I will reflect upon the question of how the methods of discourse analysis applied to intercultural data can contribute to intercultural training programmes. The significance of discourse analysis with respect to training programmes is threefold. The analyses of data may yield:

1. criteria for assessing current training programmes;
2. proposals for renewing training programmes;
3. insights into institutional constraints on the outcomes of training programmes.

These three types of results will be discussed in section 6.

2. Approaches to intercultural communication

The study of intercultural communication is carried out in various disciplines and in a variety of methods. Clyne (1994) distinguishes three main approaches in which the role of culture in discourse has been studied:

1. The 'contrastive approach' compares native discourse across cultures (see for instance Coulmas 1979; Loveday 1982).

---

[1]   An earlier version of this paper was presented at the Werkstattgespräch des Goethe-Instituts. I would like to thank the participants and the editors of this volume for valuable comments. I would also like to thank Jet van Dam-van Isselt for very valuable comments.

2. The 'interlanguage approach' examines the discourse of non-native speakers in a second language. For instance, Kasper / Blum-Kulka (1993) contains studies on the different realizations of speech acts such as 'requests' in different languages.
3. Finally, the 'interactive intercultural approach' analyzes the discourse of people from different cultural and linguistic backgrounds either in a lingua franca or in one of the interlocutors' languages.

I will not go into the details of the first two approaches, but I mention them because they have an important impact on intercultural training programmes. The third approach has been the least developed and, as Clyne states, "there is a need for a dynamic interactive model which takes us well beyond the necessarily limited conditions of the contrastive approach" (Clyne 1994:4). I hope to be able to show that Koole / ten Thije (1994a) contributes towards the development of such an interactive model.

3. The interactive intercultural approach

3.1. Misunderstanding in client — agent interaction

If we look in more detail at the third approach mentioned in the previous paragraph, there is general agreement among its proponents about the idea that in intercultural communication 'things go wrong'. Misunderstanding is not only the focal point of interest, but also functions as the methodological trigger for analysis. Where 'things go wrong' is where the analysis starts.

The famous training video *Cross Talk* by John Gumperz dating from 1979 can serve as an early example of this type of analysis and shows its typical framework: it focuses on the interaction between a British agent and clients of a non-English-speaking background. Their interaction is disfluent. It is true that the client speaks grammatically correct English, but his deviant intonation changes the illocutionary force of his utterances with the result that the British agent considers the client to be impolite. Other analyses of intercultural misunderstandings can be found in Gumperz (1982), Streeck (1985) and Rehbein (1985).

Behind this focus on misunderstanding there is a model of intercultural communication that Koole / ten Thije (1994a:62) have called 'cultural transfer'. According to the cultural transfer model, a speaker from culture I, e.g. from the Turkish culture, when communicating in a given situation, will relate his speech to culture I, whereas his communication partner from culture II, e.g. from the Dutch culture, will refer in that same situation to culture II. If the two cultures differ, this will lead to miscommunication.

The first problem with this approach is that it treats structural culture contact as can be found in industrialized countries in the same way as it treats incidental culture contact. The analytic practice does not make a difference e.g. between communication of native Dutch people and immigrant Turks in the Netherlands on the one hand, and communication between Dutch tourists and native Turks on a Turkish Mediterranean beach on the other (cf. Lele / Singh 1989).

A second problem is that this approach uses a static concept of culture. The cultural transfer model implies an investigation of certain discourse structures in the immigrants' countries of origin. Subsequently, it assumes that these discourse structures underlie the communicative activity of immigrant actors. This may apply, but then again, it may not, since most of the immigrants have experienced how to work and live in Dutch society.

3.2. 'Inner circle' linguistics and culture

Only recently I saw the training video *Cross Talk II* (recorded in 1991) and was a little disappointed. Although the video concerned the interaction between a Chinese official and her British subordinate, the categorial framework of the analysis was the same as it had been before. Has nothing changed in this tradition since 1979, when *Cross Talk I* was recorded? Four publications may indicate some recent developments.

In *Language shock: Understanding the culture of conversation*, a book written in bestseller style, the American anthropologist Michael Agar argues that achieving intercultural understanding is based on a three-step process. Step one is a *mistake*. Something goes wrong in a given situation. Step two is *awareness of the frame* and possible alternatives. Step three is *repair*, building new frames to fill the gap between any current participant and the immigrant 'other' (Agar 1994:243). Although the formulation of this three-step process to clarify misunderstandings in intercultural communication may not be drastically original, Agar discusses the interface of linguistics and anthropology in a fascinating manner. He states that de Saussure (1916) created the so-called 'inner circle' linguistics at the beginning of the century, but left the analyses of culture 'in the field' to people like Boas, Sapir and Whorf. Agar proposes the term 'languaculture' as a concept in which the analysis of language and culture should be integrated. Although the term seems to be quite awkward, Agar makes an important statement. His reconstruction of the developments in linguistics corresponds to Ehlich's criticism with respect to the "additive procedure" in linguistic research (Ehlich 1991:131). Ehlich states that the analysis of social and cultural aspects of language are studied by adding them to the language descriptions already available. These descriptions have been determined by the formal structural language notions which exclude the social determination of language from the start. Ehlich concludes that discourse analysis should integrate the social and cultural dimensions of language by making use of a functional pragmatic approach.

Another recent publication on intercultural communication is based on this 'additive procedure'. Scollon / Scollon (1995) have designed a *grammar of context* in order to analyze the discourse of intercultural communication. This grammar of context parallels traditional grammars that contain the grammatical rules by which we understand the meaning of sentences (1995:22). Its components have a lot in common with the characteristics of the 'speech event' that Hymes formulated as early as in 1972. By focussing on miscommunications in intercultural communication, Scollon / Scollon (1995) stay well within the boundaries of the research traditions of inter-cultural communication (cf. 3.1.).

3.3. Discourse structures in professional communication

Scollon / Scollon (1995), however, also exemplify a new trend in the analysis of inter-cultural communication: an increasing focus on professional communication in the work place. This trend reflects the social developments in highly industrialized coun-tries during the last decennium. When immigrants entered the labour force in those countries, most were employed in lower-level jobs. However, some have climbed to higher positions which require academic and professional knowledge. Little is known about this group of successful immigrants, and so research has been initiated to account for this type of structural contact between cultures.

Ken Willing's work provides another example of research into this new domain. His book *Talking it through: Clarification and problem-solving in professional work* (1992) aims at the analysis of intercultural communication between immigrant officials and their native colleagues in the Australian workplace. However, after having read this interesting study, one has to conclude that he did not find such intercultural discourse structures. What he describes are the ways in which officials clarify their intentions and solve their problems in team work. No intercultural structures are described.

Yet, Willing (1992:217) lists discourse skills for operating successfully in work-place meetings which workers with a non-English-speaking background (NESB) find particularly difficult, e.g.:

- gaining and holding attention and interest, including special 'tricks' to attract interest;
- getting and holding the floor;
- framing a contribution appropriately (in the context of the specific group dynamics) on axes of assertiveness / politeness, using emphasizers, mitigators and softeners;
- structuring a contribution appropriately, in terms of rhetoric and reasonableness;
- closing and relinquishing the floor.

Unfortunately, this list is incomplete with regard to the problems that Australian team members with an English-speaking background encounter in team work with immigrant workers. Thus, Willing emphasizes that intercultural communication causes problems mainly for non-natives.

Finally, I want to point out the analyses of Clyne (1994) in *Intercultural communication at work*. Clyne collected a corpus of spontaneous intercultural communication in the Australian workplace. The data contain small talk as well as a few team meetings and cover various speech acts such as requests or complaints. One of Clyne's conclusions concerns the cultural variation in the realization of these speech acts. Criticizing the single-utterance analysis within the framework of contrastive pragmatics (cf. Blum-Kulka et al. 1989), he states that there is a close interaction between speech act realizations and turn-taking procedures. Turn-taking procedures contribute to the illocutionary force.

Although Clyne (1994:13) refers to Ehlich / Rehbein (1986) and their Functional Pragmatic approach to discourse analysis, he does not use their concept of 'speech action pattern' ('Sprechhandlungsmuster', cf. 4.1) in order to disentangle the relationship between turn-taking procedures and speech actions. Instead, he concludes with an interesting reformulation of Grice's (1975) Cooperation Principle (Clyne 1994:194). The 'Quantity maxim' is reformulated as follows: "Make your contribution as informative as is required for the purpose of the discourse, within the bounds of the discourse parameters of the given culture." The 'Quality maxim' changes into: "Try to make your contribution one for which you can take responsibility within your own cultural norms." Clyne also adds a new 'Maxim of Manner' in order to account for the intercultural aspects of communication: "In your contribution, take into account anything you know or can predict about the interlocutor's communication expectations." (Clyne 1994:203) Clyne states that the reformulations are intended to give the Cooperative Principle a more universal value, and that "the additional assumptions will be required to prevent a communication breakdown" (Clyne 1994:195).

In conclusion, these recent publications on intercultural communication indicate that progress has been made with regard to several aspects. Discourse analysts point out the constraints that Saussurian linguistics has placed on the analysis of intercultural communication and propose new theoretical models to overcome these constraints (Agar 1994, Ehlich 1991). The pragmatic concept of the Cooperative Principle has been reformulated to correspond to the analysis of intercultural communication (Clyne 1994). There is a tendency to account not only for misunderstandings but also for the discourse structure of successful intercultural communication (Willing 1992; Scollon / Scollon 1995). Finally, it has become more customary to make use of real-life data for the analysis of intercultural communication instead of the experiments, tests or personal reports that had previously been the primary source of data.

4. Intercultural discourse in team discussions

In this section, I will present the main results of a study by Koole and ten Thije (1994a), who also focus on professional communication. We have examined the interaction during meetings between Dutch and immigrant colleagues in teams of educational experts in the Netherlands. It was their job to advise schools and teachers on the form and content of language education. The four teams participating in the study consisted of immigrant employees and their Dutch colleagues: two teams consisted of Turkish, Moroccan and Dutch members, and two others of Creole (i.e. Afro-American) Surinamese and Dutch employees. Our main question was how Dutch institutions react to the presence of immigrant employees. We collected a corpus of sixty-three hours of video-taped team discussions and also interviewed the participants. We wanted to break open the 'black box' of the workplace where the successful immigrants work together with their Dutch colleagues. Perhaps 'white box' would be a more suitable term for these workplaces, since they are primarily Dutch institutions that are invaded by non-Dutch employees, and these 'white institutions' reflect the dominance of Dutch culture.

4.1. The concurrence of institutional and intercultural discourse structures

The main theoretical outcomes of our analyses concern the concurrence of institutional and intercultural discourse structures (for detailed analyses see Koole / ten Thije 1994a, 1994b, 1994c). The concept of 'concurrence' is an elaboration of the Functional Pragmatics framework as presented by Ehlich / Rehbein (1986). This approach to discourse analysis aims at the reconstruction of the linguistic competence of human actors, which includes the competence to participate in interactive speech action structures called 'patterns'. A speech action pattern is realized by the dichotomy of two 'actor positions' (Ehlich / Rehbein 1986). These patterns are structures of action knowledge which can be regarded as underlying the utterances of discourse as a deep structure.

We use the concept of concurrence to indicate that the discourse analyzed is constituted by the simultaneous realization of (institutionally determined) speech action patterns and (interculturally determined) discourse structures which we call 'discourse positions'. Whereas the former are determined by the institutional purposes and are part of the Dutch culture, the latter result from cultural contact and provide the conditions for the intercultural communication to take place.

With regard to the institutional dimension, we found out two main speech action patterns that constitute team discussions: *reporting* and *interactive planning*. The advisers report on the problems of teachers and they make plans together in order to solve these problems. The interactive planning pattern is determined by the positions of the *author of a plan* and the *critic of a plan*. Interactive planning comprises the positions of *phrasing of a proposal, rephrasing of a proposal, negative judgement, positive judgement* and *acceptance* on the author's part, and the positions *negative judgement of the author's proposal, phrasing of an alternative proposal, positive judgement* and *acceptance* on the part of the critic. The reporting pattern is determined by the actor positions of the *reporter* and the *assessor*. The reporting pattern comprises reporter activities such as *identification of the reported situation, representation, evaluation* and *acceptance*, and assessor activities such as *non-acceptance of the report, questions about the report* and *acceptance of the report*. The pattern positions correspond with a systematic sequence in the pattern. However, the realisation of the pattern may and actually often does differ from the sequence of the deep structure.

With regard to the intercultural dimension, three different types of discourse positions can be distinguished: the *representative position*, the *immigrant specialist position* and the *institutional specialist position*. We also identified the intercultural pattern *thematizing and unthematizing racism*. Of course, we do not claim that this list is complete.

4.2. Intercultural discourse positions

A discourse position is a discourse structure which consists of a speech action potential bound to the actor who takes that position. Intercultural discourse positions enable the actor who holds this position to act in specific intercultural constellations, and the shared knowledge of these positions enables the other actors to interpret utterances as speech actions.

Case 1 contains a statement from a Moroccan team member illustrating the concurrence of the discourse position 'representative of a cultural group' with the pattern of interactive planning. This case originates from a planning discussion about a private project for teaching Arabic, initiated by Moroccan parents. The latter are compatriots of the Moroccan team member. In his statements the Moroccan team member agrees to support the project. He says, "Then I can never say no", although it is known from the preceding discussion that he is opposed to this project on strategic grounds.

Case 1:   DG4—4/15—17
>   MA: Abdellah (Moroccan)
>   TE: Erol (Turk)

```
 ┌15──────────────────────────────────────────────────┐
 │ >:                          !                       │
 │ MA: It is a need of my compatriots. I/ I am being asked to
 └─────────────────────────────────────────────────────┘
 ┌16──────────────────────────────────────────────────┐
 │ >:                    !                           ! │
 │ MA: support them morally or/ or materially. Then I can never
 │ TE:                         Yes                      │
 │ te:                       * nods                     │
 └─────────────────────────────────────────────────────┘
 ┌17──────────────────────────────────────────────────┐
 │ MA: say no      apart from my function.             │
 │ TE:        Yes, exactly.              Yeah          │
 └─────────────────────────────────────────────────────┘
```

The example shows that on the one hand there is the status of the Moroccan team member as a 'compatriot', on the other hand there is his 'function' or his institutional position. The position of compatriot is what Koole / ten Thije (1994a:168) have called the 'representative position'. Its concurrence with the institutional pattern of interactive planning results in the team member's *acceptance of a proposal* that he would not have accepted from his institutional position.

Whereas the discourse position of the immigrant representative is primarily the result of an act of self-identification, the position of the *immigrant specialist* is the result of an act of other-identification. Koole / ten Thije (1994a) have found that in the team discussions the Dutch team members often interpret the utterances of their immigrant colleagues as one of a restricted set of speech actions or speech action potential. The Turkish and Moroccan team members are expected to have either limited knowledge of, or limited concern with matters that are not their institutional responsibility, defined within these narrow confines. For instance in case 2, the Moroccan team member is excluded from a planning discussion about a third linguistic group with which the team is concerned; this group consists of the Portuguese-speaking Cape Verdeans. The question of the team discussion is whether two teachers should be relieved of their teaching tasks in order to contribute to the development of teaching materials. A Dutch team member, Henk, is of the opinion that material development should not be undertaken at the expense of teaching, and Wim, another

Dutch team member and chairman of the team, points out that according to a former agreement they cannot request additional funds for such a task. Then the interaction proceeds as transcribed in case 2.

Case 2:   DA4—2/169—173

NH: Henk (Dutch)
NF: Frans (Dutch)
MA: Abdellah (Moroccan)
NW: Wim (Dutch)

```
┌169─────────────────────────────────────────────────────────┐
│NH: [¹That seems to be a clear opinion.                      │
│NF:                   [²Yes            [³Yeah fine            │
│MA:                                              [⁴ᵃGuys please│
└─────────────────────────────────────────────────────────────┘
┌170─────────────────────────────────────────────────────────┐
│MA: [⁴ᵇfor other language groups, [⁴ᶜI-uh/ [⁴ᵈI want to restrain│
└─────────────────────────────────────────────────────────────┘
┌171─────────────────────────────────────────────────────────┐
│MA:   this.                                                  │
│NW: [⁵ᵃNo but this/ this/ [⁵ᵇAbdellah we must now/ [⁶ᵃbecause we are│
└─────────────────────────────────────────────────────────────┘
┌172─────────────────────────────────────────────────────────┐
│NW: concerned/ [⁶ᵇthis is a point of the agenda where we must│
└─────────────────────────────────────────────────────────────┘
┌173─────────────────────────────────────────────────────────┐
│NW: solve this problem first.                                │
│MA:                   [⁷* nods                                │
└─────────────────────────────────────────────────────────────┘
```

Koole / ten Thije (1994a) analyze this fragment in some detail. It can be shown that Wim's interruption of Abdellah (segment 5a) cannot simply be explained from the thematic organization of the interaction. Immediately before, Henk (segment 1) and Frans (segments 2 and 3) express their consent to the agreement on which Wim has reported. Then Abdellah starts an utterance in segment 4. Note, in the first place, that he self-selects (Sacks / Schegloff / Jefferson 1974) as next speaker. He is not asked by one of the others to give his opinion. His comment is interrupted by the chairman, Wim (segment 5a), who justifies this interruption by saying "we must solve this problem first" (segment 6b). From this it becomes obvious that Wim interprets Abdellah's utterance as not contributing to solving this problem. Abdellah's utterance, however, can be interpreted in two ways, only one of which may justify the chairman's interruption. "For other language groups" (segment 4b) may be the introduction of the *theme* of Abdellah's contribution (cf. Mazeland (1992) on the introduction of question topics). On the other hand it may also be used as a *reason* why "this" (segment 4d) must be restrained: "if we do not restrain this in the case of Portuguese teachers it may also happen in other language groups". As a theme the "other language groups" may be said to go beyond the present discussion on Portuguese and the Cape Verdeans. As a reason, however, it may very well remain within the limits of the agenda. And even when the chairman interprets segment 4b as a theme announcement and thus has a certain right to correct Abdellah, we may note that his interruption is not used to make a correction (i.e. to urge Abdellah to make his contribution fit the theme) but to regain the turn. Koole / ten Thije (1994a) conclude that Abdellah is not invited to participate in the discussion. He takes the initiative to participate but is interrupted. The interruption is not used to correct Abdellah but to take the turn from him. Further, it is concluded from Abdellah's nod (segment 7) that he accepts the interruption and the chairman's reason.

The discourse position of the 'immigrant specialist' concurs in case 2 with the institutional planning pattern and restricts the action possibilities of the Moroccan in the planning discussion. Apparently, he accepts this restriction.

The third intercultural discourse position concerns the *institutional specialist*. This position is typically held by the Dutch in the Dutch-Turkish-Moroccan teams. Koole / ten Thije (1994a) have called it the 'institutional specialist', because actors occupying this position are regarded as competent on institutional procedures. This position does not only result from self-identification but is also attributed to the Dutch team members by the immigrant ones. (For example, when the head person of one of the Dutch-Turkish-Moroccan teams is absent and the other team members must replace her in a staff meeting, the other Dutch team member automatically supposes that she must be the substitute.)

Koole / ten Thije stress that these three discourse positions are the result of recurrent interactions. They are discursive solutions the team members have developed to cope with potential intercultural oppositions.

4.3. Thematizing and unthematizing racism

The last discursive structure that I want to mention concerns the *discursive tactics* that we have found in team discussions about racism. Koole / ten Thije have focused on stretches of discourse in which the word 'racism' is used. It is striking that in sixty-three hours of team discussions the word 'racism' occurs only seven times, and only in the Surinamese-Dutch teams. In those teams we observed that black team members manage to judge an action or state of affairs as racist without mentioning the word 'racism' themselves. They admonish their Dutch colleagues to use this qualification by using certain tactics. The Dutch on the other hand try to avoid using it.

'Thematizing / unthematizing racism' is an action pattern with two possible positions for the actors: either the 'thematizer-position' or the 'unthematizer-position'. The communicative practice shows that the non-Dutch members of the teams characteristically take the thematizer-position and the Dutch team members take the unthematizer-position. This is why Koole / ten Thije have called this an 'intercultural pattern':

the pattern is a structure for communication between members of different cultural groups. Although Koole / ten Thije analyze 'thematizing / unthematizing' as a form of discourse, its central characteristics are not a verbal but a mental activity. It is primarily a conflict of judgements. The members of a team know of an action that has been performed somewhere outside the team by a member of the Dutch majority. This action is judged by one of the non-Dutch team members as being 'racist'. However, this team member does not utter this judgement himself.

An example of a thematizing tactic is the 'alibi tactic'. Cases 3 and 4 give two examples:

Case 3: AA1—1/33—46

    NB: Bert (Dutch)
    SR: Ron (Surinamese)

```
┌33──────────────────────────────────────────────────────
SR: [¹ᵃNow this/[¹ᵇI/ I will tell you: [¹ᶜ someone
└─────────────────────────────────────────────────────────

┌34──────────────────────────────────────────────────────
SR: from the local council has told me about it [¹ᵈ and s/he₁ said:
└─────────────────────────────────────────────────────────

┌35──────────────────────────────────────────────────────
SR:[¹ᵉ this is/ [¹ᶠthat/ [¹ᵍ someone from the local council, [¹ʰ
└─────────────────────────────────────────────────────────

┌36──────────────────────────────────────────────────────
SR: I won't mention the name, [¹ⁱ but s/he₁ said that [¹ʲ it
└─────────────────────────────────────────────────────────

┌37──────────────────────────────────────────────────────
SR: is racist. [²ᵃAnd she would send / [²ᵇ She. [³ It is a she.
└─────────────────────────────────────────────────────────
[₁ s/he is the translation of the Dutch 'die' which is not gender specific.
```

Case 4: BC1—3/61—68

    NO: Otto (Dutch)
    NA: Aagje (Dutch)
    SC: Carola (Surinamese)

```
┌61──────────────────────────────────────────────────────
SC: [¹ᵃ I have-uh my/ [¹ᵇ uh very
└─────────────────────────────────────────────────────────

┌62──────────────────────────────────────────────────────
SC: carefully for myself/ [¹ᶜ someone told me F/ [¹ᵈ lately, [¹ᵉ I
└─────────────────────────────────────────────────────────

┌63──────────────────────────────────────────────────────
SC: thought only Friday on the telephone: [²ᵃ that is not
└─────────────────────────────────────────────────────────

┌64──────────────────────────────────────────────────────
SC: uh apathy, that is a uh/ [¹ᵍ that has/ [¹ʰthat has uh/ [¹ⁱ it was
└─────────────────────────────────────────────────────────

┌65──────────────────────────────────────────────────────
SC: Winter₁ [¹ʲ who said, [¹ᵏ the one at the ministry, [¹ˡ said/
└─────────────────────────────────────────────────────────

┌66──────────────────────────────────────────────────────
SC: [¹ᵐ the way he put is was: [²ᵇ well that's a posh uh . form of
└─────────────────────────────────────────────────────────
```

```
┌─67────────────────────────────────────────────────
│ SC: uh discrimination or racism [²ᶜ that is on the increase,
```
```
┌─68────────────────────────────────────────────────
│ SC: [²ᵈ they were paralysed a bit about these things.
```
[₁ Mr Winter is a high ranking civil servant of the Ministry of Welfare and
Social Affairs

Both Ron and Carola, who hold the position of 'thematizer' in these examples, are
black Surinamese who work in two different teams in two different places. In both
examples, the thematizer mentions the word 'racist' or 'racism' and at the same time
makes it very clear that it is not he or she who judges the action as a racist action, but
that the judgement has been made by someone else who is just quoted. In case 3, Ron
quotes someone from the local council who has used this qualification. In case 4,
Carola quotes an even higher authority, a top employee in the Ministry. Carola takes
care to make very explicit *when* she heard *what* from *whom*:

– „lately" (segment 1d)
– „I thought only Friday" (segment 1e)
– „on the telephone". (segment 1e)

And then it is not even the person on the telephone who is responsible for the
judgement: This person again only quoted "Mr Winter" (segment 1i).

By employing the quotation or alibi tactic, Ron and Carola are able to use the
qualification 'racist' and, at the same time, make it clear that "it was not me who used
it". Thus they avoid a direct implementation of the racist controversy in the meeting of
the team. The Dutch colleagues are gently admonished to share the opinions of the
persons cited.

4.4. Discursive interculture

In our analyses, intercultural discourse has been described as a form of discourse.
However, the words can also be turned around to clarify that this form of discourse is
also a form of culture, i.e. *interculture*. Interculture is the culture constructed in cultural contact. Because we are concerned with the discourse structures of that culture,
Koole / ten Thije (1994a) introduce the term *discursive* interculture.

The more general aim of our study was to find out how Dutch institutions react to
the entrance of immigrant employees. We may now rephrase this into the question:
"What discursive intercultures are constructed in the teams?" The analyses show that
intercultural communication is more than communication between persons from two
different static cultural systems, as so often seems to be presupposed in the analyses of
misunderstandings in intercultural communication (cf. 3.1). The intercultural discourse
positions and intercultural patterns cannot be traced back to one of the cultures of the

138

team members involved, but they are a result of cultural contact. We use the notion of discursive interculture to emphasize that these structures are also elements of culture, namely of the 'inter'-culture that is constructed in the communication of the team members. This notion of 'discursive interculture' may be the foundation of the interactive model that Clyne (1994) is looking for in his study of intercultural communication.

5.   Training programmes for intercultural communication

In the course of the last ten years the number of intercultural training institutes has increased tremendously. In the Netherlands, for instance, about 180 private or government-founded organizations are now offering intercultural training programmes for adults. These training programmes differ in many aspects: objectives, target group, group composition (culturally homogeneous or heterogeneous), integration in or separation from (second) language courses, focus on specific communication situations such as business negotiations, etc. In general, there is little detailed information on the contents of these programmes, on the number of people participating or on the effects achieved. Some trends, however, can be indicated in this heterogeneous training supply. In this paper, I will focus on the situation in Australia. Since Australia has a language policy that is based on the assumption of multilingualism and multiculturalism, there have been interesting developments in this field (Castles et al. 1992; Clyne 1991; ten Thije 1995, 1996) They can be summarized under the following headings:

5.1.   Second Language Training

In many in-service courses on second language teaching in Australia, attention is given to aspects of differences between cultures. In so far as these courses focus on intercultural communication, the results of contrastive analyses are used as data in these courses (cf. Blum-Kulka et al. 1989).

5.2.   Cross-Cultural Communication Training

These programmes are aimed at second language teachers and support them with the results of contrastive analyses. For instance, Koyama (1992) is a handbook on intercultural communication in which the attitudes and values, beliefs and behaviour patterns of Japanese learners of English are examined. The book helps the teacher to understand his/her Japanese students and conversely, assists Japanese students to appreciate Australian cultural diversity.

5.3. Language and Literacy Courses

The third type of intercultural training programmes concerns language and literacy courses. In Australia, the sharp distinction between literacy courses for natives and for non-natives is disappearing. Native English speakers are interested in the special language courses that are organized for migrants. As an example I mention the *National Framework for Adult English Language, Literacy and Numeracy Competence* (Coates et al. 1993). The 'framework' is based on Halliday's systemic functional grammar (Halliday 1994). In the 'framework' the training of intercultural communication is integrated into language training. Part of the programme concerns communicative competence for participating in (multicultural) teams and groups (cf. Appendix 2). It differentiates four phases to attain this competence: 'reflecting on experience', 'engaging in activities', 'broadening applications' and 'critically reviewing'. Within each phase, three different stages are distinguished: assisted, independent and collaborative competence. The 'framework' is based on the assumption that cultural differences should not be considered as a problem but as a resource that can be used to facilitate the achievement of shared group objectives.

5.4. English / Dutch in the Workplace

This type of programme has been developed during the last ten years, in the Netherlands (Snoeken / Verhallen 1992; Verhallen 1993; Verhallen 1996) as well as in Australia (Baylis / Thomas 1993). These language courses for immigrants are offered in the workplace during working hours and make use of authentic oral and written documents collected in the companies themselves. The participants are given communicative tasks which they can fulfil in interaction with their native colleagues. The attention for intercultural training is integrated in the course as a whole. However, specific intercultural training is also involved.

5.5. Anti-Racist Training

These training programmes aim at individual awareness of racist prejudices and stereotypes. Participants learn how to react to discrimination and xenophobia. These

courses are offered for culturally homogeneous groups as well as for culturally heterogeneous ones. Teachers in primary and secondary schools attend these courses in order
to learn how to manage race relations in the classroom.

5.6. Cultural Diversity Training

This type of course is a recent development in Australia. The idea behind these
programmes is that companies who have learned to manage the cultural diversity in the
Australian workplace should make use of the problem-solving capacity of their
employees in order to improve their international contacts (Kalantzis et al. 1992). The
training comprises the topics 'culture', 'migration' and 'socialization' (cf. Appendix
3). Each topic is structured according to the three-step procedure 'awareness', 'knowledge', and 'skills' which corresponds to Agar's (1994) three-step model discussed in
section 3.2. In this type of training it is assumed that intercultural communication does
not always lead to social harmony. It can — as we know — lead to such various
responses as genocide, apartheid, slavery, assimilation and cultural pluralism. Further-
more, the training differentiates between intercultural communication skills at different
levels: a personal level, a task-oriented level and an organisational level. In this
respect, the cultural diversity training goes beyond the anti-racist training objectives
(see above) that focus mainly on individual communicative skills. The manual also
contains guidelines for assessing intercultural communication skills.

6. The significance of Discourse Analysis for the development of training programmes

6.1. The development of assessment criteria

After this short overview of intercultural training programmes I will discuss how
discourse analysis may contribute to the development of such programmes. The first
point concerns the formulation of criteria for assessing current training programmes.
On the basis of the study by Koole / ten Thije (1994a), I propose the following points
as being of crucial interest:

1. Focus of interest
What are the objectives of the training? Is intercultural communication only considered
in terms of misunderstandings and miscommunications, or does the training also pay
attention to the self-evident structures of intercultural communication? Does the

programme focus on questions of what are the conditions for successful intercultural communication?

2. Concepts of culture

It is not even possible to summarize the various concepts that have been proposed to conceptualize culture. Nevertheless, it is important to consider how culture is interpreted in the training programmes. Is culture interpreted as a static system of norms and values, or rather as solutions for recurrent problems that can be worked out by human action, and, therefore, can also be reproduced and transformed by human (inter)action (Koole / ten Thije 1994a)?

3. Type of contact

Which situations of culture contact are discussed in the training programmes? Does the training focus on incidental contact in the street or on agent-client interaction in institutions like schools, social welfare organizations etc.? Does the training also pay attention to professional communication, i.e. when people of different cultures have the same institutional positions and have to work together on common objectives?

4. Target group

Is the training aimed at culturally homogeneous or at culturally heterogeneous groups? Whenever participants should be able to deal with intercultural discourse in team work and be able to construct 'discursive interculture', it is recommended to organize the training in heterogeneous groups.

5. Discourse tactics

Which discourse strategies are included in the training? Do the programmes pay attention to communicative skills for expressing personal identities or to skills that are related to specific tasks, or does the training also take into consideration skills that are typically related to intercultural discourse, for instance, tactics for thematizing and unthematizing racism, or skills for meta-communication in order to discuss and remove misunderstandings?

6. Integration in language education

Finally, the possibility of integrating intercultural training in language education should be considered. Clyne (1994:210) argues that intercultural communication should be an essential component of language teaching in the mother tongue as well as in second language teaching, and even in communication skills courses at school, at university and in the private sector.

This six-point list is not complete and can be expanded. However, it contains criteria that may increase our insight into current training programmes, and it may function as a guideline for the development of new courses.

6.2. Proposals for renewing training programmes

The second contribution discourse analysis can make to the issues under discussion is to provide suggestions for the improvement of current training programmes. For instance, our analysis of team discussions could be used to screen the Australian National Framework with respect to the section 'Interacting in groups'. This section contains a series of linguistic activities people undertake when they interact in groups. The theoretical coherence and the effectiveness of the 'framework' would increase notably if distinctive linguistic activities were compared along the dimensions of the two speech action patterns 'reporting' and 'interactive planning'. The framework distinguishes different kinds of reporting in several stages and phases of ongoing negotiations, whereas the activities of interactive planning are mentioned only very indirectly in phrases like "recommend ways of addressing a problem" and "facilitate expression of opinion and experience relevant to formulation of team and group goals". Moreover, the structure of these speech action patterns clarifies how series of linguistic activities are interrelated and how they can be distributed among different interactors.

6.3. Insight into institutional norms and constraints

The last contribution of discourse analysis may be to prevent trainers and participants in courses from having too high expectations with respect to the outcomes of training programmes. Discourse analyses have uncovered many institutional structures, for instance as implemented in classroom interaction or courtroom interaction. But these structures cannot be changed by teaching people better communicative skills.

The distinction between the 'immigrant specialist' and the 'immigrant representative' positions may serve as an example. This distinction corresponds to the distinction between self-identification and other-identification (Koole / ten Thije 1994a). The immigrant representative takes up a position in which he identifies himself with his own cultural group (see case 1, section 4.3). Immigrant specialists are addressed by their colleagues as experts on their own cultural group (see case 2 in section 4.3). Immigrant team members are encouraged to demonstrate their cultural expertise as far as their own cultural group is concerned, but they are limited in their contributions when they want to contribute to themes that are not directly related to their own cultural group. It is noticeable that the immigrant team members do seem to accept this division of tasks. The problem with this distribution of tasks is that the immigrant team members consequently do not have the opportunity to increase their institutional expertise of Dutch organisations and are therefore unable to apply successfully for a job that is not directly related to their own cultural expertise. Intercultural training programmes may contribute to solve these problems whenever they succeed in relating intercultural and institutional discourse structures to the policies in force in specific work environments (van Kooten et al. 1993; Miller 1995).

References

Agar, M. (1994). *Language Shock. Understanding the Culture of Conversation.* New York: Morrow

BBC (1979, 1991). *Cross Talk, Cross Talk at Work.* BBC

Baylis, P. / Thomas, G. (1993). *English in the Workplace Competencies Framework.* Sydney: AMES

Blum-Kulka, S. / House, J. / Kasper, G. (1989) (eds.). *Cross-Cultural Pragmatics.* Norwood: Ablex

Castles, S. / Kalantzis, M. / Cope, B. / Morrissey, M. (1992). *Mistaken Identity. Multiculturalism and the Demise of Nationalism in Australia.* Sydney: Pluto Press

Clyne, M. (1991). *Community Languages. The Australian Experience.* Cambridge: Cambridge University Press

Clyne, M. (1994). *Intercultural Communication at Work.* Cambridge: Cambridge University Press

Coates, S. et al. (1993) (eds.). *National Framework of Adult English Language, Literacy and Numeracy Competence.* (Draft) Victoria: ACTRAC

Coulmas, F. (1979). Kontrastive Pragmatik. In: Faber, H. van / Kreifelts, B. / Siegerist, L. (Hg.). *Technologie und Medienverbund. Sprachtests, Kontrastive Linguistik und Fehleranalyse.* (=IRAL-Sonderband, GAL '78/III). Heidelberg: Julius Groos, 53-60

Ehlich, K. (1991). Funktional-pragmatische Kommunikationsanalyse: Ziele und Verfahren. In: Flader, D. (Hg.). *Verbale Interaktion. Studien zur Empirie und Methodologie der Pragmatik.* Stuttgart: Metzler, 127-143

Ehlich, K. / Rehbein, J. (1976). Halbinterpretative Arbeitstranskriptionen (HIAT). *Linguistische Berichte* 45, 21-41

Ehlich, K. / Rehbein, J. (1986). *Muster und Institution. Untersuchungen zur schulischen Kommunikation.* Tübingen: Narr

Grice, P. (1975). Logic and conversation. In: Cole, P. / Morgan, P. (eds.). *Syntax and Semantics 3: Speech Acts.* New York: Academic Press, 41-58

Gumperz, J.J. (1982). *Discourse Strategies.* Cambridge: Cambridge University Press

Gumperz, J.J. (1992). Contextualization and understanding. In: Duranti, A. / Goodwin, C. (eds.). *Rethinking Context. Language as an Interactive Phenomenon.* Cambridge: Cambridge University Press, 229-252

Halliday, M.A.K. (1994). *An Introduction to Functional Grammar*. London: Edward Arnold

Hymes, D. (1972). Models of the interaction of language and social life. In: Gumperz, J.J. / Hymes, D. (eds.). *Directions in Sociolinguistics. The Ethnography of Speaking*. New York: Holt, Rinehart and Winston, 35-71

Kalantzis, M. / Brosnan, D. / Cope, B. (1992). *Cultural Diversity*. Training Manual 1 (Culture); Training Manual 2 (Migration); Training Manual 3 (Socialisation). Sydney: CCWC/NILLA

Kasper, G. / Blum-Kulka, S. (1993) (eds.). *Interlanguage Pragmatics*. New York / Oxford: Oxford University Press

Koole T. / Thije, J.D. ten (1994a). *The Construction of Intercultural Discourse. Team Discussions of Educational Advisers*. Utrecht: diss.; Amsterdam / Atlanta: RODOPI

Koole, T. / Thije, J.D. ten (1994b). Thematizing and unthematizing racism in multicultural teams. In: Pürschel, H. (ed.). *Intercultural Communication*. Proceedings of the 17th International L.A.U.D. Symposium Duisburg, 23-27 March 1992. Frankfurt a.M. etc.: Lang, 187-217

Koole, T. / Thije, J.D. ten (1994c). Der interkulturelle Diskurs von Teambesprechungen. Zu einer Pragmatik der Mehrsprachigkeit. In: Brünner, G. / Graefen, G. (Hg.). *Texte und Diskurse. Methoden und Forschungsergebnisse der Funktionalen Pragmatik*. Opladen: Westdeutscher Verlag, 412-435

Kooten, J. van / Pieterman, F.A. van de / Schouten, P. (1993) (eds.). *De multiculturele organisatie en het belang van multicultureel managment*. Deventer: Kluwer / Anne Frank Stichting

Koyama T. (1992). *Japan. A Handbook in Intercultural Communication*. Sydney: NCELTR

Mazeland, H. (1992). *Vraag / antwoord-sequenties*. Groningen: diss; Amsterdam: Stichting Neerlandistiek VU

Miller K. (1995). *Organizational Communication. Approaches and Processes*. Belmont etc.: Wadsworth Publishing Company

Lele, J.K. / Singh, R. (1989). *Language and Society. Steps Towards an Integrated Theory*. Leiden / New York: Brill

Loveday, L. (1982). Communicative interference: A framework for contrastively analyzing L2 communicative competence exemplified with the linguistic behavior of Japanese performing in English. *International Review of Applied Linguistics in Language Teaching (IRAL)* 20, 1, 1-16

Pauwels, A. (1991). *Non-Discriminatory Language*. Canberra: Australian Government Publishing Service

Rehbein, J. (1985) (Hg.). *Interkulturelle Kommunikation*. Tübingen: Narr

Sacks, H. / Schegloff, E.A. / Jefferson, G. (1974). A simplest systematics for the organization of turn-taking in conversation. *Language* 50, 696-735

145

Saussure, F. de (1985) [1916]. *Cours de linguistique générale*. Publié par Charles Bally et Albert Séchehaye. Avec la collaboration de Albert Riedlinger. Edition critique préparée par Tulio de Mauro 1972. Paris: Payot

Scollon, R. / Scollon, S.W. (1995). *Intercultural Communication. A Discourse Approach.* Oxford: Blackwell

Snoeken, H. / Verhallen, S. (1992). Niederländisch am Arbeitsplatz. Betrieblicher Zweitsprachenunterricht für ausländische Arbeitsnehmer in den Niederlanden. *Interkulturell. Forum für Interkulturelle Kommunikation, Erziehung und Beratung* 3/4, 9-24

Streeck, J. (1985). Kulturelle Kodes und ethnische Grenzen. Drei Theorien über Fehlschläge in interethnischer Kommunikation. In: Rehbein (1985), 103-120

Thije, J.D. ten (1995). Culturele diversiteit en het tweede-taalonderwijs aan volwassenen. De taal- en onderwijspolitiek in Australië [Kulturelle Diversität und der Zweitsprachunterricht für Erwachsene]. In: Huls, E. / Klatter-Folmer, J. (eds.) *Artikelen van de 2e Sociolinguïstische Conferentie.* Delft: Eburon, 591-607

Thije, J.D. ten (1996). *Vernieuwingen in functiegericht taalonderwijs voor volwassenen. Het taal- en oderwijsbeleid in Australië* [Erneuerungen im funktionsgebundenen Sprachunterricht. Die Sprach- und Unterrichtpolitik in Australien]. Amsterdam: Universiteit van Amsterdam, Instituut voor Taalonderzoek en Taalonderwijs Anderstaligen, 1-85.

Verhallen, S. (1993) (ed.). *Nederlands op de werkvloer. Opleiders in Organisaties.* (=Capita Selecta 15). Deventer: Kluwer

Verhallen, S. (1996). 'Niederländisch am Arbeitsplatz'. Zur Entwicklung des berufsbezogenen Zweitsprachunterrichts in den Niederlanden. *Deutsch Lernen,* 1, 3-17

Willing, K. (1992). *Talking it Through. Clarification and Problem-solving in Professional Work.* Sydney: NCELTR

Appendix 1: Transcriptions

a) Transcription conventions

The transcripts follow the HIAT conventions (Ehlich / Rehbein 1976). The score format follows musical notation. Each speaker is given three lines:
- – a verbal communication line (indicated by speaker initials in capitals);
- – a non-verbal communication line (indicated by speaker initials in small letters);
- – an intonation line (indicated by >).

Verbal and non-verbal communication transcribed above each other within a score indicate simultaneity.

In addition, the following conventions are used:

verbal communication line

/	repair
( )	not understood
(loopt)	good guess
((1 sec.))	pause of 1 second
.	pause of less than 1 second
((smiles))	naming a verbal activity
? Hm	not certain which speaker uttered 'Hm'
[₁ Hm ₁]	information on the section between brackets is given under the score.
[¹	number of the segment
[¹ᵈ	number of the subsegment
. (full stop)	sentence final falling intonation
,	non sentence final rising intonation
?	sentence final rising intonation

non-verbal communication line

*	moment when activity starts

intonation line

!	stress
-	lengthened
/	rising intonation
\	falling intonation
v	doubling
^	shortened

b) Original Dutch transcriptions

Case 1:   DG4—4/15—17

MA: Abdellah (Moroccan)
TE: Erol (Turkish)

```
┌15──────────────────────────────────────────────────────────┐
│  >:                                    !                     │
│ MA: Het is een behoefte uit mijn landgenoten. Ik/ het wordt │
└─────────────────────────────────────────────────────────────┘
┌16──────────────────────────────────────────────────────────┐
│  >:                                      !                 ! │
│ MA: van mij gevraagd of ik hun ondersteun moreel of/ of materieel │
│ TE:                                                    Ja    │
│ te:                                                 * knikt  │
└─────────────────────────────────────────────────────────────┘
┌17──────────────────────────────────────────────────────────┐
│  >:                    !                  !                  │
│ MA: Dan kan ik nooit nee zeggen,    los van mijn functie.   │
│ TE:                          Ja, precies.          Ja       │
│ te:                                           *kijkt opzij   │
└─────────────────────────────────────────────────────────────┘
```

Case 2:   DA4—2/169—173

NW: Wim (Dutch)
NH: Henk (Dutch)
NF: Frans (Dutch)
MA: Abdellah (Moroccan)

```
┌169─────────────────────────────────────────────────────────┐
│ NH:                    Dat lijkt mij een duidelijk-eh        │
│ NF:                              Ja                          │
└─────────────────────────────────────────────────────────────┘
┌170─────────────────────────────────────────────────────────┐
│ NH:standpunt.                                                │
│ MA:             Jongens graag voor andere taalgroepen,       │
│ NF:      Ja  prima.                                          │
└─────────────────────────────────────────────────────────────┘
┌171─────────────────────────────────────────────────────────┐
│ NW:              Nee maar dit/ dit Abdellah dit             │
│ MA: ik-eh/ ik wil dit remmen.                               │
└─────────────────────────────────────────────────────────────┘
┌172─────────────────────────────────────────────────────────┐
│ NW:moeten we even/ want het gaat nu om/ dit is een agendapunt│
└─────────────────────────────────────────────────────────────┘
┌173─────────────────────────────────────────────────────────┐
│  >:            !           !                                 │
│ NW: waarbij wij dit probleem even op moeten lossen.         │
└─────────────────────────────────────────────────────────────┘
```

Case 3:   AA1—1/32—46

NB: Bert (Dutch)
SR: Ron (Surinamese)
NO: Olga (Dutch)
NN: Nien (Dutch)
NJ: Joop (Dutch)

---32---
```
SR:                                        Nou dit/ ik/ ik zal je
NO:                       Is er iets ernstigs?
```

---33---
```
nb:                       geeft brief aan Olga
SR:zeggen: iemand van de stadsdeelraad heeft mij daarover gesproken
NO:           Ja
```

---34---
```
SR: en die zei van: dit is/ die/ Iemand van de stadsdeel, ik zal de
no:                                      gaat brief lezen
```

---35---
```
SR: naam niet noemen, maar die zei dat het racistisch is. En ze zou
```

---36---
```
NB:                       Lien?
SR: mij een/ Ze/ het is een zij.  Ze zou me het/ Ja, ze zou [₁ mij
```
₁ lachend

---37---
```
NB:                       Henk
SR: een exemplaar sturen.] Nee ze weet er geen raad mee.
```


Case 4:   BC1—3/61—68

SC: Carola (Surinamese)

---61---
```
SC: Ik heb-eh mijn eh heel voorzichtig voor mijzelf, iemand
```

---62---
```
 >:                               --
SC: zei mij v/ laatst, ik dacht vrijdag nog aan de telefoon,
```

---63---
```
SC: van nee, dat is geen eh apathie dat is een eh/ dat heeft/ dat
```

---64---
```
SC: heeft eh Winter nog gezegd ( ) die eh bij de WVC dus hij zegt/
```

---65---
```
 >:                                                              !
SC: hij geeft aan van nou dat gaat om de deftige eh . vorm van eh
```

---66---
```
 >:             !           !
SC:discriminatie of racisme, die steeds een beetje toeneemt, waar-
```

---67---
```
SC: mee ze een beetje eh, zo'n beetje lam geslagen zijn daarover.
```

Appendix 2: Cooperative Communication for interacting in groups (Coates et al. 1993)

Stages / Phases	Assisted Competence	Independent Competence	Collaborative Competence
1. Reflecting experience: Relate cultural backgroup to team objectives.	- Recount previous cultural experience in teams and groups. - Follow others' recount of previous experiences. - Compare and contrast a range of diverse cultural experience in teams and groups.	- Contrast and compare the team objectives with previous experience in teams and groups. - Describe cultural communication differences that impact on group dynamics.	- Review the varied previous cultural experience and knowledge of the group in relation to group goals. - Assess value different cultural communication strategies.
Reflecting experience: Relate personal resources to team work.	- Follow others' recount of previous experience in team and group. - Compare and contrast a range of diverse linguistic (…) experiences.	- Identify linguistic experience that impact on group performance.	- Review the varied linguistic knowledge of the group in relation to group goals.
2. Engaging in Activities: Take a specific role in the team.	- Follow group practices and procedures.	- Follow relevant documents and use information. - Summarise discussion outcomes. - Initiate and participate in a range of informal conversations.	- Initiate and participate and challenge group discussion by drawing on diversity of cultural and linguistic knowledge and experience. - Interpret and analyse group discussions.
Engaging in Activities: Take responsibility in a team.	- Suggest ways of undertaking group activities. - Follow documents relevant to group activities. - Ask for clarification.	- Initiate and negotiate group discussions. - Summarise and comment on discussions. - Report team and group outcomes to others outside the group.	- Summarise and synthesise information for use in other contexts. - Advise the group on particular roles and tasks relevant to expertise and skills.

Stages / Phases	Assisted Competence	Independent Competence	Collaborative Competence
3. Broadening Applications: Develop knowledge meeting the team goals.	- Report to the group on activities or convey information. - Compare performance in a group with previous experience.	- Summarise relevant information from external sources. - Evaluate and report on information relevant to group objectives.	- Facilitate expression of opinions and experience relevant to formulation of team and group goals.
Broadening Applications: Develop skills in order to achieve team goals.	- Describe courses of action to address problems. - Explain cultural differences in group communication.	- Analyse and interpret problems. - Recommend ways of addressing a problem	- Negotiate goals with the whole group.
4. Critically reviewing: Assert rights in team context.	- Summarise activities undertaken in a group. - Explain problems.	- Formulate entitlements and rights in the group.	- Negotiate the formulation of rights and entitlements in the group.
Critically reviewing: Assess performance in team context.	- Evaluate own performance in relation to role in a group and group procedure. - Report on personal performance to others outside a group.	- Summarise and evaluate performance and activities undertaken. - Evaluate role of individual and group performance.	- Evaluate performance and activities undertaken. - Discuss evaluation as a group. - Evaluate group performance in relation to the organisational goals. - Recommend ways of expanding the potential of the group.

Appendix 3: Cultural Diversity Training Manual — An Overview
(Kalantzis et al. 1992)

Manual 1: Culture	Manual 2: Migration	Manual 3: Settlement
1. The Challenge of Cultural Diversity	1. Resettlement	1. Cultural Differences
Purpose: to understand the personal and social complexity of cultural diversity and the implications this has on choices made by individuals and society.	*Purpose:* to further participants' awareness of what is involved in a resettlement experience and the unrealistic expectations made of migrants.	*Purpose:* to raise awareness - of what constitutes identity and - of what the socialisation process that created self and our differences to recognise what we don't know and how to pool what we do know to expand our knowledge and lead us to being multicultural.
Main idea: Cultural diversity can take you anywhere. It does not lead naturally to social harmony and happy exchange of customs and beliefs. It can has lead to: Genocide, Apartheid, Slavery, Assimilation, Integration, and Cultural Pluralism. All these social responses to cultural diversity have existed side by side in time and location.	*Main idea:* Whenever we migrate to an unfamiliar context we tend to continue to use cultural recourses learned in former familiar context. Group solidarity is often the first support mechanism for resettlement. Immigrant's coping strategies in their new environment vary depending on the way in which they, as newcomers are received. Visible differences, such as colour of skin, accent, style of clothing can impact on ease of social participation. The spectrum of responses to resettlement depend on two factors: - new settlers' own sense of self — skills and determination — and - how those who receive new settlers view them, their skills and their determination. Resettlement is a two-way process.	*Main idea:* Cultural groups are defined by their differences BUT we need also remember that there are more differences within groups than between groups, e.g. gender, family status, economic position, affiliations, etc. All groups share some similarities.

Manual 1: Culture	Manual 2: Migration	Manual 3: Settlement
2. Understanding Culture	2. Migration (Facts & History)	2. Identity Spectrum
Purpose: to understand what we need to know about ourselves as 'cultural constructs' in order to negotiate with people from other cultures.	*Purpose:* to negate negative beliefs and fears about migration by recognising and celebrating past and present contributions of cultural groups.	*Purpose:* to examine how sense of self and identity influences the way we act. We don't always meet people who share our identity. This impacts on the way we meet our goals.
Main idea: All of us are determined by the cultural group that we are born into and all of us have the power to determine what that group will be like by the way we make cultural choices. Thus, all people are determined by the past and capable of determining the future. When people from different cultural background come into contact their relations are affected by a complex interrelation between their choices as individuals and their socialisation as members of a group.	*Main idea:* Diversity has always existed in Australia. BUT diversity has not always been valued. Historically there have been cultural groups that have been victims of unequal relationships with the dominant cultural group. For example Aboriginal peoples, the Irish, Kanakas, Chinese, etc. To now value the diversity of the past and that of the present requires one to first recognise that such diversity did actually exist and secondly that it contributed to the national interest. Cultural diversity needs to be recognised not just as of value to individuals but also as a national resource in everyone's interest.	*Main idea:* Identity formation of members of dominant and minority groups depends upon the degree of threat or acceptance one perceives in intercultural interaction. Members of both dominant and minority groups will be at different stages of acceptance of, and participation in, cultural diversity.

Manual 1: Culture	Manual 2: Migration	Manual 3: Settlement
3. Intercultural Understanding	3. Intercultural Communication	3. Strategies to deal with differences
Purpose: to pool collective knowledge in order to identify what's involved in the negotiation process and to identify skills necessary for intercultural understanding.	*Purpose:* to identify skills for dealing with misunderstandings resulting from intercultural contact between individuals and groups.	*Purpose:* to reflect on strategies we have when people meet people who don't share our identity but with whom we want to negotiate with.
Main idea: Intercultural negotiation involves finding out what the other person wants. Your bargaining power is strengthened by how well you know the needs of the person you are negotiating with. Intercultural negotiation usually involves a preparedness to trade off some cultural comfort in order to achieve mutual gains. Intercultural negotiation usually involves both parties accepting a mediated decision in both their interests despite having to shift from original position.	*Main idea:* Cultural clash = conflict over values, attitudes and behaviours between groups with different socialisation and core identities. Cultural misunderstandings occur when: - see self as normal but others as different. - judge others from limited knowledge. - don't accept your responsibility in communication process. - not prepared to engage in negotiating meaning and purpose. - won't accept cultural differences as legitimate in terms of own context.	*Main idea:* Intercultural communication occurs when: - a common purpose can be envisaged, i.e. do I want or do I have to share with the person? - a willingness to accept and recognise another person's position as legitimate for them and potentially worthy for you. - prepared to make intentions clear and to explore options. - prepared to adjust and accommodate in order to reach a mutually agreed outcome.

Martina Liedke

Institution und Interkulturalität

1. Orte interkulturellen Handelns

Interkulturelles Handeln findet größtenteils in Institutionen statt. Verwaltung und Gericht, Arztpraxen und Krankenhäuser, Wirtschaftsunternehmen, Schulen, Kindergärten und — im Rahmen bikultureller Ehen — die Familie sind Orte, in und an denen sich gesellschaftliche Multikulturalität national oder transnational realisiert. Dazu gehört auch der Aspekt, daß der interkulturelle Kontakt seinerseits weitgehend institutionalisiert ist bzw. zur Institutionenbildung geführt hat. Ausländerbehörden, Auslandsämter, Touristikbüros oder Fremdsprachenschulen bilden Einrichtungen, die es mit der Erfahrung und Bearbeitung von Fremdheit in ihren rechtlichen, sozialen und individuellen Aspekten zu tun haben.

In der gegenwärtigen Diskussion um 'interkulturelle Kommunikation' und 'interkulturelle Kompetenz' wird die institutionelle Einbindung des interkulturellen Kontakts allerdings vergleichsweise wenig beachtet. Fortbildungskonzepte z.B. für Wirtschaftsmanager und Studenten, die sich auf einen Auslandsaufenthalt vorbereiten (Landis / Brislin 1983, Thomas 1991, Bergemann / Sourisseaux 1992), für Behördenmitarbeiter (Hoffmann 1982) oder allgemein für städtische Bedienstete (Amt für Multikulturelle Angelegenheiten 1993) sind weitgehend an individualpsychologischen, sozialpsychologischen oder ethnographischen Ansätzen orientiert (Liedke / Redder / Scheiter 1996).

Demgegenüber werden im folgenden institutionelle interkulturelle Kontakte aus einer linguistischen Perspektive thematisiert. Ausgehend von Konzeptionen, wie sie im Rahmen der Funktionalen Pragmatik entwickelt worden sind, wird argumentiert, daß die institutionelle Situiertheit der Kommunikation die Interaktion der Beteiligten wesentlich bestimmt und daß zwischen institutionell und interkulturell bedingten Verständigungsproblemen zu differenzieren ist.[1]

§ 2 behandelt zunächst den Aspekt des sprachlichen Handelns unter den Bedingungen von Fremdheit, bevor in § 3 auf die Besonderheiten institutioneller Kommunikation eingegangen wird. In § 4 und § 5 wird der Zusammenhang von Fremdheit, Interkulturalität und Institution an einem Gesprächsbeispiel aus der Ausländerbehörde empirisch konkretisiert und auf Inhalte einer Fortbildung für Behördenmitarbeiter hin ausgewertet. Damit wird an die Diskussion um 'interkulturelle Trainings' angeschlossen, wie sie gegenwärtig in der Angewandten Linguistik, Fremdsprachendidaktik und Sprachkontaktforschung geführt wird (siehe u.a. Knapp / Knapp-Potthoff 1990, Knapp 1992, Müller 1993, Liedke / Redder / Scheiter 1996). Lernziele in interkulturellen Trainings sind ausgehend von diesen Ansätzen nicht nur allgemein in der Ausbildung sog. 'flexibler Persönlichkeitsprofile' oder der Reflexion von kultureller Identität und Vorurteilsbildung anzusiedeln, sondern sind konkret auf die Handlungen und Handlungsprozesse der Beteiligten in der Interaktion zu beziehen. Indem er die konkrete Handlungspraxis der Beteiligten zum empirischen Ausgangspunkt von Überlegungen macht, steht der vorliegende Beitrag zugleich im Kontext der Entwicklung diskursanalytisch basierter Kommunikationstrainings in verschiedenen Arbeitsbereichen (Fiehler / Sucharowski 1992).

---

[1] Damit wird die Problematik einer 'maximalen' Interpretation des Interkulturellen bei der Bestimmung interkultureller Probleme und der dementsprechenden Grundlegung von Lehr-Lern-Programmen aufgegriffen (vgl. Koole / ten Thije 1994). Zu einer Kritik des Konzeptes 'Kultur' s. Redder / Rehbein 1987b, Ehlich 1996; zur terminologischen Problematik s. auch Knapp / Knapp-Potthoff 1987, Hinnenkamp 1994. Knapp-Potthoff (in diesem Band) schlägt vor, 'Kultur' i.S. von 'Kommunikationsgemeinschaft' zu fassen.

2. Fremdheit, Wahrnehmung, sprachliches Handeln

2.1. Sprache als Handlung

Im Ansatz der funktionalen Pragmatik,[2] der der folgenden Analyse zugrunde gelegt wird, wird 'Sprache' nicht nur als Mittel des Handelns, sondern selbst grundsätzlich als Handlung verstanden und in den übergreifenden Zusammenhang anderer (nonverbaler) Handlungen gestellt. Neben einzelnen sprachlichen Äußerungen gelangen dabei auch Äußerungsabfolgen als Bestandteile von Handlungsabfolgen in den Blick. Handlungen werden als gesellschaftlich entwickelte Form-Funktions-Einheiten gefaßt, die mentale und interaktionale Tätigkeiten auf Sprecher- und auf Hörerseite umfassen. Die Rekonstruktion des Form-Funktions-Zusammenhangs erfolgt in der Kategorie des 'Zwecks'.

Die Sprechakttheorie Austin- und Searlescher Prägung aufnehmend, werden in der Funktionalpragmatik innerhalb einer sprachlichen Handlung Äußerungsakt, propositionaler Akt und illokutiver Akt unterschieden. Der Terminus 'Muster' wird — in Weiterentwicklung der illokutiven Analyse — für Abfolgen sprachlicher Handlungen mit einem systematisch bedingten Sprecher-Hörer-Wechsel verwendet (z.B. 'Frage-Antwort', 'Begründen', 'Auffordern' u.a.). Die Verknüpfung von Handlungsmustern führt zu den größeren Einheiten 'Text' und 'Diskurs'. Die unterhalb der Einheit 'sprachliche Handlung' liegende, kleinste Handlungseinheit von Sprache ist in diesem Ansatz die 'Prozedur'. Den verschiedenen Prozeduren entsprechen verschiedene Felder von Sprache. Im Anschluß an die von Bühler (1934) vorgenommene Differenzierung zwischen 'Zeigfeld' und 'Symbolfeld' werden als weitere sprachliche Felder das 'expeditive Feld (Lenkfeld)', das 'operative Feld' und das 'Malfeld' unterschieden (s. u.a. Ehlich 1991, Redder 1990, Liedke 1994). Die Prozeduren des Symbolfelds sind auf den propositionalen Gehalt der Äußerung gerichtet, dessen Verarbeitung durch die operativen Prozeduren (z.B. phorischen Ausdrücken, Konjunktionen wie *und*, *aber* etc.) gesteuert wird. Deiktische Prozeduren wie *hier*, *ich*, *dieses*, *dann* oder *da* dienen der Aufmerksamkeitssteuerung des Hörers durch den Sprecher. Malende Prozeduren, im Deutschen vorwiegend durch die Intonation realisiert, dienen der Vermittlung von 'Stimmungen' und Bewertungen. Expeditive Prozeduren, zu denen der Vokativ und die sog. 'Interjektionen' zu zählen sind, haben es hingegen mit der Prozessierung der Interaktion selbst zu tun.

Die Funktionalität eines sprachlichen Mittels, wie sie in der Kategorie des 'Zwecks' gefaßt wird, ist — dem Austinschen Ansatz folgend — von der 'Intention' des Sprechers, von dem 'Ziel' zu unterscheiden, das ein Sprecher mit seiner Äußerung verfolgt (Rehbein 1977). Während ein 'Ziel' individueller Natur ist, handelt es sich bei

---

[2]   Vgl. dazu ausführlicher Ehlich (1991).

'Zweck' um eine dem sprachlichen Mittel bzw. Handlungsmuster inhärente Kategorie. Zur Erreichung ihrer Ziele bedienen sich die Aktanten der gesellschaftlich entwickelten Handlungsmittel und -muster.[3]

2.1.1. Pläne und Handlungslinien

Der Handlungsprozeß des einzelnen ebenso wie derjenige mehrerer Aktanten umfaßt eine Kette von Entscheidungen, bei denen eine von mehreren Handlungsmöglichkeiten verwirklicht wird (Rehbein 1977). Die faktisch ausgewählte schließt und eröffnet andere Alternativen (s. Diagramm 1). Zukünftige Entscheidungen können auf der Basis des Vorhergegangenen und ausgehend von den Erwartungen der Beteiligten antizipiert, d.h., die zukünftige Handlungslinie kann von dem Aktanten vorausgeplant werden. Bei dem gemeinsamen Handeln wird die Planbildung der Aktanten wechselseitig aufeinander abgestimmt. Zu den spezifischen sprachlichen Mitteln, die Sprecher und Hörer im Diskurs für diesen Zweck einsetzen, gehören insbesondere die Mittel des expeditiven Feldes (*hm*, *aha* etc.). Innerhalb einer sprachlichen Handlung lassen sich Planbildungsprozesse an Umorganisationen der Äußerung ablesen (vgl. § 4.2.1).

Der Spielraum, der Handelnden bei der Auswahl der Folgehandlung in der Situation zukommt, unterliegt Restriktionen u.a. durch die Institution, durch das jeweilige Wissen der Aktanten und durch ihre individuellen Fähigkeiten.

Von besonderer Bedeutung bei der Handlungsplanung und -ausführung sowie bei der Rezeption von Handlungen anderer sind nach Rehbein (1977) der 'Mechanismus des Wahrnehmens' sowie der 'Mechanismus des Glaubens'. Der Mechanismus des Wahrnehmens besteht in einem Identifizierungsakt, bei dem die Wirklichkeit hinsichtlich einer 'Kollektion von einschlägigen Sachverhalten' anhand einer inneren Liste (Vorwissen) überprüft und eingeschätzt wird. Nachdem die Daten als Vorliegen eines bestimmten Typs von Situation und als Inskriptionen spezifischer Muster und Akte interpretiert worden sind, erlaubt der Mechanismus des Glaubens eine Antizipation der Ereignisse. Durch ihn werden die Wahrnehmungen komplettiert und Zweifel annulliert — es sein denn, daß der Aktant seine anfänglichen Zuweisungen als Irrtum erkennt

---

[3] So kann beispielsweise das Ziel "von jemandem die Uhrzeit erfahren" durch unterschiedliche Handlungsmuster erreicht werden, die ihrerseits durch verbale oder nonverbale Handlungen realisiert werden können. Der Handelnde kann z.B. das Muster 'Frage — Antwort' einsetzen, dessen Zweck in dem Ausfüllen einer Wissenslücke durch den Hörer besteht (durch eine Äußerung wie "Wie spät ist es?" oder durch ein Zeigen auf eine imaginäre Armbanduhr, verbunden mit einem fragenden Blick). Er kann sich jedoch auch des Handlungsmusters Auffordern bedienen ("Sagen Sie mir die Uhrzeit!") oder einfach durch Drehen des Handgelenks seines Interaktionspartners in dessen Handlungsraum eingreifen und einen Blick auf dessen Armbanduhr werfen.

Diagramm 1: Planbildung und Handlungslinie (Rehbein 1977:312)

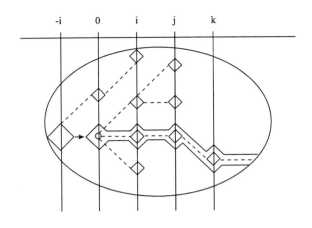

Legende

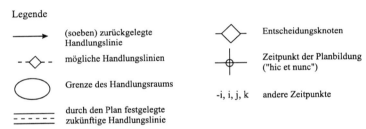

→   (soeben) zurückgelegte Handlungslinie

- ◇ -   mögliche Handlungslinien

⬭   Grenze des Handlungsraums

─────   durch den Plan festgelegte
- - - - -   zukünftige Handlungslinie

◇   Entscheidungsknoten

⊕   Zeitpunkt der Planbildung ("hic et nunc")

-i, i, j, k   andere Zeitpunkte

(Glaubensreparatur). Sowohl hinsichtlich der Wahrnehmung als auch hinsichtlich der Komplettierung durch den Glaubensmechanismus werden im Handlungsprozeß verschiedene Typen von Wissen relevant, die die mentale Widerspiegelung der Wirklichkeit (P) bei Sprecher (Π^S) und Hörer (Π^H) betreffen (Ehlich / Rehbein 1977). Zu dem kollektiven Wissen, das von dem einzelnen im Laufe seiner sprachlichen und gesellschaftlichen Sozialisation erworben wird, gehört einerseits das Wissen über bestimmte Handlungssituationen, -möglichkeiten und -erfordernisse ('Musterwissen', 'Routinewissen'). Das Musterwissen erlaubt es, im Handlungsprozeß entsprechende Einheiten zu erkennen und Abläufe abzuwickeln. Durch das Routinewissen können die entsprechenden Handlungen schneller ausgeführt und Stadien der Handlungsplanung und Planrekonstruktion qua Glaubensmechanismus übersprungen werden ('Pläne-ziehen', Habitualisierung). Darüber hinaus wird im Handlungsprozeß das individuelle und kollektive Erfahrungswissen relevant, das über ein 'partikulares Erlebniswissen' zu 'Einschätzungen', 'Bildern' und 'Images' gerinnen kann (Ehlich / Rehbein 1977).

Insbesondere in interkulturellen Konstellationen spielen diese Wissenstypen eine wesentliche Rolle (Redder 1995).[4] Zum kollektiven Wissensbestand, der sich im Handlungsprozeß als einflußreich erweist, gehören ferner die sprachlich abgelagerten Wissenstypen 'Sentenz' (z.b. Sprichwörter wie "Ehrlich währt am längsten") und 'Maxime' (z.b. "Sag niemals nie!", "Üb immer Treu und Redlichkeit!"). Als Imperativ formuliert, besitzt letzterer unmittelbar handlungsleitenden Charakter.

2.1.2. Fremdsprachliches Handeln

Fremdheit im Handlungsprozeß schlägt sich — insbesondere bei Fremdsprachigkeit — in 'Brüchen' im Handlungsprozeß nieder (vgl. Ehlich 1992, Redder / Rehbein 1987b). Bezogen auf den interaktiven Prozeß, hat es 'Fremdheit' mit dem Auseinanderklaffen der sprecher- und hörerseitigen Handlungspläne (sowohl rekonstruierender als auch vorauskonstruierender Art) zu tun. Eine gegebene Situation, aus der heraus der Handlungsprozeß erfolgt und an der er ansetzt, kann von den Handelnden nicht interpretiert, d.h., ihre Bestandteile können nicht mit der 'inneren Liste' in Übereinstimmung gebracht werden. Jeweils bezogen auf die Orientierung in der Situation und die Position als Sprecher oder Hörer, können zwei Typen von Brüchen differenziert werden:

a) Fehleinschätzung der Handlung des anderen durch Differenzen im Wahrnehmungs- oder Glaubensmechanismus (Hörer-Position)

b) Irritationen des anderen durch eigene unerklärliche Handlungen (Sprecher-Position)

Das Auseinanderklaffen von sprecher- und hörerseitigen Handlungsplänen kann die unterschiedlichen Dimensionen von Sprache, wie sie in § 2.1.1 genannt wurden, betreffen. Für die Bearbeitung solcher Fälle steht den Handelnden im Diskurs ein 'Reparatur-Apparat' zur Verfügung (Sacks / Schegloff / Jefferson 1977). Der Mechanismus des Glaubens erlaubt es ferner, bestimmte solcher Momente mental zu 'überbrücken'. Er führt jedoch u.U. ebenfalls zu Fehleinschätzungen.

In der Kommunikation zwischen Mutter- und Fremdsprachensprechern ist Fremdheit im oben skizzierten Sinn verstanden ein beide Gesprächsbeteiligte betreffendes Kennzeichen. Die verstärkte Inanspruchnahme des Reparaturapparates ist für den fremdsprachlichen Diskurs ebenso charakteristisch wie seine spezifische Überformung (vgl. Liedke 1997).

Im fremdsprachlichen Handeln wird u.U. bereits der Äußerungsakt problematisch. So gelingt es dem Fremdsprachensprecher häufig nicht, den Äußerungsakt seines Gesprächspartners zu rekonstruieren (d.h., er kann selbst keinen Hörerplan ausbilden). Auch kann die eigene sprachliche Handlung des Fremdsprachensprechers bereits beim

---

[4]   Damit ist eine Präzisierung des 'Stereotypen'-Konzepts gegeben.

Äußerungsakt mißlingen (und seine Handlung daher nicht rezipiert werden, d.h., es kommt zu keiner Bildung des Hörerplans bei seinem Gesprächspartner oder aber zu einem Scheitern bereits bei der Umsetzung des Sprecherplans). Hinsichtlich der propositionalen Dimension des sprachlichen Handelns kommen im fremdsprachlichen Diskurs Elemente des in der jeweiligen Sprache verfaßten kollektiven Wissens in den Blick, an dem Fremd- und Muttersprachensprecher u.U. in unterschiedlichem Maße partizipieren (vgl. § 2.1.1). In der illokutiven Dimension können die Zweck-Mittel-Setzungen einzelner sprachlicher Handlungen und Prozeduren ebenso wie die spezifischer Handlungsmuster, Diskurs- oder Textarten falsch oder gar nicht erkannt bzw. realisiert werden. Schwierigkeiten können sich auch bei der Rekonstruktion der Zielsetzungen ergeben, unter denen das Handeln des anderen steht. Relevant ist dabei u.a. der 'Inhalt' der individuellen und kollektiven Wissensbestände hinsichtlich der beteiligten Aktantengruppen (insbesondere Images, Sentenzen und Maximen). Auch grundlegende Verfahren des Sprecherwechsels (turn-taking-Apparat) und des Reparaturapparates werden im fremdsprachlich geprägten Diskurs u.U. problematisch (vgl. Knapp / Knapp-Potthoff 1990, Liedke 1994). Von besonderer Bedeutung für die oben skizzierten Phänomene sind Prozesse der 'Interferenz', d.h. des Einflusses der Erst-, u.U. auch Zweit- oder Drittsprache auf das Handeln in der Fremdsprache.

Im Handlungsprozeß spielt aber auch die Antizipation von Fremdheit eine wesentliche Rolle. So eröffnet die Unterstellung von Fremdheit dem 'Fremden' u.U. einen größeren Toleranzspielraum. Handlungsunterlassungen werden dann als 'Nichtwissen' gewertet und der Verantwortung durch den einzelnen entzogen. Zu den Handlungserwartungen aufgrund von Fremdheit gehört auch die Antizipation von Brüchen im Handlungsprozeß. Ein tatsächliches "Do as the natives do" wird dann u.U. als 'befremdlich' erlebt (Kniffka 1995). Die Unterstellung mangelnder Sprachkompetenz führt häufig zu Formen vereinfachten Sprechens auf seiten der Muttersprachler ('foreigner talk'; s. u.a. Ferguson 1977, Hinnenkamp 1982). Sie kann sich als resistent gegenüber ihrer faktischen Negation erweisen, dies unwillentlich oder auch willentlich.

3. Institutionelles Handeln

Institutionen bearbeiten wiederkehrende Bedürfnisse der Gesellschaft und ihrer Mitglieder (Ehlich / Rehbein 1979, 1994).[5] Die verschiedenen Institutionen der Produktion und Zirkulation (Betrieb, Handel), der individuellen Reproduktion und Ausbildung

---

[5] Zu einer weiterführenden Diskussion des Institutionenbegriffs und seiner Abgrenzung gegenüber anderen Auffassungen siehe insbesondere Ehlich / Rehbein (1994), Koerfer (1994b).

(Familie, Arztpraxen, Krankenhäuser, Schulen), juristische und politische Institutionen (Polizei, Gericht, Gefängnis, Militär, Verwaltung) ebenso wie religiöse und kulturelle Institutionen (Kirchen, Theater, Rundfunk etc.) erfüllen jeweils spezifische Zwecksetzungen, die ebenso wie deren Bearbeitungsformen historisch entwickelt sind. Als 'gesellschaftliche Apparate' sind Institutionen komplexer als Handlungsmuster, die in ihnen eine spezifische Auswahl, Kombinatorik und Veränderung erfahren.

Kennzeichnend für Institutionen ist, daß in ihnen zwei Gruppen von Handelnden auftreten: die *Klienten* der Institution, auf die hin die Zwecke der Institution ausgerichtet sind (z.b. Patienten, Straftäter, Schüler etc.), und die für die Zwecke der Institution tätigen *Agenten* der Institution, d.h. ihr Personal (z.B. Ärzte, Richter, Lehrer, Verwaltungsangestellte). Die Aktantengruppe der Agenten ist u.U. hierarchisch und zweckorientiert in sich weiter differenziert.

Klienten und Agenten verfügen bezogen auf die Institution über ein je unterschiedliches Wissen. Wissensbestände der Klienten umfassen — z.T. zu Maximen verallgemeinertes — Laienwissen über den Umgang mit der jeweiligen Institution. Das Agentenwissen umfaßt als 'Institutionswissen 2. Stufe' auch das Wissen um komplexe institutionelle Abläufe und ihre Zweckhaftigkeit, das Wissen um rechtliche Vorschriften bei der Behandlung des Klientenanliegens sowie Maximen zur Bewältigung des eigenen Arbeitsalltags, z.B. im Umgang mit den Klienten. U.U. kann ein Aktant sowohl über Agentenwissen als auch über Klientenwissen hinsichtlich einer Institution verfügen; in vielen Fällen ist dies jedoch nicht der Fall. Die bestehenden Wissensdifferenzen zwischen Agenten und Klienten müssen und können in der Interaktion nicht überbrückt werden. Sie sind vielmehr in einer solchen Weise komplementär zu gestalten, daß die Zwecke der Institution erfüllt werden. Häufig bildet gerade dies ein Problem institutioneller Kommunikation.

Die in der Institution verwendeten Handlungsmuster sind auf die Zwecke der Institution ausgerichtet. Oft bedeutet dies eine spezifische Überformung, d.h. eine Verzerrung, u.U. sogar ein Zerbrechen alltäglicher Handlungsverfahren.[6]

Mit Blick auf die fremdsprachliche Kommunikation bilden Institutionen und die in ihnen verwendeten Handlungsmuster ebenfalls einen Bereich, in dem sich Unterschiede zwischen Gesellschaften manifestieren und mögliche Interferenzen stattfinden. Empirische Analysen interkultureller Kommunikation in verschiedenen Institutionen sind u.a. in Rehbein (1980), Rehbein (1985b), Becker / Perdue (1982), Mattel-Pegam (1985), Koerfer (1994a), Grießhaber (1987), Ohama (1987) und Koole / ten Thije (1994) ausgeführt.

---

[6]   Ein Beispiel hierfür ist das turn-taking in der Schule oder die Verzerrung des Frage-Antwort-Musters in der sog. 'Examensfrage'; vgl. Ehlich / Rehbein (1986).

4. Kommunikation bei der Ausländerbehörde

4.1. Erfahrungen des interkulturellen Kontakts

Am Beispiel der Institution 'Ausländerbehörde' soll im folgenden der Frage nach institutionell und interkulturell bedingten Verständigungsprozessen und -problemen ausgehend von einem konkreten Gespräch weiter nachgegangen werden. Für die ausländischen Klienten spielt diese Institution nicht nur im Blick auf die eigene Aufenthaltserlaubnis eine wichtige Rolle. Auch bei anderen Fragen, wie z.B. im Falle einer Heirat im Ausland oder der Einladung von ausländischen Verwandten zu verschiedenen Anlässen, muß die Ausländerbehörde konsultiert werden. (In solchen Zusammenhängen haben auch deutsche Klienten u.U. mit dieser Institution zu tun.) Da sie alle wichtigen Lebensfragen regelt und über eine große Entscheidungsgewalt hinsichtlich der Lebenspläne ihrer Klienten verfügt, stellt die Behörde einen politisch, sozial und individuell hochsensiblen Arbeitsbereich dar.

Die Kommunikation bei der Ausländerbehörde wird sowohl von den ausländischen Klienten als auch von den deutschen Institutionsvertretern als unbefriedigend, belastend und frustrierend empfunden (s. Hoffmann 1982). So ist der Behördenbesuch für ausländische Klienten häufig stark angstbeladen. Nicht die rechtliche Lage bzw. zu Ungunsten der Klienten getroffene Sachentscheidungen allerdings sind es, die von den ausländischen Klienten als Hauptproblem bei der behördlichen Kommunikation angesehen werden (Hoffmann 1982, § 2). Als belastend wird vielmehr der Kontakt schlechthin, die Art und Weise des Umgangs der Institution mit den Klienten erlebt, also ein Moment, das — im Unterschied zu den rechtlichen Bedingungen, die die Grundlage des institutionellen Handelns bilden — einer Veränderung durch Schulung zugänglich scheint.

Auf seiten der deutschen Behördenmitarbeiter beginnen Probleme im Umgang mit ausländischen Klienten demgegenüber bereits bei der Frage, "was der überhaupt möchte" (Hoffmann 1982:95). Das allgemeine 'Verstehen' des anderen wird als schwierig empfunden. Als problematisch wird ferner der Aspekt der Vermittlung von Entscheidungen erlebt. Anliegen der Sachbearbeiter ist es laut Befragung dabei nicht nur, entsprechende Formulare ausfüllen zu lassen, sondern dem Klienten eine Einsicht in das institutionelle Handeln zu geben, zu erklären, "warum dieses Formular wichtig ist" (1982:100). Dem Wunsch nach Durchsichtigkeit auf seiten der Institutionsagenten steht jedoch die erlebte Undurchsichtigkeit des institutionellen Handelns auf seiten der Institutionsklienten gegenüber — eine Diskrepanz, die erklärungsbedürftig erscheint.

Ein weiterer klärungsbedürftiger Punkt in diesem Zusammenhang ist die Rolle von Sprache und Sprachproblemen. Sie wird häufig lediglich mit Blick auf zwei Punkte thematisiert: a) Von ausländischen Klienten wird es als extrem diskriminierend erlebt, wenn sich Institutionsagenten eines 'foreigner talk' bedienen (Hoffmann 1982). b) Das Argument 'mangelnder Deutschkenntnisse' wird auf seiten der deutschen Institutionsvertreter verwendet, um Ansprüche bei der Bearbeitung des Klientenanliegens abzuweisen (Hinnenkamp 1985).[7] Institutionsagenten gaben bei Befragung allerdings generell an, daß Sprachschwierigkeiten eigentlich kein Problem in ihrem beruflichen Alltag darstellten und man sich mit gutem Willen schon verständlich machen könne (Hoffmann 1982).

Um ein besseres Verstehen und damit einen besseren Arbeitsalltag zu erreichen, wird in Trainingskonzeptionen zum behördlichen Handeln zumeist der Aspekt 'Fremdenfeindlichkeit' sowie 'Wissen über den anderen, Kenntnis der fremden Sitten und Gebräuche', u.U. auch die 'Verwendung eines korrekten Deutsch' zentralgestellt (Amt für Multikulturelle Angelegenheiten 1993, Hoffmann 1982). Wenngleich damit ein wichtiger Bereich angesprochen wird, der es mit den in § 2 diskutierten Wissensbeständen über die jeweils andere Gruppe zu tun hat, so erscheint er doch als nicht ausreichend, um die Widersprüchlichkeit, die sich in den 'Alltagstheorien' von Klienten und Agenten über kommunikative Probleme in der Institution Ausländerbehörde findet, hinreichend zu klären.

4.2. Ein Gesprächsbeispiel

Nimmt man die Handlungspraxis der Beteiligten selbst als Ausgangspunkt für eine Problemanalyse, so zeigt sich, daß Gespräche ineffektiv und mißverständlich verlaufen können, obwohl auf seiten beider Beteiligten deutlich das Bemühen um eine angenehme Gesprächsatmosphäre zu erkennen ist (vgl. Liedke / Redder / Scheiter 1996). Auch in dem vorliegenden Gespräch[8] ist dies der Fall. Der Sachbearbeiter (S) ist ein Deutscher mittleren Alters. Der Klient (K) ist ein junger Türke, der vor kurzem in der Türkei geheiratet hat. Deutschkenntnisse werden in dem vorliegenden Gespräch weder thematisiert, noch greift der Institutionsagent auf ein 'vereinfachtes Deutsch' zurück, um sich verständlich zu machen. Der Gesprächsverlauf wird im folgenden lediglich auszugsweise zitiert.[9] Eine komplette Transkriptfassung ist im Anhang wiedergegeben. Es empfiehlt sich, zunächst das Transkript zu lesen.

---

[7] Dieses Verfahren ist nach Hinnenkamp wesentlich für das 'Verstummen' von Ausländern und für Rückschritte im Spracherwerbsprozeß verantwortlich.

[8] Die Gesprächsaufnahme wurde offen durchgeführt. Ich möchte Suzanne Larsen an dieser Stelle dafür danken, daß sie mir Aufnahme und Transkription zur Verfügung gestellt hat.

[9] Die Flächenangaben (Fl.) beziehen sich dabei auf die Transkriptfassung im Anhang.

4.2.1. Klientenanliegen, Klientenwissen und die Vermittlung institutioneller Erfordernisse

Das Anliegen, mit dem sich K an S wendet (Einreise der Ehefrau), ist ein für ausländische Migranten typisches. Im Rahmen der Institution ist für seine Bearbeitung ein entsprechender Handlungsplan ausgearbeitet. Auf seiten des Institutionsagenten umfaßt er die Punkte 'Erfassung des Klientenanliegens', 'Datenabfrage / Bitte um Vorlage der für eine Entscheidung erforderlichen Unterlagen', 'Überprüfung der Unterlagen und Entscheidung über das Kientenanliegen' sowie 'Bekanntgabe der Entscheidung'. Komplementär gestalten sich im Rahmen dieses Plans die Handlungsschritte des Klienten. Der institutionelle Handlungsplan spiegelt sich in den Äußerungen von S und K wider:

S, Fl. 1:   Seit wann sind Sie denn verheiratet?

S, Fl. 2f.:   Dann geben Sie mir bitte (...) die erforderlichen Unterlagen Arbeitgeberbestätigung, Verdienstnachweis und Mietvertrag.

K, Fl. 4:   Bestätigung, dann den Zettel, und Mietvertrag, das war es.

Allerdings ergibt sich bereits bei der Zuordnung der vorgelegten Papiere zu den institutionell relevanten Kategorien für S ein Problem. So hat K zwar auf die Unterlage 'Mietvertrag' hingewiesen, S kann diese jedoch nicht auffinden. Der Bruch im Handlungsverlauf zeigt sich auf seiner Seite in mehreren Selbstreparaturen, die in einer Nachfrage münden:

S, Fl. 5f.:   Ja, Sie/ was ham Sie/ Kopie Mietvertrag haben Sie auch dabei?

Auch bei der Überprüfung der Unterlage 'Verdienstnachweis' ergibt sich für S eine Abweichung vom Normalverlauf. Sie manifestiert sich ebenfalls in Umorganisationen seiner Äußerungsplanung sowie in der Verwendung der Partikel *aber*:

S, Fl. 11f.:   Ja, aber/ ff mit den siebenhundertsechzig Mark verdienen Sie, gell, brutto.

S, Fl. 12f: Das sind fünfhundertsechsundfünfzig Mark, aber mit denen könnens also keine Frau ernähren, ne?

Es zeigt sich, daß bei K zwei Besonderheiten vorliegen: K ist noch in der Ausbildung und wohnt bei seinen Eltern. Für die Bearbeitung des Klientenanliegens ergibt sich dadurch eine Verschiebung hinsichtlich der für S erforderlichen Unterlagen. Aufgrund seiner Kenntnis von behördlichen Erfordernissen hat K selbst bereits prophylaktisch eine Bearbeitung der beiden oben genannten Problempunkte vorgenommen. Er legt dem Sachbearbeiter eine Vollmacht seines Vaters vor, auf die er an den entsprechenden Stellen im Gespräch hinweist:

K, Fl. 8f.:	Das ist Vollmacht von mein Vater,
K, Fl. 11f.:	Ja, aber/ ff mit den siebenhundertsechzig Mark verdienen Sie, gell, brutto.
K, Fl. 12:	Also Vollmacht.
K, Fl. 13f.:	Ja, meine Vater hat hier Vollmacht dafür gegeben bis äh/

Ks Handlungsplan erweist sich jedoch als dem institutionellen Bearbeitungsgang nicht angemessen. Mit den tatsächlichen Erfordernissen ist K nicht vertraut. Als S die Unterlage 'Verpflichtungserklärung' anfordert, ist er daher ratlos und bricht das Handlungsmuster ab:

| S, Fl. 14f.: | Kommt der dafür auf, der Vater, dann gebms mir bitte die Verpflichtungserklärung. |
| K, Fl. 15: | Tja..hm̀... ((16 sek))... |

Für S stellt sich nun eine doppelte Aufgabe. Einerseits muß er K den in der Folge notwendigen behördlichen Ablauf hinsichtlich zweier relevanter Punkte (Mietvertrag, Verpflichtungserklärung) erläutern, d.h. denjenigen Teilausschnitt seines gesamten professionellen Wissens für K zugänglich machen, der zur weiteren Bearbeitung seines Anliegens erforderlich ist. Zum anderen muß er die von dem Klienten vorgenommene, sachlich unzutreffende Eigenbearbeitung (Vollmacht) im Blick auf die sachlich notwendigen Schritte korrigieren.

Die beiden im Blick auf die institutionellen Erfordernisse problematischen Momente werden im Diskursverlauf mehrfach prozessiert. Hinsichtlich des Punktes 'Vollmacht' bzw. 'Verpflichtungserklärung' orientiert sich S zunächst an der Vorgabe von K und weist ihn bzw. 'den Vater' an, die 'Vollmacht' durch einen Zusatz behördenadäquat umzugestalten. Daß darüber hinaus eine zweite Unterlage institutionell erfordert ist (Verdienstnachweis des Vaters), thematisiert S allerdings nur im Nebensatz:

| S, Fl. 18ff.: | Da soll er dann noch dazu schreiben, für welchen Zeitraum das geht, ne? Mit der Maschine, ne? Aber Sie müssen dann so und so nochmal wiederkommen, weil ich den Verdienstnachweis Ihres Vaters brauche, gell? Den müssens mir noch beibringen, gell? |

In der Folge geht S unmittelbar zu dem zweiten problematischen Punkt (Mietvertrag) über.

| S, Fl. 21f.: | Des behalte ich mal hier bei mir, dann machen wir auch eine Wohnraumprüfung bei Ihnen... |
| S, Fl. 23f: | Dann machen wa da eine Wohnraumprüfung bei Ihnen und schauen nach, ob der Wohnraum ausreichend ist, ja? |

S, Fl. 224ff.: In circa zehn Tagen rufens das Wohnungsamt an, unter einer dieser Telefon-
nummern, und vereinbaren mit dem Wohnungsamt 'nen Termin, gell? 'Nen
Besichtigungstermin.

Als S den Punkt 'Verpflichtungserklärung' wiederaufnehmend noch einmal anspricht,
zeigt sich, daß bei K noch Unklarheiten bestehen. S weist K jetzt auf einen alternativen
institutionellen Handlungsweg hin, das Ausfüllen eines Formulars:

S, Fl. 32ff: Sie können auch die Verpflichtungserklärung, die Vorgedruckten hier ausfüllen, das wäre natürlich auch gut, gell?

Nach weiteren verstehenssichernden Sequenzen erscheint für S das Gespräch als abge-
schlossen. Daß dies ein Trugschluß ist, zeigt sich erst, als auch K durch eine ver-
stehenssichernde Wiederaufnahme die zukünftige Handlungslinie thematisiert:

S, Fl. 45f.: Gut.. Also Verdienstnachweis und die Verpflichtungserklärung vom Vater,
gell?

S, Fl. 46: Dann hätten ma es, gell?

K, Fl. 46f.: Gut... Und den Ding machen Sie, gell?

S, Fl. 47: Die letzten drei Lohnzettel vom Vater, gell?

K, Fl. 47f.: Ja, aber den. Ding (   ), die: Haus-Ding.

S, Fl. 48f.: Ja, das habe ich Ihnen gegeben, das hab ich Ihnen gegeben.

Erst über eine nochmalige Erläuterung wird in der Folge der institutionelle Handlungsplan geklärt.

4.2.2. Fremdsprache Deutsch

Der ausländische Klient in dem obigen Gesprächsbeispiel verfügt über relativ gute
Deutschkenntnisse, wie sie für die sog. 'zweite Generation' türkischer Migranten
kennzeichnend sind. Gleichwohl zeigen sich im Gespräch speziell an institutionell
relevanten Stellen fremdsprachliche Kennzeichen. So muß S in vielen Fällen eine
'Übersetzungsleistung' erbringen:

K, Fl. 16f.: Äh, wenn ich mein/ bis ich meine Urkunde habe von.

S, Fl. 17f.: Bis Sie fest in einem festen Arbeitsverhältnis stehen.

In anderen Fällen ignoriert S hingegen sprachliche Abweichungen:

S, Fl. 25f.: In ca. 10 Tagen rufens das Wohnungsamt an, unter einer dieser Telefon-
nummern, und vereinbaren mit dem Wohnungsamt 'nen Termin, gell?
'Nen Besichtigungstermin.

K, Fl. 27: Bis zehn Tagen.

S, Fl. 27: So ungefähr eine Woche, ja.

167

Ks abweichende Äußerungen im Deutschen sind z.T. einer unmittelbaren Übertragung aus dem Türkischen geschuldet. So verwendet er z.b. an mehreren Stellen (in Übertragung des Wortes *şey*) im Deutschen den Ausdruck *Ding*.[10] Erst ein weiterer lexikalischer Hinweis ermöglicht es S z.b. in Fl. 48, den unspezifischen Ausdruck *Ding* aufzulösen:

K, Fl. 31f.	Soll ich das schreiben oder soll ich wenigstens wieder zu dingmachen gehen?
K, Fl. 47	Und den Ding machen Sie, ja?
K, Fl. 47f.	Ja, aber den . Ding ( ) Die: Haus-Ding.
S, Fl. 48:	Vom Wohnraum?
K, Fl. 48:	Wohnraum.

Die Äußerung "Und den Ding machen Sie, ja?" wird dabei von S als Nichtverstehen des Klienten hinsichtlich eines relevanten Sachverhalts aufgefaßt, das im Widerspruch zu dessen vorhergehenden Verstehenskundgaben bei der Erläuterung des betreffenden Punktes steht (Paraphrase "Um die Mietsache brauche ich mich nicht mehr zu kümmern, ja?"). Diese Interpretation ergibt sich jedoch nicht notwendigerweise. So ließe sich "Und den Ding machen Sie, ja?" ebenso als "Und Sie reichen den Mietvertrag weiter, ja?" oder als "Und die Wohnraumprüfung machen Sie, die Behörde, ja?" auflösen. Die fremdsprachlich bedingte Mehrdeutigkeit der Klientenäußerung führt hier bei S zu einer Fehlinterpretation (vgl. § 4.2.3).

4.2.3. Orientierungsverfahren

Kennzeichnend für das sprachliche Handeln beider Kommunikationsbeteiligten in der vorliegenden Situation ist insgesamt ein hoher Grad an deiktischen Prozeduren, wie er in den folgenden Äußerungen beispielhaft deutlich wird:

K, Fl. 13f.:	Ja, meine Vater hat *hier* Vollmacht *dafür* gegeben.
S, Fl. 18f.:	*Da* soll er *dann* noch *dazu* schreiben, für welchen Zeitraum *das* geht, ne?
S, Fl. 21ff.:	*Des* behalte *ich* mal *hier* bei *mir*, *dann* machen *wir* auch eine Wohnraumprüfung bei *Ihnen*...
S, Fl. 23f:	*Dann* machen *wa da* eine Wohnraumprüfung bei *Ihnen* und schauen nach, ob der Wohnraum ausreichend ist, ja?

Der Einsatz von deiktischen Prozeduren erleichtert bei der behördlichen Kommunikation den Bezug auf komplexe institutionelle Sachverhalte, Abläufe und Schriftstücke. Da diese jedoch nicht mehr benannt werden und lediglich über einen Nachvollzug der

---

[10] Über dasselbe Phänomen berichten Knapp / Knapp-Potthoff (1986).

sprecherseitigen Aufmerksamkeitssteuerung in den Fokus des Hörers gelangen, ergeben sich aus diesem Verfahren auch bestimmte Schwierigkeiten. So fühlt sich K z.b. bei *"Sie* können auch die Verpflichtungserklärung ausfüllen" selbst als Handelnder angesprochen, so daß eine Klärungssequenz notwendig wird:

K, Fl. 34:	Die hab ich ja geschickt.
S, Fl. 34f.:	Ja, die soll dann Ihr Vater ausfüllen, gell?
K, Fl. 36f.:	Da kommt dann/ beziehungsweise mein Vaters Name, da kommt dann/

Auch ergibt sich bei einer genaueren Betrachtung des Punktes Wohnraumprüfung, daß die oben unter dem Aspekt Fremdsprache diskutierte Nachfrage des Klienten ("Und den Ding machen Sie, ja?") durch zwei Unklarheiten in der betreffenden sprachlichen Handlung des Sachbearbeiters begründet ist: "des" in "Des behalte ich mal hier bei mir" kann sich auf alle Unterlagen oder aber nur auf den Mitvertrag beziehen. Mit dem exclusiv verwendeten "wir" in "Wir machen dann eine Wohnraumprüfung bei Ihnen" hingegen bezieht sich der Sachbearbeiter nur allgemein auf die Gruppe der Agenten der Institution. Der interne institutionelle Handlungsablauf bleibt dabei ungeklärt. Das Weiterreichen des Mietvertrags an das Wohnungsamt als spezifische Aufgabe des Sachbearbeiters wird dann tatsächlich erst nach Ks Verstehensnachfrage thematisiert.

4.2.4. Verstehenssicherung

Hinsichtlich des sprachlichen Handelns des Sachbearbeiters ist in dem vorliegenden Gespräch eine verstärkte Verstehenssicherungstätigkeit auffällig. So schaltet S einem Großteil seiner Äußerungen rückversichernde Partikeln nach, z.B. in

Fl. 10:	Einundneunzig haben Sie geheiratet, *ne?*
Fl. 11f.:	siebenhundertsechzig Mark verdienen Sie, *gell,*
Fl. 12f.:	aber mit denen könnens also keine Frau ernähren, *ne?*
Fl. 18f.:	Da soll er dann noch dazu schreiben, für welchen Zeitraum das geht, *ne?*
Fl. 19:	Mit der Maschine, *ne?*
Fl. 19f.:	Aber Sie müssen dann so und so nochmal wiederkommen, weil ich den Verdienstnachweis Ihres Vaters brauche, *gell?*
Fl. 20:	Den müssens mir noch beibringen, *gell?*
Fl. 28ff.:	und dann soll er noch mit Schreibmaschine dazu schreiben, diese Verpflichtungserklärung äh gilt für die Dauer/ bis zum Ende Ihrer Ausbildung, *gell?*
Fl. 30f.:	Solange, bis Sie in einem festen Arbeitsverhältnis stehen, *gell?*
Fl. 32f.:	Na, das soll der Vater dann noch machen, *gell?*

Unter Bezug auf die Kategorie des 'Ziels' ist die häufige Verwendung solcher augmentierenden Nachschaltungen dem Sprecher selten bewußt. Es handelt sich vielmehr um eine 'Angewohnheit', die gleichwohl funktional ist: Mittels der nach-geschalteten Partikeln wird die illokutive Kraft der augmentierten Äußerung modifi-ziert. Indem diese Prozeduren in ihrer inneren Zwecksetzung ein verbalisiertes Wissen nachträglich negieren (*ne*) oder als geltend darstellen (*gell, ja*), lösen sie bei dem Rezipienten eine Überprüfungstätigkeit beim Nachvollzug des Sprecherplans aus (s. Rehbein 1979, Liedke 1994).

Dem verstärkten Einsatz verstehenssichernder Prozeduren im Mikrobereich ent-sprechen im Handeln von S im Makrobereich zahlreiche rekursive Schleifen, mit denen er den bisherigen Handlungs- und Wissensstand aufgreift, z.B.

Fl. 28f.:	Und dann brauch ich noch den Verdienstnachweis Ihres Vaters.
Fl. 38f.:	und dann krieg ich noch den Verdienstnachweis Ihres Vaters
Fl. 45f.:	Also Verdienstnachweis und die Verpflichtungserklärung vom Vater, gell?
Fl. 47:	Die letzten drei Lohnzettel vom Vater, gell?

Die Sicherung des Verstehens seiner sprachlichen Handlungen erfolgt bei S jedoch nur retrospektiv. Eine vorwegnehmende Erläuterung des institutionellen Handlungsplans, die dem Hörer das Verstehen des Folgenden erleichtern würde, findet sich in dem vor-liegenden Gespräch nicht.

5. Institutionelle und interkulturelle Verständigungsprobleme

Das vorliegende Beispiel zeigt, daß Fremdenfeindlichkeit und 'foreigner talk' auf seiten der deutschen Institutionsagenten nicht allein das Problempotential der Kommu-nikation bei der Ausländerbehörde bilden. Es zeigt außerdem, daß 'Sprachschwierig-keiten' insgesamt eine wesentliche größere und weitreichendere Rolle spielen, als es von den Institutionsagenten und -klienten wahrgenommen und in ihren 'Alltagstheo-rien' reflektiert wird (vgl. § 4.1). Die kommunikativen Probleme, die sich im Verlauf des Gesprächs zwischen Sachbearbeiter und Klienten entfalten, sind in unterschied-licher Weise institutionell und interkulturell bedingt.

Als institutionell bedingte Probleme, die sich ebenso bei deutschen Klienten finden könnten,[11] lassen sich ausgehend von dem analysierten Gespräch folgende Aspekte isolieren:

---

[11] Vgl. dazu exemplarisch Becker-Mrotzek / Ehlich / Fickermann (1992).

- Laienkenntnisse über institutionelle Erfordernisse:
  Das Beispiel 'Vollmacht' zeigt, daß der Klient u.U. mit Vorkenntnissen über institutionelle Erfordernisse und Handlungsweisen in die Interaktion eintritt, die den tatsächlichen Anforderungen nicht entsprechen. Seine Erwartungen in diesem Zusammenhang werden enttäuscht. Die erforderliche Glaubensreparatur kann zu Rat- und Planlosigkeit auf Seiten des Klienten führen. Für den Institutionsagenten ergibt sich häufig die Aufgabe der Überführung von Klientenäußerungen in behördenadäquate sprachliche Formen.

- Unzureichende Klärung und Absicherung des institutionellen Handlungsverlaufs:
  Wie die Analyse zeigte, nimmt der Agent der Institution eine Absicherung des Verständigungshandelns lediglich rückblickend, nicht jedoch prospektiv vor. Der Klient kann den institutionell relevanten Handlungsplan daher nur rekonstruieren. Da er sich erst im nachhinein offenbart, erscheint er dem Klienten als undurchschaubar. Schwierigkeiten ergeben sich insbesondere, wenn im institutionellen Handlungsplan verschiedene Handlungswege zur Erreichung eines bestimmten Zwecks möglich sind. Durch die verkürzte Bezugnahme auf komplexe Sachverhalte mittels deiktischer Prozeduren wird die Orientierung des Klienten in der Handlungssituation u.U. nicht erleichtert, sondern erschwert. Dies gilt auch für den Erwerb der entsprechenden Konzepte.

- Bezugnahme auf andere Institutionsinstanzen:
  Bei der Darstellung des behördlichen Ablaufs identifiziert sich der Institutionsagent sprachlich undifferenziert mit seinen Kollegen und der Behörde ("wir"). Für den Klienten ergibt sich dadurch ein Ineinanderfallen einzelner Instanzen und ihrer Aufgaben, eine Undurchschaubarkeit der Institution als ganzer.

Verständigungsprobleme, die als 'interkulturell' zu bezeichnen sind, ergeben sich demgegenüber in folgenden Hinsichten:

- Fremdsprachliche Vagheiten:
  Das sprachliche Handeln des ausländischen Klienten erweist sich auch bei guten Deutschkenntnissen in institutionell relevanten Punkten als brüchig. Für das Rezeptionshandeln des deutschen Institutionsagenten ist daher die verstärkte mentale Inanspruchnahme des Reparaturapparats notwendig und kennzeichnend. Teilweise werden von ihm sprachliche Formen in ihrer propositionalen oder illokutiven Dimension unzutreffend rekonstruiert. Die sich daraus ergebenden Divergenzen in der Situationseinschätzung durch Agenten und Klienten und ihre Bearbeitung führen auf beiden Seiten zu Verunsicherungen.

- Interferenzen:
Eine besondere Dimension des sprachlichen Handelns ausländischer Klienten bilden Einflüsse aus ihrer Erstsprache. Beim deutschen Agenten der Institution schlagen sich diese 'Xenismen' in Irritationen nieder.

In den 'Alltagstheorien' von Agenten und Klienten der Institution fallen die oben differenzierten Probleme institutioneller und interkultureller Art gewöhnlich zusammen. So ist der Zusammenhang zwischen eigenen, für den anderen unverständlichen Handlungen und dessen Folgehandeln, wie er in der obigen diskursanalytischen Auswertung des Gesprächs rekonstruiert werden konnte, den Beteiligten im Gespräch selbst kaum bewußt. In der eigenen Erinnerung an einen Kontakt kann ein Nachvollzug dieser Aspekte nicht geleistet werden. Vielmehr wird das erlebte Nichtverstehen verallgemeinert dem anderen, der 'Fremdheit' angelastet. Die Summierung solcher Erfahrungen kann in einer Angst vor dem Fremden und Ablehnung von Fremden kumulieren — sei es in der Angst der ausländischen Klienten vor der Behörde, sei es in der Angst der deutschen Institutionsagenten vor einem als unangenehm erlebten Klientenkontakt.

Mit den oben angesprochenen Bereichen wurden einige Punkte genannt, die bei einer Aus- und Weiterbildung von Institutionsagenten über bislang vorliegende Trainingsansätze hinaus zu berücksichtigen sind. Wichtig erscheint es für interkulturelle Trainings, den Zugang zu einer Bearbeitung kommunikativer Probleme im Zusammenhang mit Fremdheit nicht nur über die bei den Beteiligten bestehenden Erfahrungen, sondern auch über eine Dokumentation und Reflexion ihrer Handlungspraxis zu suchen. Dies betrifft sowohl Inhalte als auch Methoden von Fortbildungen.[12] Schwerpunkt einer solchen, diskursanalytisch orientierten Trainingskonzeption ist es, bei den Beteiligten ein Bewußtsein für die Schwierigkeiten zu schaffen, denen sie im Alltag begegnen, und auf der Basis konkreter Situationen nach Alternativen des Agierens zu suchen. In diesem Zusammenhang ist es insbesondere wichtig, die je eigene Qualität der Problemquellen 'Institution' und 'Interkulturalität' bewußt zu machen.

---

[12]   In Liedke / Redder / Scheiter (1996) ist ein solcher Trainingsansatz detailliert ausgeführt.

Anhang

Transkripttitel:	Ausländerreferat (Einreise der Ehefrau)
Aufnahme:	Larsen 1992
Transkription:	Larsen 1:60
Projekt:	Kommunikation in Institutionen Lehrmaterialerstellung DaF
Projektleitung:	Angelika Redder
Copyright:	Suzanne Larsen / Angelika Redder
Transkriptionssystem:	HIAT

Notationskonventionen:[13]

/ = Abbruch

. .. … = Pause

: = Längung

Siglen:

S = Sachbearbeiter

K = Klient

1
S	So. Seit wann sind Sie denn verheiratet? Letzten
K	Äh.. dreizehnten August.

2
S	Jahres. Dann geben Sie mir bitte ( ) die geforderten Unterlagen
K	Ja.

3
S	Arbeitgeberbestätigung, Verdienstnachweis und Mietvertrag.
K	Moment./_

/_ holt

4
S	( )
K	Bestätigung, … ((6 sek))…, dann den Zettel, …((7 sek))… / und Mietvertrag,

Unterlagen aus Tasche

5
S	…((8 sek))… Ja, Sie/ was ham Sie/ Kopie Mietvertrag haben Sie
K	das war es.

6
S	auch dabei? Lauft hier die Wohnung auf Sie oder auf die
K	Mietvertrag ist des.

---

[13]   S. auch ten Thije (in diesem Band)

7	S	Eltern?	Ja, wieviel Leute wohnen denn in der Wohnung?

7 S   Eltern?   Ja, wieviel Leute wohnen denn in der Wohnung?
   K   Auf die Eltern.

8 S   Und?   Fünf.
   K   Insgesamt vier.   Und wenn meine Frau kommt, fünfe.   Das ist

9 S   Ja,   die Heiratsurkunde auf Deutsch,
   K   Vollmacht von mein Vater,...   und/   Ja,

10 S   Einundneunzig haben Sie geheiratet, ne?   Dreizehnte achte
   K   Heiratsurkunde.   Ja.

11 S   einundneunzig. Ja, aber/ ff mit den siebenhundertsechzig Mark verdienen Sie,

12 S   gell, brutto.   Das sind fünfhundertsechsundfünfzig Mark, aber mit denen
   K   Also Vollmacht.

13 S   könnens also keine Frau ernähren, ne?
   K   Ja, meine Vater hat hier Vollmacht dafür

14 S   Kommt der dafür auf, der Vater, dann gebms mir bitte die
   K   gegeben bis äh./   Ja ja.

15 S   Verpflichtungserklärung.   Ist des für Ihr Auf/ rewe/ für
   K   Tja.. hm...((16 sek))...

16 S   welchen Zeitraum ist 'n des gedacht hier, für wieviel Jahre?
   K   Äh, wenn ich mein/

17 S   Bis Sie fest in einem festen Arbeitsverhältnis
   K   bis ich meine Urkunde habe von.   Ja.

18 S   stehen.   Da soll er dann noch dazu schreiben, für
   K   Ja.. Mein bis in (   ).

19 S   welchen Zeitraum das geht, ne? Mit der Maschine, ne? Aber Sie müssen dann
   K   (   )

20	S	so und so nochmal wiederkommen, weil ich den Verdienstnachweis Ihres Vaters

21	S	brauche, gell? Den müssens mir noch beibringen, gell? Des behalte ich
	K	Vaters. Hmhḿ. Ja.

22	S	mal hier bei mir, dann machen wir auch eine Wohnraumprüfung bei Ihnen,

23	S	...((18 sek))... Dann machen wa da eine Wohnraumprüfung bei Ihnen
	K	Hmhḿ.

24	S	und schauen nach, ob der Wohnraum ausreichend ist, ja? /_...((8 sek))... In
	K	Ja.

/_ macht Notizen

25	S	circa zehn Tagen rufens das Wohnungsamt an, unter einer dieser

26	S	Telefonnummern, und vereinbaren mit dem Wohnungsamt 'nen Termin,
	K	Hmhḿ.

27	S	gell? 'Nen Besichtigungstermin. So ungefähr eine Woche, ja. Und
	K	Bis zehn Tagen. Hmhḿ.

28	S	dann brauch ich noch den Verdienstnachweis Ihres Vaters, und dann soll er
	K	Hmhḿ.

29	S	noch mit Schreibmaschine dazu schreiben, diese Verpflichtungserklärung. äh.

30	S	gilt für die Dauer/ bis zum Ende Ihrer Ausbildung, gell? Bis/ Solange bis Sie
	K	( ) Hmhḿ.

31	S	in einem festen Arbeitsverhältnis stehen, gell?
	K	Soll ich das schreiben oder soll ich

32	S	/_Na_/, das soll der Vater dann noch machen, gell? Sie können auch die
	K	wenigstens wieder zu dingmachen gehen. So:.

/_ = nein

33	S	Verpflichtungserklärung, die Vorgedruckten hier ausfüllen, das wäre natürlich

34	S	auch gut, gell? Die habm Sie geschickt. Ja, die soll
	K	Die hab ich ja geschickt. Ja.

35	S	dann Ihr Vater ausfüllen, gell? Genau, daß er für den/ also für den
	K	Diese.

36	S	weiteren Aufenthalt Ihrer Frau dann aufkommt hier in Deutschland, gell?
	K	Da

37	S	(Woh-)
	K	kommt dann/ beziehungsweise mein Vaters Name, da kommt dann/

38	S	nungstermin vereinbaren, und dann krieg ich noch äh den Verdienstnachweis

39	S	Ihres Vaters, wann bekomm ich den? Ja, okay,
	K	Jederzeit, wenn Sie wollen.

40	S	sobald wie möglich, damit Ihre Frau dann einreisen kann, gell?
	K	Mit dem muß

41	K	ich dann. mitbringen, wo ich mein Verdienstbescheinigung mein Vater bringen.

42	S	Genau. Kommen Sie sobald wie möglich dann vorbei, damit Ihre Frau auch

43	S	weiter einreisen kann, gell? So, und das wäre dann Ihr Paß wieder dazu, gell?
	K	Hmhm.

44	S	Kann ich diese Woche noch damit rechnen? . Oder nächste Woche.
	K	Diese Woche. Diese

45	S	Gut.. Also Verdienstnachweis und die
	K	Woche können Sie schon rechnen.

46	S	Verpflichtungserklärung vom Vater, gell? Dann hätten ma es, gell?
	K	Gut. Gut...

47	S	Die letzten drei Lohnzettel vom Vater, gell?
	K	Und den Ding machen Sie, ja? Ja, aber

| 48 | S | Hm? | Vom Wohnraum? | Ja, das |
| | K | den .Ding ( ) die: Haus-Ding. | | Wohnraum. |

| 49 | S | habe ich Ihnen gegeben, das hab ich Ihnen gegeben, den Mietvertrag müssens |

| 50 | S | mir da lassen, gell? Weil ich die am Wohnungsamt schicke, gell? .. | |
| | K | Hmhm. | Okay. |

| 51 | S | Wiederschaun. | |
| | K | Wiederschauen. | |

Literatur

Amt für Multikulturelle Angelegenheiten der Stadt Frankfurt a.M. (1993). *Begegnen — Verstehen — Handeln. Handbuch für interkulturelles Kommunikationstraining*. Frankfurt a.M.: IKO — Verlag für Interkulturelle Kommunikation

Becker, A. / Perdue, C. (1982). Ein einziges Mißverständnis — wie die Kommunikation schieflaufen kann und weshalb. In: Januschek, F. / Stölting, W. (Hg.). *Handlungsorientierung im Zweitspracherwerb von Arbeitsmigranten. Osnabrücker Beiträge zur Sprachtheorie (OBST)* 22, 96-121

Becker-Mrotzek, M. / Ehlich, K. / Fickermann, I. (1992). Bürger-Verwaltungs-Diskurse. In: Fiehler / Sucharowski 1992, 234-253

Bergemann, N. / Sourisseaux, A. (1992) (Hg.). *Interkulturelles Management*. Heidelberg: Physica-Verlag

Brünner, G. / Graefen, G. (1994) (Hg.). *Texte und Diskurse. Methoden und Forschungsergebnisse der funktionalen Pragmatik*. Opladen: Westdeutscher Verlag

Bühler, K. (1934). *Sprachtheorie*. Jena: Fischer (zitiert nach der Ausgabe: Stuttgart: Fischer 1992)

Ehlich, K. (1991). Funktional-pragmatische Kommunikationsanalyse. Ziele und Verfahren. In: Flader, D. (Hg.). *Verbale Interaktion*. Stuttgart: Metzler, 127-143

Ehlich, K. (1992). Kommunikationsbrüche — Vom Nachteil und Nutzen des Sprachkontakts. *Zielsprache Deutsch* 23, 2, 64-74

Ehlich, K. (1996). Interkulturelle Kommunikation. In: Nelde, P. et al. (Hg.). *HSK Kontaktlinguistik*. Berlin: de Gruyter (erscheint)

Ehlich, K. / Rehbein, J. (1977). Wissen, kommunikatives Handeln und die Schule. In: Goeppert, H.C. (Hg.). *Sprachverhalten im Unterricht. Zur Kommunikation von Lehrer und Schüler in der Unterrichtssituation*. München: Fink, 36-114

Ehlich, K. / Rehbein, J. (1979²). Sprache in Institutionen. In: Althaus, H.P. / Henne, H. / Wiegand, H.E. (Hg.). *Lexikon der Germanistischen Linguistik,* Bd. II. Tübingen: Niemeyer, 338-345

Ehlich, K. / Rehbein, J. (1986). *Muster und Institution. Untersuchungen zur schulischen Kommunikation.* Tübingen: Narr

Ehlich, K. / Rehbein, J. (1994). Institutionsanalyse. Prolegomena zur Untersuchung von Kommunikation in Institutionen. In: Brünner / Graefen 1994, 287-327

Ferguson, C. (1977). Simplified registers, broken language and Gastarbeiterdeutsch. In: Molony, C. u.a. (Hg.). *Deutsch im Kontakt mit anderen Sprachen.* Kronberg / Ts.: Scriptor, 25-39

Fiehler, R. / Sucharowski, W. (1992) (Hg.). *Kommunikationsberatung und Kommunikationstraining. Anwendungsfelder der Diskursforschung.* Opladen: Westdeutscher Verlag

Grießhaber, W. (1987). *Authentisches und zitierendes Handeln.* Bd. 1: Einstellungsgespräche; Bd. 2: Rollenspiele im Sprachunterricht. Tübingen: Narr

Hinnenkamp, V. (1982). *Foreigner Talk und Tarzanisch. Eine vergleichende Studie über die Sprechweise gegenüber Ausländern am Beispiel des Deutschen und des Türkischen.* Hamburg: Buske

Hinnenkamp, V. (1985). Zwangskommunikative Interaktion zwischen Gastarbeitern und deutscher Behörde. In: Rehbein 1985, 276-198

Hinnenkamp, V. (1994). Interkulturelle Kommunikation — strange attractions. *Zeitschrift für Literaturwissenschaft und Linguistik* 93, 46-74

Hoffmann, L. (1982). *Aber warum nix freundlich? Der Kontakt zwischen deutschen Beamten und ausländischen Klienten.* (=Materialien des Zentrums für Wissenschaft und berufliche Praxis 14) Bielefeld: Universität

Knapp, K. (1992). Interpersonale und interkulturelle Kommunikation. In: Bergemann / Sourisseaux 1992, 59-79

Knapp, K. / Knapp-Potthoff, A. (1986). Interweaving two discourses. The difficult task of the non-professional interpreter. In: House, J. / Blum-Kulka, S. (eds.) *Interlingual and Intercultural Communication.* Tübingen: Narr, 151-168

Knapp, K. / Knapp-Potthoff, A. (1987). Instead of an introduction. Conceptual issues in analyzing intercultural communication. In: Knapp, K. / Enninger, W. / Knapp-Potthoff, A. (eds.). *Analyzing Intercultural Communication.* Berlin etc.: Mouton de Gruyter, 1-13

Knapp, K. / Knapp-Potthoff, A. (1990). Interkulturelle Kommunikation. *Zeitschrift für Fremdsprachenforschung* 1, 62-93

Kniffka, H. (1995). Do as the natives do? In: ders.: *Elements of Culture-Contrastive Linguistics.* Frankfurt a.M. etc.: Lang, 183-222

Koerfer, A. (1994a). Interkulturelle Kommunikation vor Gericht. Verständigungsprobleme beim fremdsprachlichen Handeln in einer kommunikationsintensiven Institution. In: Brünner / Graefen 1994, 351-373

Koerfer, A. (1994b). *Institutionelle Kommunikation. Zur Methodologie und Empirie der Handlungsanalysen.* Opladen: Westdeutscher Verlag

Koole, T. / Thije, J.D. ten (1994). *The Construction of Intercultural Discourse.* Amsterdam: Rodopi

Landis, D. / Brislin, R.W. (1983) (eds.). *Handbook of Intercultural Training,* Vols. I-III. New York etc.: Pergamon Press

Liedke, M. (1994). *Die Mikro-Organisation von Verständigung. Diskursuntersuchungen zu griechischen und deutschen Partikeln.* Frankfurt a.M. etc.: Lang

Liedke, M. (1997). Fremdsprachlich Handeln. Kommunikationsstörung als Normalität. In: Fiehler, R. (Hg.). *Verständigungsprobleme und gestörte Kommunikation.* Opladen: Westdeutscher Verlag (erscheint)

Liedke, M. / Redder, A. / Scheiter, S. (1996). Interkulturelles Handeln lehren. In: Brünner, G. / Fiehler, R. / Kindt, W. (Hg.). *Angewandte Diskursforschung: Kommunikation untersuchen und lehren.* Opladen: Westdeutscher Verlag (erscheint)

Mattel-Pegam, G. (1985). Ein italienischer Strafgefangener konsultiert einen deutschen Rechtsanwalt. In: Rehbein 1985, 299-323

Müller, B.-D. (1993). Interkulturelle Kompetenz. Annäherung an einen Begriff. *Jahrbuch Deutsch als Fremdsprache* 19, 63-76

Ohama, R. (1987). Eine Reklamation. In: Redder / Rehbein 1987, 27-52

Redder, A. (1990). *Grammatiktheorie und sprachliches Handeln: 'denn' und 'da'.* Tübingen: Niemeyer

Redder, A. (1995). 'Stereotyp' — eine sprachwissenschaftliche Kritik. *Jahrbuch Deutsch als Fremdsprache* 21, 311-329

Redder, A. / Rehbein, J. (1987a) (Hg.). *Arbeiten zur Interkulturellen Kommunikation. Osnabrücker Beiträge zur Sprachtheorie (OBST)* 38

Redder, A. / Rehbein, J. (1987b). Zum Begriff der Kultur. In: Redder / Rehbein 1987a, 7-21

Rehbein, J. (1977). *Komplexes Handeln. Elemente zur Handlungstheorie der Sprache.* Stuttgart: Metzler

Rehbein, J. (1979). Sprechhandlungsaugmente. Zur Organisation der Hörersteuerung. In: Weydt, H. (Hg.). *Die Partikeln der deutschen Sprache.* Berlin: de Gruyter, 58-79

Rehbein, J. (1980). Sequentielles Erzählen. Erzählstrukturen von Immigranten bei Sozialberatungen in England. In: Ehlich, K. (Hg.). *Erzählen im Alltag.* Frankfurt a.M.: Suhrkamp, 64-108

Rehbein, J. (1985a) (Hg.). *Interkulturelle Kommunikation.* Tübingen: Narr

Rehbein, J. (1985b). Medizinische Beratung türkischer Eltern. In: Rehbein 1985a, 349-419

Sacks, H. / Schegloff, E.A. / Jefferson, G. (1977). The preference for self-correction in the organization of repair in conversation. *Language* 53, 2, 361-382

Thomas, A. (1991) (Hg.). *Kulturstandards in der internationalen Begegnung.* Saarbrücken / Fort Lauderdale: Breitenbach

179

Annelie Knapp-Potthoff

Interkulturelle Kommunikationsfähigkeit als Lernziel

> *... there is nothing wrong with being a stranger.*
> *(Harmann 1988: Preface)*

1. Einleitung

Menschliche Kulturen unterscheiden sich — das lassen nicht zuletzt auch die Beiträge in diesem Band wieder deutlich werden — in vielfacher Hinsicht. Außer leicht sicht- und hörbaren Unterschieden, die sich als Realisierungen verschiedener Sprachen, in den Artefakten einer Kultur und in Handlungen ihrer Teilhaber manifestieren, bestehen weitere, zumeist schwerer wahrnehmbare Unterschiede, z.B. in den Konventionen des Kommunizierens und — auf komplexe Weise damit verknüpft — im Bereich von Wertvorstellungen, Normen, Arten des Glaubens, Wahrnehmens und Denkens und allgemein dem von den Mitgliedern einer Kultur geteilten Wissen. In interpersonaler Interaktion können derartige Unterschiede u.U. Ursachen für eine erhöhte Anfälligkeit für Mißverständnisse und andere kommunikative Probleme sein.

Angesichts des unterschiedlichen Erfolgs,[1] mit dem reale interkulturelle Kontakte ablaufen, liegt die Frage nahe, ob spezifische Voraussetzungen bei den beteiligten Individuen für das mehr oder weniger gute Gelingen interkultureller Kommunikation (mit)verantwortlich sind, wenn ja, welcher Art diese Voraussetzungen sind und ob sie, sofern sie nicht ausreichend vorhanden sind, ggf. zu schaffen oder zu verbessern sind. M.a.W.: Gibt es so etwas wie eine interkulturelle Kommunikationsfähigkeit? Was ist sie — gegebenenfalls — mehr oder anderes, als sich einigermaßen souverän einer weiteren Sprache bedienen zu können, und in welchem Maße ist sie überhaupt erlern- bzw. verbesserbar?

Antworten auf diese Fragen sind gerade in den letzten Jahren vielfach versucht worden (einige wenige Beispiele sind Seelye 1993[3], die Arbeiten in Bausch / Christ / Krumm 1994 und v. Helmolt / Müller 1991). Sie sprechen, mit disziplinspezifisch unterschiedlichen Schwerpunktsetzungen, ein breites Spektrum von Faktoren an und unterscheiden sich zudem hinsichtlich ihrer Explizitheit, Detailliertheit und Prägnanz. Während gelegentlich der Nutzen einer Auffächerung 'interkulturellen Lernens' in einem Lernzielkatalog überhaupt eher bezweifelt wird (vgl. z.B. Christ 1994:34), prä- sentieren andere Autoren unterschiedliche Listen, die Persönlichkeitsmerkmale, Fähig- keiten, Fertigkeiten und/oder spezifische kulturbezogene Kenntnisse enthalten (vgl. u.a. die Darstellung in v. Helmolt / Müller 1991). Die Heterogenität dieser Antwortver- suche ist kennzeichnend für eine grundlegende Schwierigkeit der Verständigung über interkulturelle Kommunikation und interkulturelle Kommunikationsfähigkeit: Die wissenschaftliche Diskussion findet in unterschiedlichen Zusammenhängen statt, ohne daß die durch den jeweiligen Kontext gegebenen spezifischen Zielsetzungen und Beschränkungen mitbedacht werden. Deshalb wird in den einzelnen Disziplinen akku- muliertes Wissen über interkulturelle Kommunikation in der Regel nicht in einen dem Gegenstand angemessenen Gesamtzusammenhang integriert. Hinzu kommen die sehr praxisbezogenen Diskussionskontexte, an denen teilweise die Fremdsprachendidaktik, vor allem aber der Bereich interkulturellen Trainings partizipiert.

Daß mit den oben angesprochenen unterschiedlichen Auffassungen von 'inter- kultureller Kommunikationsfähigkeit' auch unterschiedliche Annahmen bezüglich ihrer Erlernbarkeit bzw. Veränderbarkeit einhergehen, ist evident: Während man davon ausgehen kann, daß ein Zuwachs an Wissen noch am relativ unproblematischsten erreicht werden kann, muß man die Veränderbarkeit von Persönlichkeitsmerkmalen wohl eher skeptisch einschätzen. Die jeweiligen Varianten von 'interkultureller

---

[1]   Ich bin mir der Vagheit und Problematik dieser Ausdrucksweise bewußt. Ich werde
       weiter unten versuchen, etwas genauer zu explizieren, was unter 'erfolgreicher inter-
       kultureller Kommunikation' verstanden werden kann.

Kommunikationsfähigkeit' haben damit Implikationen für die prinzipielle Realisierbarkeit einer interkulturellen Kommunikationsfähigkeit für jeden und jede.

Die folgenden Überlegungen sind insbesondere von der Auseinandersetzung mit den in diesem Band behandelten Themen und den hier dargestellten Forschungsergebnissen geprägt. Ausgangspunkt ist dabei kulturelle Unterschiedlichkeit und ihre kontrastierende Beschreibung. Die Tatsache, daß inzwischen eine Fülle von Beschreibungen kultureller Unterschiede vorliegt, auch solcher, die sich im engeren Sinne auf sprachliche Kommunikation beziehen, regt zu einer kritischen Reflexion darüber an, welche Rolle Wissen von anderen Kulturen für die Entwicklung interkultureller Kommunikationsfähigkeit spielt, und wirft damit zugleich die Frage nach der Relevanz kulturkontrastiver Beschreibungen für didaktische Belange auf. Ich möchte im folgenden versuchen, die Funktionen sowohl kulturspezifischen Wissens als auch allgemeineren Wissens über Prozesse interkultureller Kommunikation im Rahmen eines weiter gefaßten Konzepts von interkultureller Kommunikationsfähigkeit zu lokalisieren, das für die Bewältigung der Vielfalt und Komplexität realer interkultureller Kommunikationssituationen adäquat ist. Dazu werde ich zunächst die Möglichkeit, daß kulturbezogenes *Wissen* der Kern einer interkulturellen Kommunikationsfähigkeit sein könnte, kritisch diskutieren, um dann ein Konzept einer dynamischen interkulturellen Kommunikationsfähigkeit zu skizzieren, das auf der Vorstellung von interkultureller Kommunikation als Kommunikation zwischen Angehörigen unterschiedlicher Kommunikationsgemeinschaften basiert. Ich werde diese Ausführungen nicht auf empirische Diskurs-Daten gründen, sondern einige rekonstruierte Interaktionen exemplarisch für Teilbereiche der lebensweltlichen Realität heranziehen.

2. Kulturbezogenes Wissen als Basis einer interkulturellen Kommunikationsfähigkeit: eine kritische Auseinandersetzung

Wenn denn Kulturen sich in so vielfältiger Weise unterscheiden, liegt in der Tat der Gedanke nahe, daß eine Kenntnis dieser Unterschiede, also Wissen von möglichst vielen Aspekten einer anderen Kultur, den Kern interkultureller Kommunikationsfähigkeit ausmachen könnte. Ein Dreh- und Angelpunkt für die Diskussion dieses Lösungsvorschlags ist — leider — die nicht unproblematische Kategorie 'Kultur'. Wenn auch nicht für jede Arbeit über interkulturelle Kommunikation(sfähigkeit) — auch für diese nicht — eine Aufarbeitung der umfangreichen Literatur zum Kulturbegriff verlangt werden kann, so verfällt man doch vielfach gern in das andere Extrem und setzt schlicht nur ein alltagssprachliches Verständnis von 'Kultur' voraus. Implizit wird damit — auch in neueren Arbeiten — häufig ein statisches, homogenes Konzept von 'Kultur' zugrunde gelegt, das sich in seiner begrifflichen Ausdehnung im wesentlichen mit 'Nation' deckt. Dies trifft sowohl auf weite Bereiche der kulturkontrastiven Forschung zu (vgl. z.b. die Darstellung dieser Forschung in Dirven / Pütz 1993) als auch auf einen beträchtlichen Teil der fremdsprachendidaktischen Literatur und auf praxisorientierte Arbeiten, die zur Vorbereitung auf interkulturelle Kontakte, z.b. in der Wirtschaft, eingesetzt werden. Um eine gewisse Basis der Verständigung zu schaffen, werde ich hier zunächst, wie auch schon in früheren Arbeiten (z.b. Knapp / Knapp-Potthoff 1990) und in Anlehnung an die kulturanthropologischen Arbeiten von Keesing (1974), Goodenough (1971) und Geertz (1973), folgende Auffassung von 'Kultur' zugrunde legen:

'Kultur' verstehe ich nicht als die Menge ihrer Mitglieder, sondern als ein abstraktes, ideationales System von zwischen Gesellschaftsmitgliedern geteilten Wissensbeständen, Standards des Wahrnehmens, Glaubens, Bewertens und Handelns, das in Form kognitiver Schemata organisiert ist und das sich im öffentlichen Vollzug von symbolischem Handeln manifestiert. Diese Arbeitsdefinition erlaubt keine klare Grenzziehung zwischen verschiedenen Kulturen und auch nicht immer eindeutige Entscheidungen über Teilhabe oder Nicht-Teilhabe von Individuen. Dies entspricht aber wohl der lebensweltlichen Realität. Diese Definition impliziert zugleich, daß 'interkulturelle Kommunikation' nicht zwischen Kulturen stattfinden kann, sondern als interpersonale Interaktion nur zwischen Individuen (vgl. dazu auch z.B. Scollon / Scollon 1995:125).

Ergänzend möchte ich eine Art 'Basis-Konsens' über das, was 'interkulturelle Kommunikation' eigentlich ist, aus Hinnenkamp (1994:51) zitieren:

– Es gibt unterschiedliche, voneinander unterscheidbare Kulturen.
– Kultur und Kommunikation stehen in einem Zusammenhang.
– Kommunikationsteilnehmer sind immer auch Teilnehmer bzw. Teilhaber einer Kultur.
– Kulturelles spiegelt sich in der Kommunikation wider. (Ohne Kulturteilhabe könnte man gar nicht kommunizieren.)
– Kulturteilhabe heißt: In einer spezifischen Weise kommunizieren.
– Gemeinsame Kulturteilhabe erleichtert die Kommunikation, unterschiedliche Kulturteilhabe erschwert sie.

2.1. Homogenitätsprobleme

Nationen — auch bei diesem Begriff sind Abgrenzungsprobleme nicht immer ganz klar zu lösen — entsprechen keinesfalls homogene Kulturen. Dies zeigt schon die Schwierigkeit des Versuchs, überhaupt eine kulturbezogene Aussage zu machen, die auf alle Mitglieder einer Nation tatsächlich zutrifft — obwohl derartige Aussagen natürlich häufig gemacht werden. Man muß sich schon besondere Maßnahmen einfallen lassen, um Wissen über als Nationalkulturen gedachte Kulturen so zu formulieren, daß es nicht zu Stereotypen deformiert und damit auch sein Einsatz gegenüber bestimmten Personen und in bestimmten Situationen kontraproduktiv wird. Man kann dafür den Gültigkeitsbereich von Einzelaussagen über Kulturen durch komplexe Formulierungen einschränken, wie etwa: "Mitglieder der Kultur X haben die Tendenz, ..." bzw. "Mit einer gewissen Wahrscheinlichkeit wird ein Mitglied der Kultur Y sich in einer bestimmten Weise verhalten bzw. etwas in einer bestimmten Weise interpretieren." Man kann auch — auf abstrakterer Ebene — Wissen von anderen Kulturen generell als flexible Schemata darstellen, die Normalitätserwartungen entsprechen, wobei gleichzeitig die Meta-Erwartung besteht, daß auch Abweichungen von diesen Normalitätserwartungen vorkommen können.

Solche einschränkenden Verfahren sind selbst dann erforderlich, wenn man statt mit de facto extrem inhomogenen Nationalkulturen mit homogeneren Einheiten operiert, die die komplexe Realität durch Differenzierungen adäquater erfassen. In entsprechenden Modellen wird berücksichtigt, daß in einem Individuum der (national-) kulturelle Hintergrund immer mit anderen Parametern interagiert: mit Alter, Geschlecht, Region, sozialer Gruppe usw. Als Beispiel sei hier das Modell von Hofstede (1991:10) genannt, der unterhalb einer nationalen Kultur-Ebene regionale, geschlechts-, generationen- und klassenspezifische Ebenen ansetzt. Kulturbeschreibungen werden zutreffender, wenn sie weniger generell sind und sich auf aus der Kombination solcher Parameter konstituierte kleinere Gruppen beziehen. Allerdings werden bei einer zunehmenden Fragmentierung — die in letzter Konsequenz bis zum einzelnen Individuum führt und dann keine Generalisierung, sondern nur noch ein Abbild der Realität darstellt — kulturelle Informationen so vielfältig und differenziert, daß fraglich ist, ob sie überhaupt noch vermittelbar sind.

2.2. Diachrone Variation

Nationalkulturen werden häufig nicht nur unzutreffenderweise als homogen, sondern dazu noch implizit als statisch aufgefaßt. Kulturen sind jedoch zeitlichem Wandel unterworfen und können insbesondere bezüglich mancher oberflächennaher Aspekte in relativ kurzen Zeiträumen beträchtliche Änderungen erfahren. Ich erinnere nur an die Veränderungen im Bereich von Kleidungskonventionen und Tischsitten oder im Bereich von Begrüßungsritualen und Anredeformen, die in den letzten Jahren im deutschen Kulturraum stattgefunden haben. Besonders eindringlich wird der Aspekt kulturellen Wandels erfahrbar, wenn man sich aus Fremdperspektive vorgenommene Beschreibungen der eigenen (National-)Kultur anschaut. So wird z.B. kaum ein

Deutscher bestätigen wollen, daß eine Beschreibung des deutschen "Wohnsimmers" (sic!) im Rahmen der Charakterisierung von "The German Home" (Condon / Yousef 1975) die heutige bundesdeutsche Realität trifft. Es besteht ein unvermeidlicher *time-lag* auf dem Weg von der systematischen Beschreibung einer Kultur über die Publikation und Rezeption dieser Informationen bis zur Anwendung des erworbenen Wissens — ein weiterer verzögernder Schritt ist u.U. noch die Integration in Lehrwerke —, so daß selbst die aktuellste Publikation nicht mehr die Realität trifft. Hinzu kommt die zu beobachtende Tendenz, aus der räumlichen Distanz heraus zeitlich bedingte Entwicklungen in fremden Kulturen im Vergleich zu solchen in der eigenen Kultur zu unterschätzen.[2]

Aber auch der Erwerb von kulturbezogenem Wissen durch unmittelbaren Kontakt mit Mitgliedern der betreffenden Kultur erbringt — abgesehen von Problemen, die ich weiter unten noch diskutieren werde — immer nur eine zeitweise Aktualität. Nicht umsonst wird von den 'Sprach- und Kultur-Experten für ausländische Nationalkulturen' an deutschen Hochschulen, den Lektoren, erwartet, daß sie regelmäßigen direkten Kontakt zu ihrem Herkunftsland pflegen, um ihr Wissen auf dem neuesten Stand zu halten. Sieht man also ein möglichst umfassendes und differenziertes *Wissen* von anderen Kulturen als Basis einer interkulturellen Kommunikationsfähigkeit an, so müßte dieses Wissen permanent aktualisiert werden.

2.3. Multikulturalität

Der Gedanke relativ homogener Nationalkulturen ist natürlich noch aus einem anderen Grunde eine Fiktion: Durch zunehmende Migrationsbewegungen gibt es schon heute immer weniger monokulturell geprägte Individuen. Interkulturelle Kontakte haben damit häufig nicht unterschiedliche Einzelkulturen, sondern verschiedene komplexe kulturelle Mischungsprofile als Basis. Im Hinblick auf die zunehmende Zahl bilingual aufwachsender Kinder trifft dies auch auf die Sprache selbst zu. In realen interkulturellen Kontaktsituationen stehen sich also — selbst wenn man nur den einfachen Fall dyadischer Interaktionen berücksichtigt — häufig mehr als zwei Kulturen und auch mehr als zwei Sprachen gegenüber. Diese doch so offensichtlichen Veränderungen der lebensweltlichen Realität werden erstaunlicherweise weder in der wissenschaftlichen noch in der praxisbezogenen Literatur zur Vorbereitung auf interkulturelle Kontakte, in der zumeist immer noch eine bestimmte, mit der jeweiligen Sprache verbundene 'Zielkultur' angepeilt wird, angemessen berücksichtigt. So wird z.B. schon in bezug

---

[2]   Als Beispiel kann hier auch das oftmals veraltete Deutschlandbild von Auslandsdeutschen genannt werden.

auf jugendliche Lerner nur selten bedacht, daß etwa bei einem 'deutsch-englischen Schüleraustausch' nicht notwendig deutsche und englische (britische?) Kultur aufeinandertreffen bzw. miteinander interagieren, sondern z.b. ein Kind türkischer Einwanderer nach Deutschland der Austauschpartner eines britischen Jugendlichen sein kann, dessen Eltern vom indischen Subkontinent eingewandert sind. Im späteren Leben ist es dann oft mindestens genauso kompliziert: Eine vor wenigen Jahren aus Polen nach Deutschland eingewanderte Familie macht Urlaub in der Türkei und kommuniziert — auf Deutsch — mit einem Hotelbediensteten, der nach mehrjährigem Deutschland-Aufenthalt wieder in die Türkei zurückgekehrt ist. Um welche Art von 'interkultureller Kommunikation' handelt es sich hier jeweils? Wann überhaupt ist eine Kommunikation interkulturell?

Selbst bei kommunikativen Kontakten, die man als eindeutig 'intrakulturell' zu charakterisieren geneigt ist, schlägt Multikulturalität durch. Ich erinnere hier nur an so triviale Beispiele wie die in weiten Kreisen in Deutschland inzwischen übliche Küßchen-Begrüßung unter Freunden, die an amerikanische Konventionen angelehnte Begrüßung unter Jugendlichen und jungen Erwachsenen mit "Hi" oder — als weitere amerikanisierende Formen — die Abklatschrituale von Jugendlichen. Gegenseitige Beeinflussung von Kulturen[3] findet in außerordentlich vielen Bereichen statt und ist in einer Zeit weltweiter internationaler Verflechtungen als ein normales Phänomen anzusehen. Kultureller und damit auch sprachlicher Wandel, wie unter 2.2. angesprochen, hat vor allem auch in anderskulturellen Einflüssen seine Ursachen. Ein Beispiel für Kultur-Mix in deutsch-deutscher Interaktion ist das folgende, in dem Begrüßungsrituale aus verschiedenen Kulturen kombiniert werden:

Beispiel 1: in einem kleinen Gemüseladen in Deutschland

> Eine (deutsche) Kundin Ende Zwanzig, die, wie sich später herausstellt, mit dem etwa gleichaltrigen, ebenfalls deutschen Besitzer des Ladens persönlich bekannt ist, beginnt, als sie 'an der Reihe' ist, sofort damit, dem Ladenbesitzer ihre Einkaufswünsche mitzuteilen. Der Ladenbesitzer unterbricht sie jedoch, geht auf sie zu und begrüßt sie mit einem "Erstmal hi, wie geht's denn überhaupt; wir haben uns ja ewig nicht gesehen", wobei er die Kundin an den Oberarmen berührt und links und rechts von ihrem Gesicht ein Küßchen plaziert. Es folgen einige Interaktionszüge privater Art, die das Wohlergehen der Familie betreffen, bevor das Verkaufsgespräch fortgesetzt wird.

---

[3] Vgl. auch Hinnenkamps (1994:50) Ausführungen zu "kontaktinduzierte(r) interaktive(r) Variation in der Sprache" und die ebenfalls von Hinnenkamp (1994:49f.) diskutierten Arbeiten Mühlhäuslers, in denen der Verlust kultureller Vielfalt als Folge interkultureller Kommunikation dargestellt wird.

Welches Wissen von 'deutschen' Begrüßungsritualen sollte Angehörigen anderer Kulturen vermittelt werden?

2.4. Vollständigkeitsprobleme

Selbst wenn für Adressaten der Vermittlung interkultureller Kommunikationsfähigkeit reichlich Zeit für die Aufnahme umfangreicher und differenzierter Informationen zur Verfügung steht, Möglichkeiten zur permanenten Revision dieses Wissens bestehen und der Prozeß gegenseitiger kultureller Beeinflussung mitberücksichtigt wird — in bezug auf viele Adressaten sicherlich eine idealistische Vorstellung — so bleiben doch noch in mehrfacher Hinsicht Probleme der Vollständigkeit solchen Wissens ungelöst: Zum einen muß gefragt werden, *welche* Aspekte einer anderen Kultur für interkulturelle Kommunikation überhaupt relevant sind und welcher Umfang an Wissen damit als Lernziel anzupeilen ist. Unabhängig von Überlegungen darüber, wie denn Wissen von anderen Kulturen in der Interaktion einsetzbar ist bzw. eingesetzt werden soll, scheinen hier der Beliebigkeit Tor und Tür geöffnet, und es besteht die Gefahr einer wahllosen Anhäufung isolierter Einzelinformationen landeskundlicher Art, die für die Bewältigung interkultureller Kontaktsituationen u.U. nur von untergeordneter Bedeutung sind. Ich möchte betonen, daß es sicherlich eine Reihe von guten Gründen dafür gibt, spezifische Informationen über andere Kulturen, über ihre Geschichte, Politik, Wirtschaft, Geographie, Kunst, Festtagsbräuche etc. zu vermitteln. Ein solches Wissen macht aber noch keine interkulturelle Kommunikationsfähigkeit aus und ist u.U. überhaupt nur in sehr indirekter Weise dafür relevant.

Zum zweiten muß bedacht werden, daß kulturelle Besonderheiten derart komplex und systematisch miteinander verbunden sind,[4] daß sie, um funktional gehandhabt werden zu können, nicht in Form simpler Zuordnungen — etwa nach dem Muster 'Land : Hauptstadt' — als kulturbezogenes Wissen organisiert sein können. Sie sind eher als komplexe kognitive Schemata zu denken, die Wahrnehmen und Handeln der Teilhaber an einer Kultur beeinflussen.[5] Ein Beispiel für eine folgenreiche Über-

---

[4] Vgl. auch Byram (1989:120ff.), der "cultural knowledge" (systematisch und strukturiert) von "cultural information" unterscheidet.

[5] Spätestens an dieser Stelle kommt man nicht mehr umhin, eine sehr wichtige, aber komplizierte Frage anzusprechen: Wieweit ist überhaupt deskriptives, d.h. aus der Perspektive des mehr oder weniger wissenschaftlichen Beobachters von außen formuliertes Wissen *über* eine andere Kultur identisch oder zumindest kompatibel mit dem Wissen, das die Teilhaber selbst haben? Ich kann und möchte diese Frage hier nicht weiter diskutieren, da sie m.E. auf ähnlich weitreichendes Terrain führt wie die Diskussion um unterschiedliche Arten des sprachlichen Wissens von Sprachlernern, ihren Bezug aufeinander, ihre Überführbarkeit ineinander sowie die Bedingungen ihres Erwerbs /

generalisierung einzelner kultureller Formen aufgrund des Herauslösens eines analytisch isolierbaren Phänomens aus seinem systematischen Zusammenhang bringt House (1994:86): Eine japanische Studentin, die gelernt hatte, daß Amerikaner in Interaktionen direkt und explizit sind, hatte die Äußerung eines amerikanischen Bekannten "Why don't you come and visit us sometime?" aufgrund dieses Wissens ernstgenommen und war daraufhin in eine sehr peinliche Lage geraten.

Kulturelle Besonderheiten lassen sich in unterschiedlicher Weise (allein die Auswahl von zu beschreibenden Elementen ist schon durch den jeweiligen kulturellen Hintergrund des Beschreibenden geprägt), in unterschiedlicher Komplexität und in unterschiedlicher Tiefe beschreiben (vgl. z.B. die sehr 'tiefe' Beschreibung bei Sugitani, in diesem Band). Mir scheint völlig ungeklärt, welche Beschreibungskomplexität und Beschreibungstiefe für welche Adressatengruppen adäquat, d.h. zumutbar und gleichzeitig für interkulturelle Kommunikation funktional ist.

Schließlich muß man berücksichtigen, daß aufgrund des Prozeßcharakters des Wissenserwerbs kulturbezogenes Wissen zu einem gegebenen Zeitpunkt des Lernprozesses notwendig unvollständig, vergröbert und u.U. sogar fehlerhaft ist. Wenn kulturbezogene Lernprozesse dann frühzeitig abgebrochen oder nicht ausreichend lange gefördert werden, kann, gerade unter Berücksichtung des systematischen Charakters von Kultur, etwas entstehen, was sich — in Analogie zur Lernersprach-Diskussion — als 'Fossilisierung' kulturbezogenen Wissens bezeichnen ließe. Es erscheint mir sehr zweifelhaft, welche Vorteile sich für interkulturelle Interaktionen daraus ergeben, daß ein Beteiligter spezifisches 'Wissen' von der anderen Kultur zu haben glaubt, das de facto Halbwissen ist. Im oben diskutierten Beispiel der japanischen Studentin wäre es u.U. für die Interaktion günstiger gewesen, wenn die Japanerin lediglich ein allgemeines Wissen über die Unterschiedlichkeit von kommunikativen Stilen gehabt hätte, das sie dazu veranlaßt hätte, sich nicht vorzeitig auf eine Interpretation der Äußerung des Amerikaners festzulegen, verbunden mit Strategien, die ihr eine kommunikative Klärung der Intention des Amerikaners bzw. eine nachträgliche gesichtswahrende Reparatur des Mißverständnisses ermöglicht hätten.

Erlernens (Stichworte: implizites / explizites Wissen, deklaratives / prozedurales Wissen, Lernen / Erwerben), wenn sie auch nicht notwendig in derselben Weise entschieden werden muß. Im Hinblick auf kulturbezogenes Wissen verhalte ich mich in dieser Frage zunächst neutral bzw. unentschieden und wähle an Stellen, an denen durchaus verschiedene Sorten von 'Wissen' gemeint sein können, die Formulierung 'Wissen *von* einer Kultur'. Vgl. jedoch z.B. die differenziertere Terminologie bei Sugitani (in diesem Band).

2.5. Multilaterale Annäherung

Wenn man nun dennoch zunächst an dem Gedanken festhalten möchte, daß kulturbezogenes *Wissen* der Kern einer interkulturellen Kommunikationsfähigkeit ist, so
müßte ein solches Wissen

– sich nicht nur auf *eine* fremde Kultur, sondern auf *mehrere* Kulturen (welche?)
  beziehen,
– möglichst umfangreich, systematisch und differenziert sein,
– hinsichtlich der Beschreibungstiefe auf die Adressaten abgestimmt sein,
– permanent aktualisiert werden,
– in Form flexibler kognitiver Schemata gespeichert sein,
– bereits während des Lernprozesses als vorläufig, ergänzungs- und differenzie-
  rungsbedürftig charakterisiert sein,
– in seiner Relevanz für die Bewältigung interkultureller Kontaktsituationen reflektiert werden.

Auf den letztgenannten Punkt möchte ich noch etwas ausführlicher eingehen. Zwei mit
frühen kulturkontrastiven Untersuchungen und der Vermittlung von Wissen über
Kulturunterschiede verbundene Annahmen waren, daß 1. Probleme im interkulturellen
Kontakt dort entstehen würden, wo sich Kulturen unterscheiden, und 2., weitergehend,
daß solche Probleme durch Anpassung an die jeweils andere Kultur bewältigt werden
könnten. Die Annahme der Vorhersagbarkeit von Problemen durch kulturkontrastive
Beschreibungen muß jedoch — mit zeitlicher Verzögerung — das Schicksal der
sprachstrukturbezogenen *Contrastive Analysis Hypothesis* teilen: Wissen über Kulturunterschiede kann bestenfalls post-hoc-Erklärungen für einige Probleme im interkulturellen Kontakt liefern, nicht jedoch Vorhersagen leisten: Nicht alle kulturellen
Unterschiede resultieren in Schwierigkeiten (vgl. z.B. Kotthoff in diesem Band), und
andererseits treten Probleme auch dort auf, wo Kulturen relativ ähnlich sind. (Hinzu
kommt natürlich auch noch, daß nicht alle Probleme in Kommunikationen zwischen
fremdkulturellen Partnern auf Interkulturalität zurückzuführen sind.)

Eine der Ursachen liegt in dem, was man als 'interkulturelles Interaktionsparadox'
bezeichnen könnte: In Interaktionen mit Angehörigen anderer Kulturen kommunizieren Interaktionspartner tendenziell anders als mit Angehörigen ihrer eigenen Kultur:
So ist es ja keine ganz ungewöhnliche Vorstellung, daß beide (oder mehrere) Kommunikationspartner über Wissen von anderen Kulturen verfügen und beide (bzw. alle)
versuchen, sich auf dieser Basis dem/den anderskulturellen Partner(n) anzupassen.
Auch unspezifischere Strategien des Rekurses auf weniger markierte Formen des
Kommunizierens und eine Vermeidung von als kulturell determiniert eingeschätzten
Elementen der Kommunikation, die diffus als für den anderen problematisch wahr-
genommen werden, ist erwartbar. Schließlich ist erwartbar, daß dieselben Prozesse der

Synchronisierung in der Interaktion vorkommen können, die auch für intrakulturelle Kommunikation charakteristisch sind.

Dieses kulturelle Interaktionsparadox ist übrigens einer der Gründe dafür, daß oftmals das in Lehrsituationen über eine Kultur vermittelte Wissen in realen Interaktionen nicht wiedergefunden wird und Lehrenden der Vorwurf von Falschinformation gemacht wird ("Ich hatte aber mit einem Japaner zu tun, der ist gar nicht so / macht das gar nicht so"). Es erschwert auch die Möglichkeit, eine andere Kultur durch Interaktion mit ihren Mitgliedern zu 'erlernen'.

In vielen Fällen wird auch gar nicht erwartet, daß Angehörige einer anderen Kultur perfekte Anpassungsleistungen erbringen oder auch nur über ein umfangreiches Wissen von der Kultur verfügen. Kotthoffs Analyse (in diesem Band) zeigt, daß bereits tastende Versuche der Annäherung an eine andere Kultur honoriert werden und der Fremde dabei ruhig Fremder bleiben darf. An anderer Stelle (Knapp / Knapp-Potthoff 1990) habe ich bereits darauf hingewiesen, daß eine allzu perfekte Anpassung an fremdkulturelle Verhaltensweisen möglicherweise gar nicht mit Anerkennung quittiert wird. Ein Bewußtsein für diese Problematik ist oft schon bei Jugendlichen vorhanden. So fragte ein 15jähriger deutscher Schüler: "Was soll ich denn nun machen, wenn ich gelernt habe, daß die Chinesen beim Essen spucken und rülpsen? Soll ich das auch machen, wenn ich in China bin (man beachte die territoriale Einschränkung! — AKP), oder denken die, ich mache mich über sie lustig? Soll ich mich nicht lieber so verhalten wie in Deutschland? Die wissen doch, daß ich Ausländer bin. Andererseits könnten die Chinesen aber auch denken, überall in der Welt würde man beim Essen spucken und rülpsen, und mich dann unhöflich finden, wenn ich mich nicht so verhalte."

Diese Reflexionen zeigen deutlich, daß die Vermittlung von Wissen über andere Kulturen nicht direkt in an die Fremdkultur angepaßtes Verhalten umgesetzt werden darf und muß und daß Wissen allein nicht ausreicht, um Verhaltensunsicherheit abzubauen. Zumindest ist nicht nur das eigene fremdkulturbezogene Wissen dabei relevant, sondern auch das tatsächliche und das unterstellte Wissen der Kommunikationspartner.

2.6. Mehrfachzugehörigkeit

Ein weitere Ursache dafür, daß deskriptiv erfaßte Kulturunterschiede nicht unbedingt zu Schwierigkeiten im konkreten interkulturellen Kontakt führen müssen, sehe ich in der Mehrfachzugehörigkeit von Individuen zu sozialen Gruppen. In der lebensweltlichen Realität sind Individuen in der Regel in mehrere soziale Netzwerke eingebunden — durch direkten *face-to-face*-Kontakt oder aber über andere Individuen oder medial vermittelt —, in denen sich unterschiedliche gemeinsame Wissensbestände und unterschiedliche Standards,[6] auch solche des Kommunizierens, entwickelt haben, und agieren in ihren unterschiedlichen sozialen Rollen und in unterschiedlichen Lebensphasen zunehmend auf dem Hintergrund mehrerer kulturartiger Systeme. 'Kultur' im Sinne von 'Nationalkultur' ist nur eines davon, wenn auch u.U. ein besonders wichtiges.[7] So ist also z.b. denkbar, daß zwei Frauen nicht nur als Deutsche und Japanerin kommunizieren, sondern zugleich als zwei Frauen, als zwei Tennisspielerinnen, als zwei Managerinnen oder als zwei Sprachwissenschaftlerinnen. Zumindest für einige solcher Rollen haben sich nationalkulturübergreifende kommunikative Netzwerke etabliert (*scientific community*, nationalkultur-übergreifende Unternehmenskulturen, internationale Arbeitsgruppen), denen jeweils eine gewisse Menge an gemeinsamem Wissen und gemeinsamen Standards zu eigen sind. Je nach Kommunikationsanlaß, Thema und anderen Situationsfaktoren kann eine der Rollen im Vordergrund stehen und können Gemeinsamkeiten und Unterschiede verschieden gewichtet sein.

2.7. Eigenständigkeit interkultureller Kommunikation

Diskursanalytische Arbeiten, die real ablaufende interkulturelle Diskurse untersuchen, zeigen, daß interkulturelle Kontakte spezifische Diskursstrukturen hervorbringen, die nicht auf der Basis der Kontrastierung von als statisch konzeptualisierten Ausgangskulturen vorausgesagt, sondern als etwa Neues, eine dynamische 'diskursive Interkultur' verstanden werden können (vgl. ten Thije in diesem Band). Die oben diskutierten Punkte 'Multikulturalität' und 'multilaterale Annäherung' spielen dafür mit eine Rolle. Bei diesen Strukturen handelt es sich durchaus nicht notwendig um Strukturen problematischer, sondern auch um solche gelungener Kommunikation. Gerade auch die Realisierung von Strategien zur Vermeidung oder zur Bewältigung von Problemen im interkulturellen Kontakt gibt der Interaktion eine neue Qualität. Darüber hinaus ist in Analysen von Sprachmittlerdiskursen[8] herausgearbeitet worden,

---

[6] Ich benutze hier und im folgenden den Ausdruck 'Standards' bzw. 'Kulturstandards' etwa im Sinne von Thomas (vgl. z.B. Thomas 1993) als *cover term* für Arten des Wahrnehmens, Denkens, Wertens und Handelns, die von Teilhabern an einer bestimmten Kultur als selbstverständlich und verbindlich angesehen werden, möchte mich jedoch nicht darauf festlegen, daß solche Standards unbedingt implizit erworben sind.

[7] Ich nehme dabei an, daß Individuen sehr unterschiedliche Identifikationsprofile im Hinblick auf verschiedene solcher kulturartiger Systeme aufweisen, daß sich also z.B. jemand hauptsächlich als Jugendlicher und erst in 2. oder 3. Linie — oder überhaupt nicht — als Deutscher wahrnimmt, ein anderer hingegen in 1. Linie als Deutscher usw. Dies kann aus Fremdperspektive natürlich wieder ganz anders aussehen.

[8] Vgl. Knapp-Potthoff / Knapp 1986, 1987.

daß im interkulturellen Kontakt besondere Diskurstypen vorkommen, die ganz spezifische Eigenschaften aufweisen.

Natürlich bleibt für interkulturelle Kontakte nie unwesentlich, welche kulturellen Hintergründe die an ihnen Beteiligten jeweils haben, doch nimmt nach den bisherigen Überlegungen das Wissen von einer *bestimmten* 'Zielkultur' eine wesentlich beschränktere Rolle ein als zunächst angenommen. Es deutet sich weiterhin an, daß außer fremdkulturbezogenem Wissen noch andere Arten von Wissen für interkulturelle Kommunikationsfähigkeit relevant sein können.

3. Ein Modell dynamischer interkultureller Kommunikationsfähigkeit

In meiner bisherigen Diskussion interkultureller Kommunikation bzw. interkultureller Kommunikationsfähigkeit hat implizit immer wieder die Eigenschaft 'Dynamik' eine Rolle gespielt: Kulturen selbst haben dynamischen Charakter, indem sie sich verändern und mit anderen Kulturen mischen; der Erwerb von fremdkulturbezogenem Wissen findet nicht 'auf einen Schlag' statt, sondern vollzieht sich als dynamischer Prozeß; für die Akzeptanz anderskultureller Kommunikationspartner spielt offenbar weniger ein perfektes Kopieren kulturspezifischer Verhaltensweisen eine Rolle als vielmehr der erkennbare Versuch einer *Annäherung in Richtung auf* die fremde Kultur; Kommunikationspartner verändern ihre kulturspezifischen Kommunikationsgewohnheiten in Interaktion mit einem fremdkulturellen Partner, und in interkultureller Kommunikation entwickeln sich neue, eigene Formen des Kommunizierens. Dynamik liegt auch in der Tatsache, daß zwei aufeinanderfolgende interkulturelle Interaktionen mit denselben Interaktionspartnern nie in gleicher Weise interkulturellen Charakter haben, da sich durch die erste der Interaktionen — genauer gesagt permanent in ihrem Verlauf — bereits die Interaktionsgeschichte verändert und beide Partner dadurch ihre gemeinsame Wissensbasis erweitern.

Ein Modell interkultureller Kommunikationsfähigkeit muß deshalb sowohl die Dynamik von Kulturen selbst als auch die Dynamik interkultureller Kommunikation und die Dynamik darauf bezogener Lernprozesse berücksichtigen.

3.1. Interkulturelle Kommunikation als Kommunikation zwischen Mitgliedern verschiedener Kommunikationsgemeinschaften

Aufgrund der oben dargestellten Mißverständlichkeiten des Kulturbegriffs möchte ich als Hilfskonstrukt das Konzept der 'Kommunikationsgemeinschaft'[9] benutzen. Unter Kommunikationsgemeinschaften verstehe ich Gruppen von Individuen, die jeweils über durch regelmäßigen kommunikativen Kontakt etablierte Mengen an gemeinsamem Wissen sowie Systeme von gemeinsamen Standards des Wahrnehmens, Glaubens, Bewertens und Handelns — m.a.W.: 'Kulturen' — verfügen. Diese Redeweise betont die zentrale Rolle, die Kommunikation für die Konstitution sozialer Gruppen spielt.

Kommunikation zwischen Mitgliedern verschiedener Kommunikationsgemeinschaften ist damit im Prinzip interkulturelle Kommunikation.[10]

'Kommunikationsgemeinschaften' (KG) möchte ich folgendermaßen genauer charakterisieren:

- KG sind nicht mit Nationen identisch, sondern können von unterschiedlicher Art und Größe sein: Sie können sich als größere, auf regionaler, sozialer oder nationaler Ebene etablierte Gruppen manifestieren, aber auch z.b. als durch professionelle oder andere gemeinsame Aktivitäten charakterisierte Gruppen (Firmenangehörige, Arbeitsgruppen, *scientific communities*, Agenten von Institutionen etc.).

- In KG und durch sie werden Konventionen des Kommunizierens, Normen, Werte, Standards, gemeinsames Wissen geschaffen. Dies geschieht durch Kommunikation, die jedoch nicht notwendig interpersonale *face-to-face*-Interaktion sein muß, sondern z.B. auch über Medien vermittelt sein kann. Durch fortlaufende Kommunikation werden KG konsolidiert.

- Innerhalb von KG können sich kleinere Sub-KG bilden.

- KG können sich auch 'quer' zu anderen KG etablieren, z.B. professionelle KG über nationenspezifische hinweg.

- Individuen gehören typischerweise mehreren KG gleichzeitig an.

- KG sind dynamisch und haben unscharfe Grenzen.

---

[9] Eine Diskussion der Relation dieses Konzepts zu verwandten soziolinguistischen Konzepten wie 'Sprachgemeinschaft' bzw. 'speech community', 'communication network' oder 'discourse system' wäre wichtig und interessant, würde an dieser Stelle aber zu weit führen. Ich thematisiere hier auch nicht die soziologische Diskussion um Unterschiede zwischen 'Gesellschaft' und 'Gemeinschaft'.

[10] Damit ist interkulturelle Kommunikation im engeren und im weiteren Sinne, so wie Redder / Rehbein (1987:17f.) sie verstehen, impliziert.

- KG sind je nach Intensität und Art der Kommunikation sowie nach Dauer ihres Bestehens in sich unterschiedlich locker bzw. solide.
- Charakterisierende Beschreibungen beziehen sich immer nur auf eine KG, nicht jedoch auf die ihr angehörenden Individuen, die ja in der Regel zugleich auch noch an anderen KG partizipieren.
- Unterschiede zwischen KG können in verschiedenen Bereichen und in unterschiedlichem Ausmaß bestehen. Ein wichtiger Unterschied betrifft das jeweils von ihren Mitgliedern geteilte sprachliche Wissen.
- Viele KG sind offen für neue Mitglieder, wobei die Aufnahme gelegentlich an bestimmte Bedingungen oder Aufnahmerituale geknüpft ist. Naturgemäß partizipieren die neuen Mitglieder zunächst nur wenig und mit Dauer der Zugehörigkeit zunehmend an den Gemeinsamkeiten der KG.
- Individuen kommunizieren auf dem Hintergrund ihrer je spezifischen Zugehörigkeiten zu verschiedenen KG und der in ihnen wahrgenommenen sozialen Rollen. Probleme im interkulturellen Kontakt lassen sich dann auch als kumulativer Effekt des Einflusses von Zugehörigkeiten zu mehreren unterschiedlichen KG verstehen. Probleme im interkulturellen Kontakt können u.a. deshalb individuell sehr verschieden ausfallen.
- Durch häufigen kommunikativen Kontakt zwischen Mitgliedern verschiedener KG, also durch interkulturelle Kommunikation, können neue, zunächst tentative und lockere KG entstehen, in denen sich allmählich wieder eigene Standards, eine gemeinsame Wissensbasis und speziell eigene Konventionen des Kommunizierens herausbilden. Die Zugehörigkeit zu den 'alten' KG muß damit nicht beendet sein. Interkulturelle Kommunikation kann so schrittweise weniger interkulturell und schließlich intrakulturell werden. Die Herausbildung neuer KG ist jedoch keine notwendige Folge des Kontakts, sondern setzt Bereitschaft und Bemühung der Beteiligten voraus.
- Kommunikationen zwischen Angehörigen unterschiedlicher KG können zu unterschiedlichem Grade interkulturell sein. Der Grad von Interkulturalität ist vor allem von folgenden Faktoren abhängig:
  - von der Menge gleicher und der Menge verschiedener KG, die die jeweiligen Kommunikationspartner 'als ihre' in einer gegebenen Interaktion aktivieren,
  - vom Grad der Unterschiedlichkeit[11] zwischen diesen KG, wobei Sprachunterschiede eine besondere Rolle spielen,
  - von der internen Stabilität der jeweiligen KG,
  - vom Grad der Zugehörigkeit der Kommunikationspartner zu den jeweiligen KG.

---

[11] Dies läßt sich natürlich nicht exakt quantifizieren.

3.2. Zwei Varianten von interkultureller Kommunikationsfähigkeit

Im Prinzip läßt sich 'interkulturelle Kommunikationsfähigkeit' jetzt auf zweierlei Weise verstehen.

Variante 1: als Fähigkeit zur Teilhabe an einer bisher fremden KG. Dies würde eine Kenntnis der Sprache, Werte, Normen, Standards der anderen KG voraussetzen. Bei dieser Variante wäre ein möglichst umfangreiches und adäquates Wissen von der anderen KG zumindest ein erstrebenswertes Ziel, wenn auch der Wissenserwerb von anderen Faktoren flankiert werden müßte (s. die unten in bezug auf die 2. Variante aufgeführten Komponenten). Sie erscheint mir sinnvoll für solche Fälle, in denen tatsächlich eine Akkulturation angestrebt wird oder zumindest ein längerdauernder Kontakt mit Angehörigen einer bestimmten anderen KG bevorsteht, insbesondere dann, wenn abzusehen ist, daß viele Angehörige dieser KG wenige weitere KG-Zugehörigkeiten aufweisen.

Variante 2: als Fähigkeit, trotz mangelhafter Kenntnis fremder KG mit ihren Mitgliedern eine befriedigende Verständigung zu erzielen und ggf. neue Kommunikationsgemeinschaften aufzubauen. Diese Variante erscheint mir als eine vernünftige Zielsetzung in bezug auf sowohl kurzzeitige als auch längerdauernde Kontakte mit Mitgliedern differenzierter Gesellschaften, die vielfache KG-Zugehörigkeiten aufweisen und selbst im interkulturellen Kontakt erfahren sind.

Ich konzentriere mich hier auf Variante 2 und formuliere auf dieser Basis eine Definition von 'interkultureller Kommunikationsfähigkeit':

Interkulturelle Kommunikationsfähigkeit ist die Fähigkeit, mit Mitgliedern fremder Kommunikationsgemeinschaften ebenso erfolgreich Verständigung zu erreichen wie mit denen der eigenen, dabei die im einzelnen nicht genau vorhersehbaren, durch Fremdheit verursachten Probleme mit Hilfe von Kompensationsstrategien zu bewältigen und neue Kommunikationsgemeinschaften aufzubauen.

Diese Definition bedarf einiger Erläuterungen:

Die Formulierung "ebenso erfolgreich Verständigung erreichen" impliziert nicht "auf die gleiche Weise Verständigung erreichen". Der im Vergleich zur Interaktion mit Mitgliedern eigener KG bestehende Mangel an gemeinsamen Standards und an gemeinsamem Wissen muß kompensiert werden. Auf welche Weise dies geschehen kann, werde ich weiter unten erläutern.

Die Redeweise "erfolgreich Verständigung erreichen" soll auch nicht implizieren, daß interkulturelle Kontakte immer harmonisch und konfliktfrei verlaufen müßten und daß reale Interessengegensätze nicht zum Tragen kommen dürften. Auch interkulturelle Kommunikation sollte die üblichen Funktionen von Kommunikation haben können, und dazu gehört es, unterschiedliche Ansichten, Überzeugungen, Wünsche, Ziele und Interessen *kommunikativ zu behandeln.* Das bedeutet auch, daß interkulturelle Kommunikationsfähigkeit nicht eine grenzen- und kritiklose Akzeptanz anderskultureller Standards voraussetzt, wohl aber ihre Diskutierbarkeit / Verhandelbarkeit und die Bereitschaft dazu. Dazu gehört natürlich auch die Bereitschaft, sich auf die Kommunikation in fremden Kommunikationsgemeinschaften und eine zunächst *probeweise* Übernahme ihrer Standards überhaupt einzulassen bzw. neue Standards auszuhandeln.

Im folgenden soll konkretisiert werden, wie sich eine so verstandene vielfältige und komplexe interkulturelle Kommunikationsfähigkeit manifestieren kann und welche Rolle kulturbezogenes Wissen dabei spielt. Ich möchte von zwei sehr alltäglichen Beispielen (rekonstruierte Interaktionen) ausgehen, die zwar keinesfalls das Spektrum interkultureller Kommunikationsfähigkeit abdecken, die aber doch eine solche Fähigkeit rudimentär erkennen lassen.

Beispiel 2: im Stadtexpress von Köln nach Aachen

In Köln ist eine Gruppe von 2 Amerikanern, 3 Deutschen, 2 Briten und einem Russen eingestiegen, die sich — teils auf Englisch, teils auf Deutsch — in wechselnden Gruppierungen relativ laut hörbar unterhält. Dabei wird deutlich, daß die Briten sehr gut Deutsch sprechen, zwei Deutsche recht gut Englisch, der Russe recht gut Deutsch, aber kaum Englisch, die Amerikaner kein Deutsch, und daß die anwesende deutsche Frau relativ große Mühe hat, in Englisch zu kommunizieren. Sie unterhält sich daher im wesentlichen mit dem Deutsch sprechenden Briten auf Deutsch. Der andere Brite und der Russe kommunizieren ebenfalls in Deutsch als lingua franca, alle anderen Interaktionen laufen auf Englisch ab. Die deutsche Frau und ein weiterer Deutscher müssen früher als die anderen aussteigen. Während sich der deutsche Mann relativ wortreich und sehr freundschaftlich insbesondere von einem der Amerikaner verabschiedet, reduziert sich die Verabschiedung der deutschen Frau von diesem Amerikaner auf ein "Good bye, was nice to meet you again." Der Amerikaner reagiert mit "Good luck" und anderen verbalen Nettigkeiten, woraufhin die deutsche Frau sich zu einem der Briten beugt und ihm sagt: "Ich möchte da auch immer was Nettes sagen, aber ich kann nicht so schnell übersetzen. Sag ihnen das." Sie winkt den übrigen noch freundlich zu, bevor sie den Zug verläßt. Daraufhin fragt der Amerikaner den Briten: "What did she say?", dieser führt den von der Deutschen erhaltenen Auftrag aus, der Amerikaner quittiert mit einem zufriedenen "Aaaah".

Beispiel 3: in einem deutschen Wohnzimmer

M., 10 Jahre alt, schaut sich zusammen mit dem 16jährigen französischen Austauschschüler A. ein Fußballspiel im Fernsehen an. Dabei verwendet der Kommentator u.a. die Wörter 'Elfmeter' und 'Torschützenkönig', offenbar ohne Bezug zu einer konkreten Spielsituation. A., der trotz mehrjährigen Deutschunterrichts noch große Probleme mit der deutschen Sprache hat, fragt M., der nur ganz wenige französische Wörter kennt, auf Deutsch nach der Bedeutung der beiden Wörter.

Um A. verständlich zu machen, was ein 'Elfmeter' ist, zeichnet M. daraufhin ein Spielfeld auf ein Blatt Papier, holt ein Maßband und zeigt: "Zentimeter, Meter. Ein Meter, zwei Meter, ... 11 Meter".
Für die Erläuterung von 'Torschützenkönig' benutzt M. zunächst wieder seine Zeichnung, um durch eine bildliche Darstellung sicherzustellen, daß A. weiß, was ein 'Tor' ist.
Bei den nächsten Schritten verläßt M. sich auf rein verbale Strategien:

M:	Jemand, der die meisten Tore schießt.
A:	(signalisiert nonverbal Nichtverstehen)
M:	Früher, im 18. und 19. Jahrhundert, da gab es noch Könige und Kaiser.
A:	(noch deutlichere Signale des Nichtverstehens)
M:	Queen Elizabeth.
A:	Aaaah.
M:	King.
A:	Oui, oui.
M:	Tor-King.
A:	Aaah, oui, oui, oui.

Später äußert sich A. ungefragt anerkennend über M.s Bemühungen: "Il est gentil, M."

In beiden Beispielen geht es um in relativ engem Sinne sprachliche Probleme. Die erste Interaktion ist zunächst einmal ein Beispiel dafür, wie komplex und 'undyadisch' interkulturelle Kommunikationen ablaufen können: Es sind mehr als zwei Kommunikationspartner und mehr als zwei Sprachen beteiligt, bei den Beteiligten liegen unterschiedliche Profile von Mehrsprachigkeit bzw. Lernersprachigkeit vor, die Gesamtinteraktion gliedert sich in mehrere Interaktionsdyaden und -triaden, und zeitweise wird einer der quasi bilingualen Sprecher als Sprachmittler angefordert.

Die deutsche Kommunikationsteilnehmerin demonstriert hier — trotz ihrer unzureichenden Englischkenntnisse — zu einem gewissen Grade interkulturelle Kommunikationsfähigkeit, mit der sie ihre Wissensdefizite kompensiert. Sie hat die Relevanz der interpersonalen Ebene der Interaktion erkannt und die Grenzen ihrer Lernersprache realistisch eingeschätzt. Zum Ausgleich verwendet sie zwei Strategien: Sie bedient sich metakommunikativer Verfahren der Reparatur, und sie verändert die Struktur der Organisation der Interaktion, indem sie einen bilingualen Sprecher kurzzeitig als Mittler einsetzt.

In Beispiel 3 zeigt M. Ansätze interkultureller Kommunikationsfähigkeit, indem er Strategien zur Kompensation einer mangelhaften gemeinsamen sprachlichen Wissensbasis anwendet. Sein Vorgehen ist im wesentlichen durch die Suche nach referentiellen Gemeinsamkeiten und die Verarbeitung des Feedbacks seines Kommunikationspartners gekennzeichnet. Er aktiviert, prüft, verwirft und revidiert dabei ständig Annahmen über mögliche Gemeinsamkeiten. Zusätzlich gliedert er ein komplexes Verständnisproblem in Einzelaspekte auf.

Beim Problem 'Elfmeter' setzt er zu Recht eine gemeinsame referentielle Wissensbasis voraus und lokalisiert das Problem in der sprachlichen Realisierung. Seine Strategie besteht daher in der Suche nach einem für beide verständlichen Ausdrucksmittel, hier der visuellen Darstellung. Ergänzend zieht er einen Realgegenstand hinzu (Maßband) und bedient sich sprachlicher Mittel entsprechend seiner Einschätzung der lernersprachlichen Kompetenz des Partners. Die Strategie ist erfolgreich.

Beim Problem 'Torschützenkönig' ist diese Strategie nur anfangs, für das Element 'Tor', erfolgreich. Für den zweiten Teil scheint ihm diese Strategie offenbar nicht geeignet, bzw. er kann sie nicht umsetzen. Er versucht deshalb eine verbale Definition von 'Torschützenkönig' auf der Basis des gesicherten Verständnisses von 'Tor'. Als er keine positive Rückmeldung erhält, ändert er seine Strategie und spaltet das Problem in kleinere Einheiten auf. Nach einem erneuten erfolglosen Versuch, den er schnell abbricht, gelingt ihm mit 'Queen Elizabeth' tatsächlich das Aufspüren einer problemrelevanten gemeinsamen Wissensbasis, auf der dann die weitere Bedeutungsklärung basiert. Zu seiner Strategie gehört jetzt auch die kreative Nutzung einer dritten Sprache.

Dies alles ist natürlich nur eine — vielleicht gewagte — Analyse aus der Beobachterperspektive. Leider bestand keine Gelegenheit, diese Interaktionen aus der Perspektive der Beteiligten analysieren zu lassen. Ich verstehe diese Szenen auch lediglich als exemplarisch für die strategischen und lernersprachbezogenen Aspekte, die in der folgenden Auflistung von Komponenten interkultureller Kommunikationsfähigkeit eine wichtige Rolle spielen. (Die Separierung dieser Komponenten impliziert natürlich keine isolierte Wirkungsweise. Eher ist das Gegenteil der Fall.)

4. Komponenten interkultureller Kommunikationsfähigkeit

4.1. Affektive Komponenten

Empathiefähigkeit und Toleranz — nicht jedoch kritiklose Übernahme beliebiger Standards anderer KG — sind erforderlich, damit überhaupt die Bereitschaft zum Eintritt in die Kommunikation mit Angehörigen anderer KG und zur Fortsetzung des Kontakts besteht. Sie bilden auch die Voraussetzung für die probeweise Übernahme der Standards anderer KG und für das gemeinsame Aushandeln der Grundlagen von sich neu entwickelnden KG. Darüber hinaus setzen für interkulturelle Kontakte spezifische Strategien der Verständigung, wie z.B. die Suche nach einer gemeinsamen Wissensbasis in Beispiel 3, die Bereitschaft und Fähigkeit zur Übernahme der Perspektive von Mitgliedern fremder KG voraus.

4.2. Kulturspezifisches Wissen

Spezifisches Wissen von anderen KG spielt auch für diese zweite Variante von interkultureller Kommunikationsfähigkeit eine wichtige Rolle. Ich möchte seine Funktion aber genauer eingrenzen und sehe hier im wesentlichen drei zwar miteinander verknüpfte, aber analytisch trennbare Funktionsbereiche: 1. als Basis für eine adäquatere Deutung von kommunikativen Akten der Angehörigen anderer KG in dem Sinne, daß Wissen über Unterschiede zwischen den eigenen und den fremden KG als möglicherweise für die Interpretation relevant herangezogen wird; 2. als Basis für Strategien zur Prävention und Reparatur von Mißverständnissen und anderem kommunikativem *'trouble'* (s.u.); 3. in begrenztem Maße als Grundlage für die Änderung eigenen Verhaltens mit dem Ziel, die eigene Bereitschaft zur Interaktion und die prinzipielle Akzeptanz der anderen KG zu signalisieren sowie die Kommunikationsbereitschaft der Mitglieder der anderen KG zu erhalten. Diese Funktion kann z.B. die Verwendung der Sprache der anderen KG und das Einlassen — wenn auch in wenig perfekter Weise — auf Rituale der anderen KG[12] und die Beachtung von Tabus[13] haben.

Hinzu kommt spezifisches Wissen von der eigenen KG. Es spielt implizit schon eine Rolle bei der Identifikation von Unterschieden zwischen eigenen und fremden KG, weiterhin aber auch dafür, eventuelle Probleme, die Angehörige der anderen KG in der Interaktion haben, durch Einnahme einer Fremdperspektive antizipieren und nachvollziehen zu können. Es kann aber auch wichtig werden, um sich explizit über Unterschiede in kulturellem Wissen und kulturellen Standards verständigen zu können (s.u.: metakommunikative Verfahren).

Wie oben schon dargelegt, sollte kulturspezifisches Wissen als prinzipiell unvollständiges und daher beständig ergänzungs- und revisionsbedürftiges in Form flexibler kognitiver Schemata organisiert sein.

4.3. Allgemeines Wissen über Kultur und Kommunikation / interkulturelle Kommunikationsbewußtheit

Die mehr oder weniger ausgeprägte prinzipielle Unvollständigkeit des Wissens von einer bestimmten KG kann teilweise kompensiert werden durch ein allgemeines Wissen über Sprache, Kommunikation und Kultur. Dazu gehört beispielsweise:[14]

---

[12] Vgl. Kotthoffs Beispiel in diesem Band.
[13] Vgl. Schröder in diesem Band.
[14] Vgl. auch Knapp / Knapp-Potthoff 1990 und Knapp-Potthoff 1993 sowie Liedke / Redder / Scheiter 1996.

- Wissen um die Abhängigkeit menschlichen Denkens, Deutens und Handelns —
  speziell auch des kommunikativen Handelns — von kulturspezifischen kognitiven
  Schemata,
- Wissen um die Kulturabhängigkeit des eigenen Denkens, Deutens und Handelns,
- Kenntnis von Dimensionen, in denen sich Kulturen grundsätzlich unterscheiden
  können, speziell Kenntnis unterschiedlicher kommunikativer Stile (hier können
  spezifische Informationen über andere KG exemplarischen Charakter haben),
- Wissen über die Grundprinzipien der interpersonalen Kommunikation: über die
  Rolle von Kommunikation zur Herstellung und Aufrechterhaltung sozialer Bezie-
  hungen, über Mechanismen der Unsicherheitsreduktion, der Attribution[15] und der
  Stereotypenbildung,
- Wissen über Probleme der Lernersprach- und lingua-franca-Kommunikation,
- Wissen über die speziellen Bedingungen der Kommunikation mit Hilfe von
  Sprachmittlern.

Sofern Wissen dieser Art als Basis für die Interaktion aktiviert ist, kann man es auch
als 'interkulturelle Kommunikationsbewußtheit' bezeichnen.[16]

4.4. Strategien

Affektive Faktoren sowie kulturspezifisches und generelles kommunikationsbezogenes
Wissen stellen eine Basis dar für die Anwendung von Strategien in konkreten interkulturellen Kommunikationen. Einige solcher Strategien habe ich in der Analyse der
Beispiele 2 und 3 herausgearbeitet. Ich liste hier einige weitere Beispiele für Strategien
auf und unterscheide dabei grundsätzlich in solche Strategien, die auf den erfolgreichen Verlauf einer aktuellen Interaktion gerichtet sind, von solchen, die — ganz im
Sinne einer dynamischen Auffassung von interkultureller Kommunikationsfähigkeit —
als Lern- und rudimentäre Forschungsstrategien auf die Erweiterung und Differenzierung von fremdkulturbezogenem Wissen gerichtet sind. Die interaktionsbezogenen
Strategien formuliere ich als konkrete handlungsleitende Aufforderungen. Darunter
sind solche, die sich eher als Verstehensstrategien, andere, die sich eher als Produk-
tionsstrategien klassifizieren lassen, sowie Strategien, die das Interaktionsmanagement
betreffen. Da aber nicht immer eindeutige Zuordnungen vorgenommen werden
können, verzichte ich auf eine Subklassifizierung.

---

[15] Vgl. hierzu z.B. Lalljee 1987.
[16] Hier lasse ich mich nun allerdings doch auf den Versuch einer differenzierteren
Betrachtung von 'Wissen' ein.

1. Interaktionsbezogene Strategien[17]

– Bemühe dich, die Kommunikationsbereitschaft des Partners / der Partner zu erhalten, indem du
  – Tabuverletzungen vermeidest,
  – Annäherungsbereitschaft an die fremde KG signalisierst, z.B. durch partielle Anpassung,
  – nach *common ground* suchst (s.u.).
– Suche nach Gemeinsamkeiten und nutze sie als *common ground* für die Interaktion, sowohl auf globaler als auch auf lokaler Ebene der Interaktion, z.B.:
  – Suche nach gemeinsamer Teilhabe an — wenn auch lockeren — KG.
  – Suche nach gemeinsamem Erfahrungshintergrund aufgrund ähnlicher sozialer Rollen.
  – Suche nach einer gemeinsamen Sprache.
  – Suche nach vermuteten Gemeinsamkeiten der Kulturen der KG.
– Erwarte, daß kulturbedingte Andersartigkeit die Interaktion beeinflussen kann, und lege dich so spät wie möglich auf eine Interpretation der Äußerungen — auch der nonverbalen — deines Kommunikationspartners fest.
– Erwarte, daß deine Kommunikationspartner deine Äußerung mißverstehen können, und achte auf Indizien für Mißverstehen im weiteren Verlauf der Interaktion.
– Nutze spezifisches Wissen von den fremden KG sowie allgemeines Wissen über Unterschiede zwischen KG für Hypothesen über die vom jeweiligen Kommunikationspartner intendierte Bedeutung.
– Setze metakommunikative Verfahren zu Prophylaxe und Reparatur von Mißverständnissen ein, allerdings nur insoweit, als sie das Gesicht des Kommunikationspartners nicht bedrohen.[18]
– Ziehe, falls möglich, gegebenenfalls einen Sprachmittler hinzu. Mache dem Sprachmittler deine Intentionen so explizit wie möglich.[19]

2. Lern- und rudimentäre Forschungsstrategien zur Erweiterung und Differenzierung des Wissens von fremden KG

Angesichts der Notwendigkeit zu permanenter Erweiterung, Differenzierung und Revision von spezifischem Wissen von fremden KG erscheint es sinnvoll, Strategien

---

[17] Einige dieser Strategien sind ausführlicher erläutert in Knapp-Potthoff 1987 und in Knapp-Potthoff / Knapp 1997. Vgl. auch die Auflistung von Lernzielen in Liedke / Redder / Scheiter 1996.
[18] Ausführlicher hierzu Knapp-Potthoff / Knapp 1996.
[19] Dies wird ausführlicher begründet in Knapp-Potthoff / Knapp 1986 und 1987.

zu vermitteln, mit denen sich diese Aufgabe von den an interkultureller Kommunikation Beteiligten autonom bewältigen läßt. Dazu können Strategien der gezielten Befragung und Beobachtung gehören, mit denen — soweit wie möglich unter Berücksichtigung des eigenen kulturellen *bias* — KG und ihre kulturellen Standards identifiziert sowie deren Rigidität und Gültigkeitsbereich überprüft werden können. Es ist denkbar, daß dies außer durch gezielte und differenzierte Beobachtung z.b. auch durch ein probeweises Verletzen angenommener Konventionen, ja evtl. sogar von Tabus geschehen kann — natürlich nur bei entsprechender interaktionaler Einbettung.

Diese Auflistung ist weder als vollständig noch als unumstößlich, sondern eher als Diskussionsgrundlage anzusehen. Ihr Ziel ist es, jenseits allgemein gehaltener und vager Zielformulierungen über Toleranz, *awareness*, Perspektivenwechsel und kulturelles Wissen spezifischere Hypothesen darüber zu formulieren, was Individuen wissen und können müssen, um Kommunikationen mit Mitgliedern fremder KG zu bewältigen, damit gleichzeitig die Funktionen linguistischer Analysen für eine solche didaktische Aufgabe präziser zu lokalisieren und — im Sinne einer dialektisch verstandenen 'Anwendung' von Linguistik — möglicherweise Forschungen zu Vorkommen und Wirkungen von Aspekten interkultureller Kommunikationsfähigkeit anzuregen.

Über Möglichkeiten des Erlernens und Wege dazu ist hier freilich noch nichts gesagt. Eines deutet sich jedoch an: Die Entwicklung interkultureller Kommunikationsfähigkeit ist nichts, wofür jeweils die Einzelphilologien zuständig wären. Mit fremden Kommunikationsgemeinschaften hat fast jeder fast ständig zu tun, mit fremden Sprachen immer öfter.

> ... the stranger is no longer an exception but the rule. Where once he was relegated to the margins, he has taken over the page. There are no margins; perhaps there is no longer a definable page either. (Harman 1988:159.)

Literatur

Bausch, K.-R. / Christ, H. / Krumm, H.-J. (1994) (Hg.). *Interkulturelles Lernen im Fremdsprachenunterricht*. Arbeitspapiere der 14. Frühjahrskonferenz zur Erforschung des Fremdsprachenunterrichts. Tübingen: Narr

Byram, M. (1989). *Cultural Studies in Foreign Language Education*. Clevedon: Multilingual Matters

Christ, H. (1994). Fremdverstehen als Bedingung der Möglichkeit interkulturellen Lernens. In: Bausch / Christ / Krumm 1994, 31-42

Condon, J.C. / Yousef, F.S. (1975). *An Introduction to Intercultural Communication*. New York: Macmillan

Dirven, R. / Pütz, M. (1993). Intercultural communication. *Language Teaching* 26, 144-156

Geertz, C. (1973). *The Interpretation of Cultures.* New York: Basic Books

Goodenough, W.H. (1971). *Culture, Language and Society.* Reading, MA: Addison-Wesley

Harmann, L.D. (1988). *The Modern Stranger. On Language and Membership.* Berlin / New York / Amsterdam: Mouton de Gruyter

Helmolt, K. v. / Müller, B.-D. (1991). Zur Vermittlung interkultureller Kompetenzen. In: Müller, B.-D. (Hg.). *Interkulturelle Wirtschaftskommunikation.* München: iudicium 1991, 509-548

Hinnenkamp, V. (1994). Interkulturelle Kommunikation — strange attractions. *Zeitschrift für Literaturwissenschaft und Linguistik* 93, 46-74

Hofstede, G. (1991). *Cultures and Organizations. Software of the Mind.* London etc.: McGraw-Hill

House, J. (1994). Kontrastive Pragmatik und interkulturelles Lernen: von metapragmatischem Wissen zu kommunikativem Handeln. In: Bausch / Christ / Krumm 1994, 85-93

Keesing, R.M. (1974). Theories of culture. *Annual Review of Anthropology* 3, 73-97

Knapp, K. / Knapp-Potthoff, A. (1987). Instead of an introduction: Conceptual issues in analyzing intercultural communication. In: Knapp, K. / Enninger, W. / Knapp-Potthoff, A. (eds.). *Analyzing Intercultural Communication.* Berlin / New York / Amsterdam: Mouton de Gruyter, 1-13

Knapp, K. / Knapp-Potthoff, A. (1990). Interkulturelle Kommunikation. *Zeitschrift für Fremdsprachenforschung* 1, 62-93

Knapp-Potthoff, A. (1987). Strategien interkultureller Kommunikation. In: Albrecht, J. / Drescher, H.-W. / Göhring, H. / Salnikow, N. (eds.). *Translation und interkulturelle Kommunikation.* Frankfurt a.M. etc.: Lang, 423-437

Knapp-Potthoff, A. (1993). Training interkultureller Kommunikationsbewußtheit. In: Bungarten, T. (Hg.). *Kommunikationstraining und -trainingsprogramme im wirtschaftlichen Umfeld.* (=Beiträge zur Wirtschaftskommunikation 12). Tostedt: Attikon, 160-177

Knapp-Potthoff, A. / Knapp, K. (1986). Interweaving two discourses. The difficult task of the non-professional interpreter. In: House, J. / Blum-Kulka, S. (eds.) *Interlingual and Intercultural Communication: Discourse and Cognition in Translation and Second Language Acquisition Studies.* Tübingen: Narr, 151-168

Knapp-Potthoff, A. / Knapp, K. (1987). The man (or woman) in the middle: Discoursal aspects of non-professional interpreting. In: Knapp, K. / Enninger, W. / Knapp-Potthoff, A. (eds.). *Analyzing Intercultural Communication.* Berlin / New York / Amsterdam: Mouton de Gruyter, 181-211

Knapp-Potthoff, A. / Knapp, K. (1997). 'Ich weiß nicht, kennen Sie Goethe?' — Einige Bemerkungen zur Rolle der Metakommunikation in interkulturellen Interaktionen. In: Dow, J. / Wolff, M. (eds.). *Languages and Lives.* Essays in Honor of Werner Enninger. New York: Lang, 227-239

Lalljee, M. (1987). Attribution theory and intercultural communication. In: Knapp, K. / Enninger, W. / Knapp-Potthoff, A. (eds.). *Analyzing Intercultural Communication*. Berlin: Mouton de Gruyter, 37-49

Liedke, M. / Redder, A. / Scheiter, S. (1996). Interkulturelles Handeln lehren. In: Brünner, G. / Fiehler, R. / Kindt, W. (Hg.). *Angewandte Diskursforschung: Kommunikation untersuchen und lehren*. Opladen: Westdeutscher Verlag. (erscheint)

Redder, A. / Rehbein, J. (1987). Zum Begriff der Kultur. In: dies. (Hg.). *Arbeiten zur Interkulturellen Kommunikation. Osnabrücker Beiträge zur Sprachtheorie (OBST)* 38, 7-21

Scollon, R. / Scollon, S. Wong (1995). *Intercultural Communication*. Cambridge, MA / Oxford: Blackwell

Seelye, H.N. (1993[3]). *Teaching Culture. Strategies for Intercultural Communication*. Lincolnwood, IL: National Textbook

Thomas, A. (1993). Psychologie interkulturellen Lernens und Handelns. In: ders. (Hg.). *Kulturvergleichende Psychologie*. Göttingen: Hogrefe, 377-424

Adressen der Autoren

Prof. Dr. Ernst Apeltauer
Bildungswissenschaftliche Hochschule Flensburg
Abt. Deutsch als Zweit- / Fremdsprache
Mürwiker Str. 77
24943 Flensburg

Dr. Marion Dathe
Friedrich-Schiller-Universität Jena
Wirtschaftswissenschaftliche Fakultät
Interkulturelle Wirtschaftskommunikation
Fürstengraben 11
07743 Jena

Prof. Dr. Annelie Knapp-Potthoff
Universität-GH Siegen
FB 3: Sprach- und Literaturwissenschaften
57068 Siegen

PD Dr. Helga Kotthoff
Universität Konstanz
SFB 511, Sprachwissenschaft
78457 Konstanz

Dr. Martina Liedke
Ludwig-Maximilians-Universität
Institut für Deutsch als Fremdsprache
Ludwigstr. 27/I
80539 München

Prof. Dr. Hartmut Schröder
Europa-Universität Viadrina
Fak. für Kulturwissenschaften
Postfach 776
15207 Frankfurt / Oder

Prof. Masako Sugitani
Kansai University
Germanistisches Seminar
3-3-35, Yamate-cho
Suita-chi
Osaka 564
Japan

Dr. Jan ten Thije
TU Chemnitz-Zwickau
Interkulturelle Kommunikation
09107 Chemnitz